The Heroic Legend of Arslan

ZEICHNUNGEN:
HIROMU ARAKAWA

TEXT:
YOSHIKI TANAKA

18

The Heroic Legend of

Arslan

Inhalt

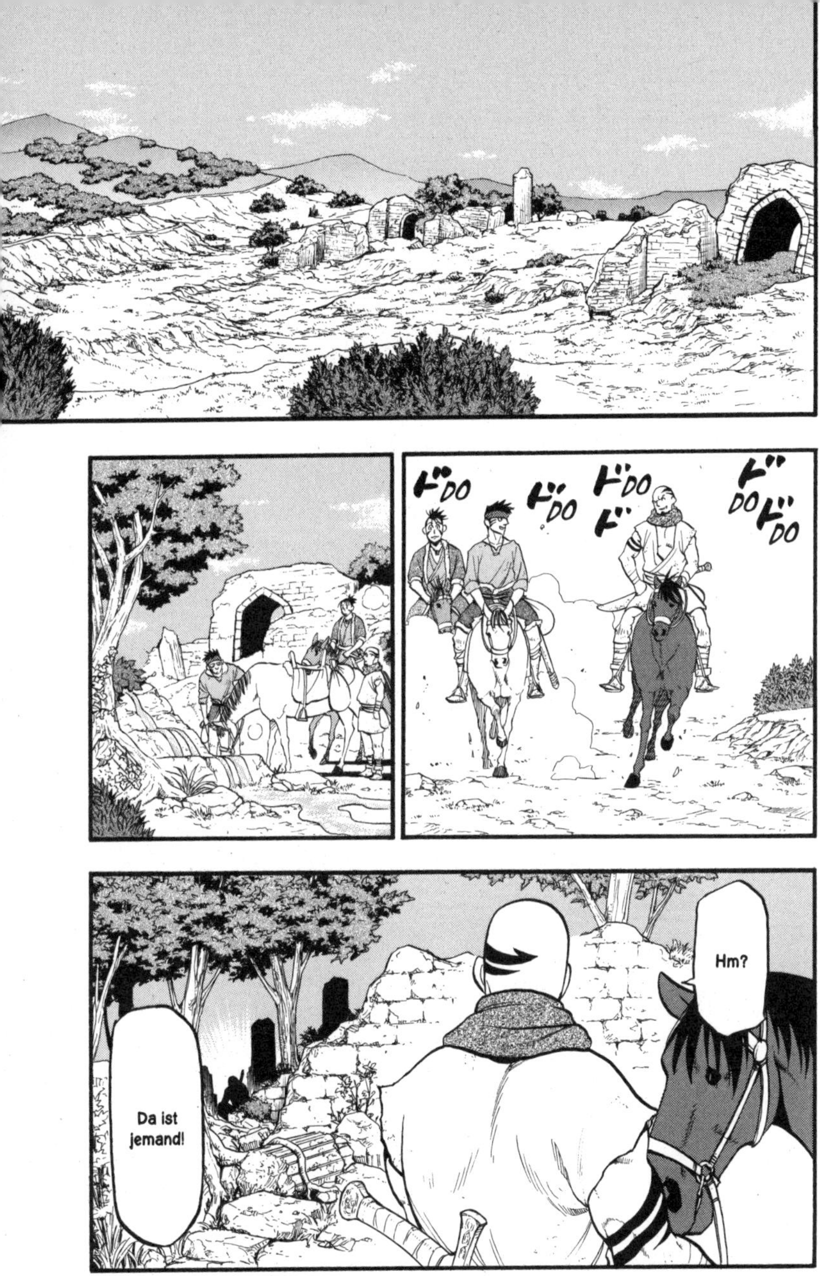
ドDO
ドDO
ドDO
ド
ドDO
ドDO
Hm?
Da ist jemand!

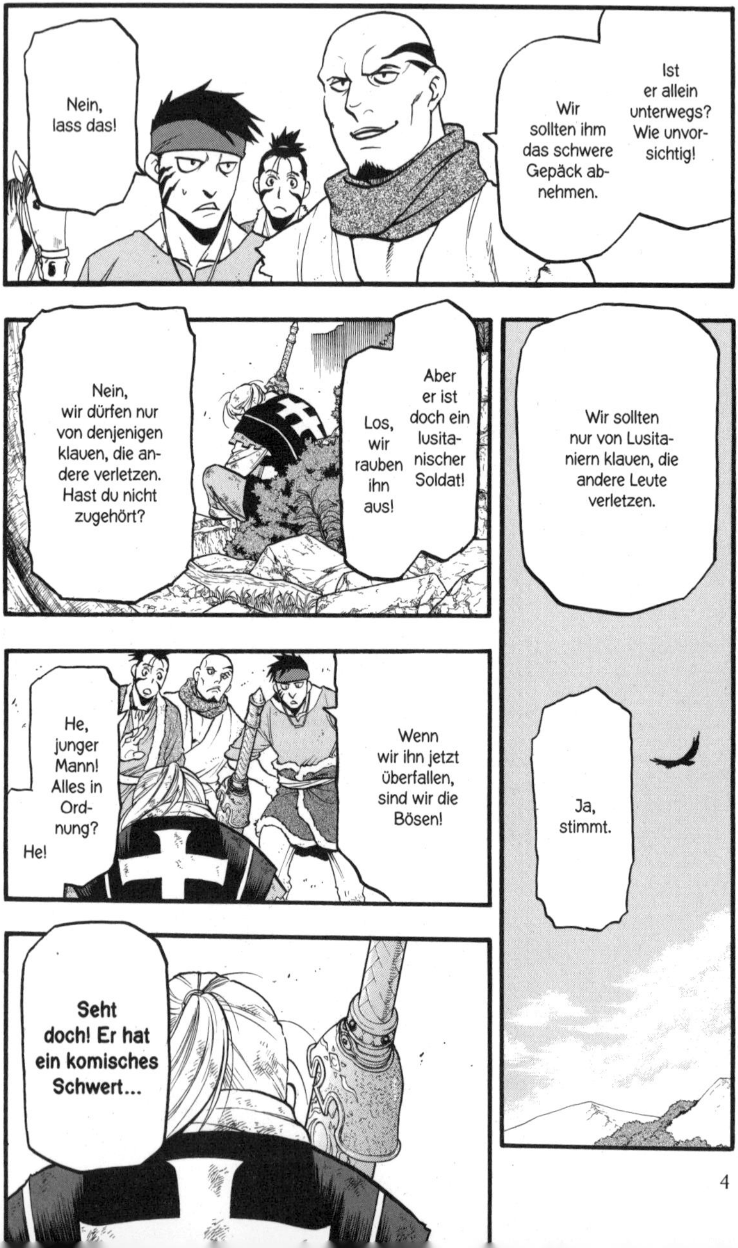
Ist er allein unterwegs? Wie unvorsichtig!
Wir sollten ihm das schwere Gepäck abnehmen.
Nein, lass das!
Aber er ist doch ein lusitanischer Soldat!
Los, wir rauben ihn aus!
Nein, wir dürfen nur von denjenigen klauen, die andere verletzen. Hast du nicht zugehört?
Wir sollten nur von Lusitaniern klauen, die andere Leute verletzen.
Ja, stimmt.
Wenn wir ihn jetzt überfallen, sind wir die Bösen!
He, junger Mann! Alles in Ordnung?
He!
Seht doch! Er hat ein komisches Schwert...

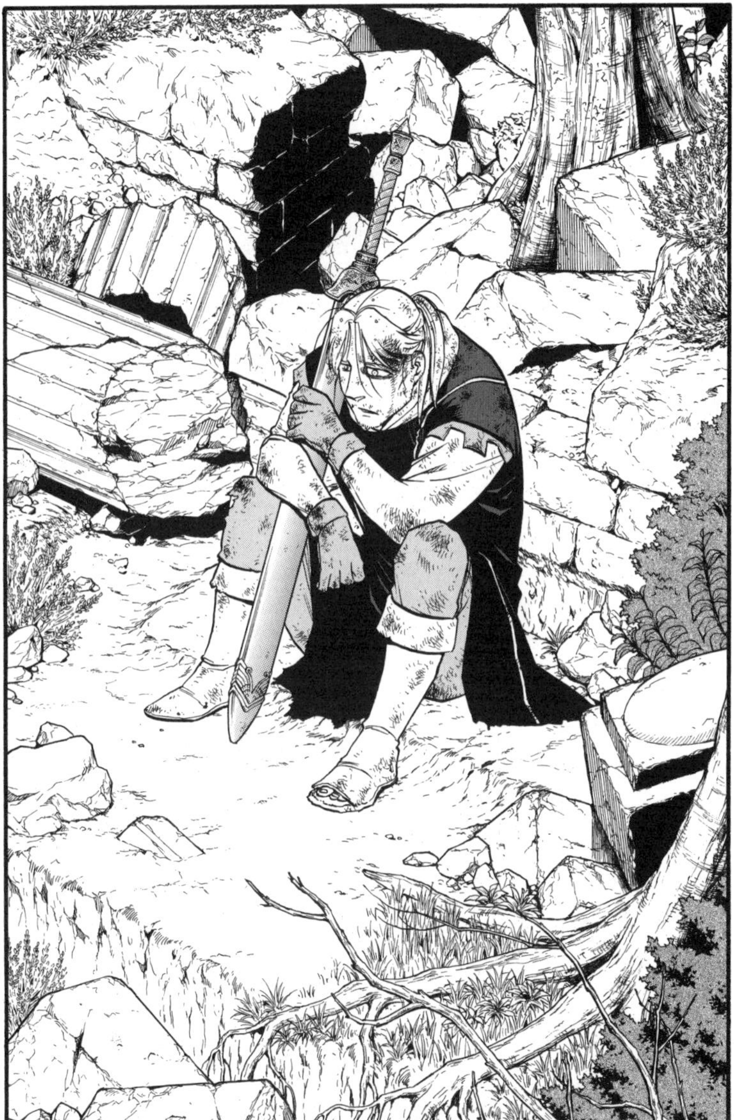

Kapitel 107: Der Feldzug des Königs

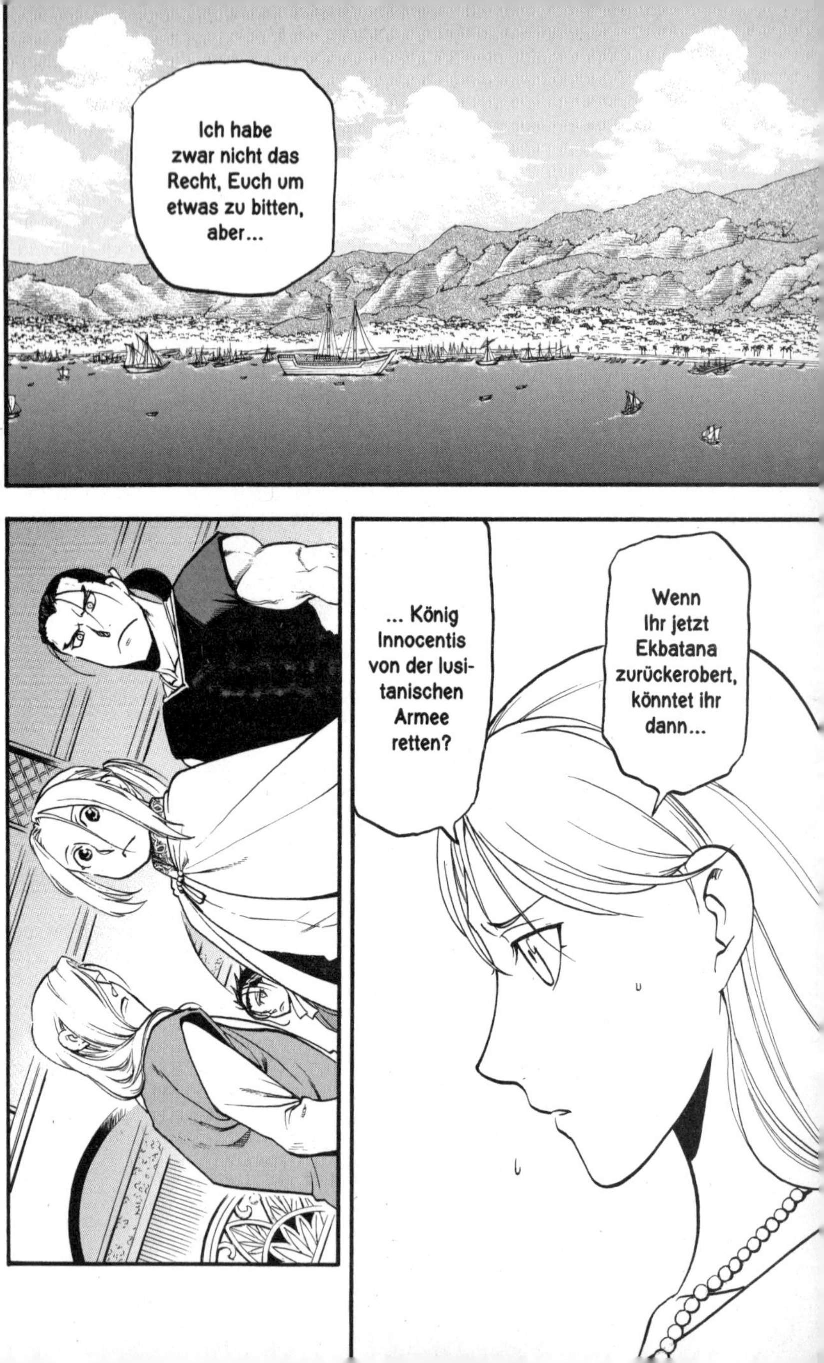
Ich habe zwar nicht das Recht, Euch um etwas zu bitten, aber...
Wenn Ihr jetzt Ekbatana zurückerobert, könntet ihr dann...
... König Innocentis von der lusitanischen Armee retten?

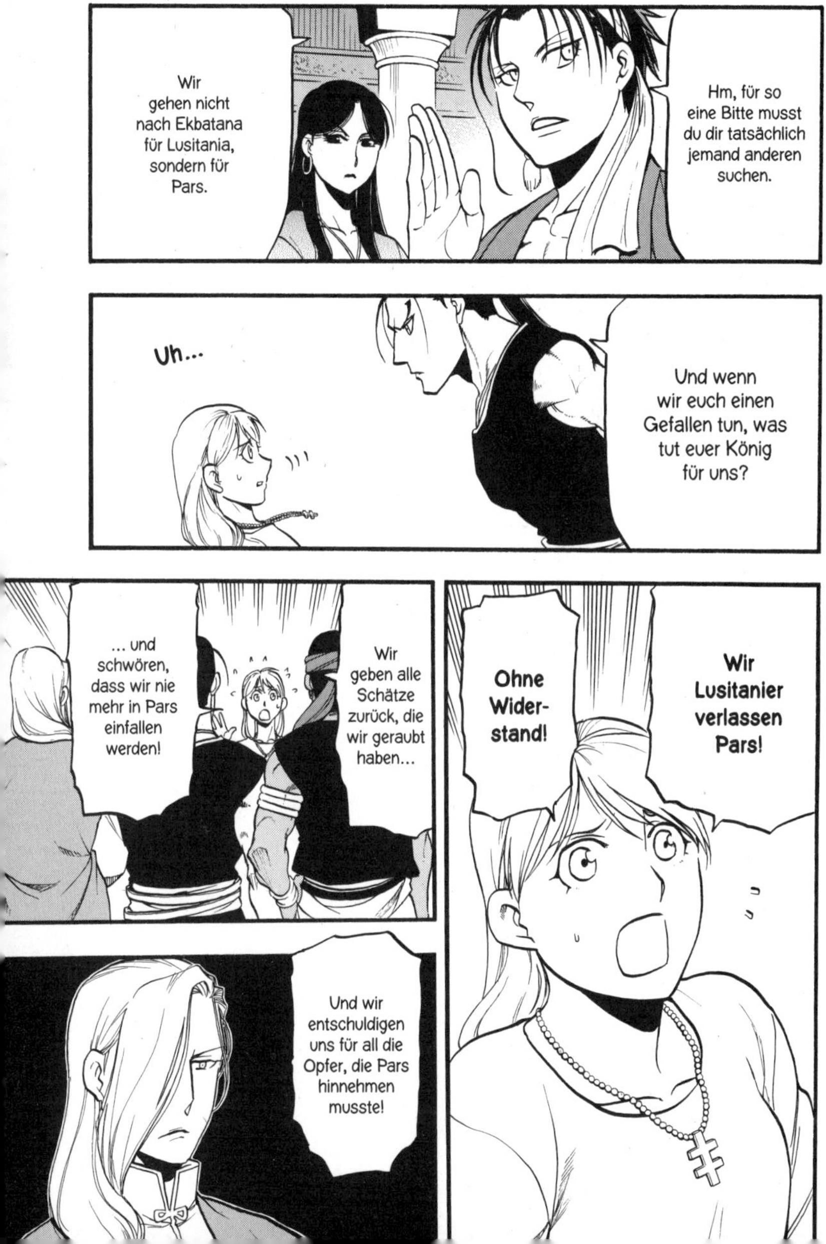
Hm, für so eine Bitte musst du dir tatsächlich jemand anderen suchen.
Wir gehen nicht nach Ekbatana für Lusitania, sondern für Pars.
Und wenn wir euch einen Gefallen tun, was tut euer König für uns?
Uh...
Wir Lusitanier verlassen Pars!
Ohne Widerstand!
Wir geben alle Schätze zurück, die wir geraubt haben…
… und schwören, dass wir nie mehr in Pars einfallen werden!
Und wir entschuldigen uns für all die Opfer, die Pars hinnehmen musste!

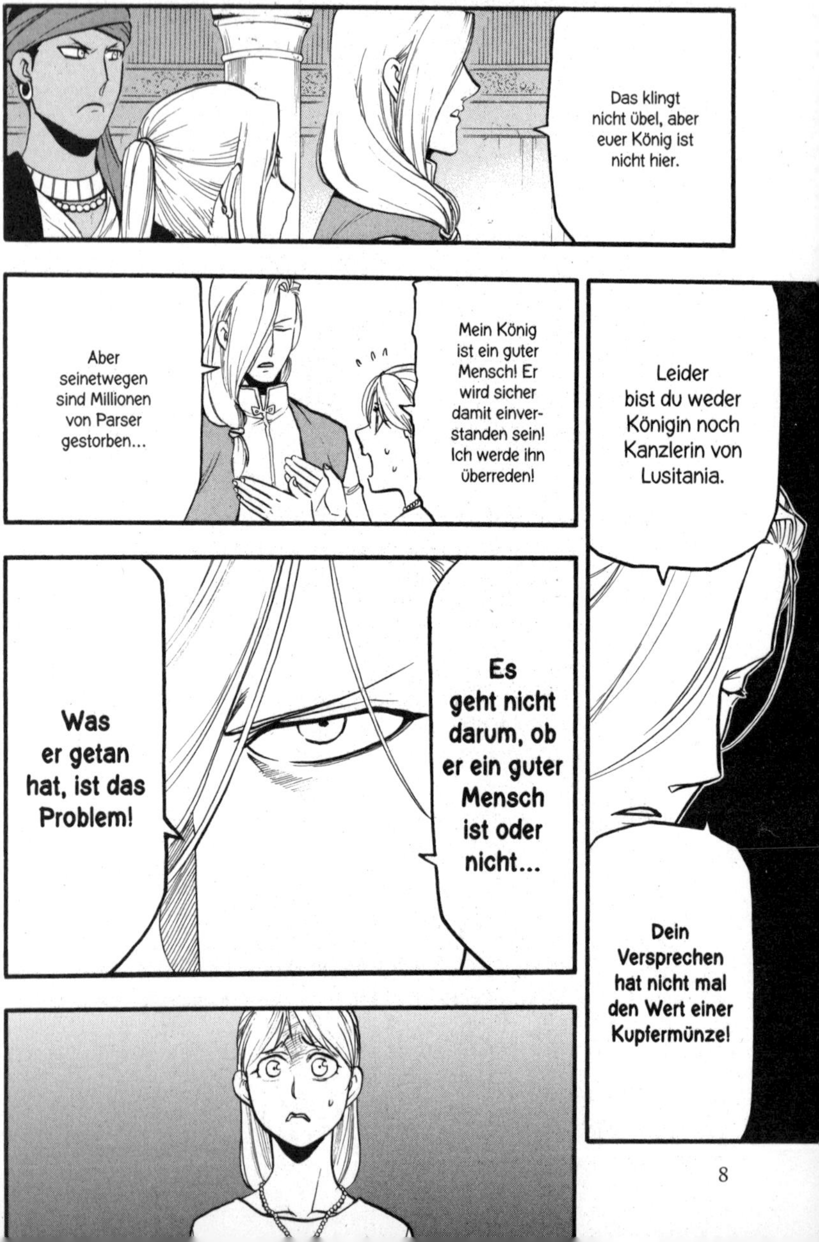
Das klingt nicht übel, aber euer König ist nicht hier.
Mein König ist ein guter Mensch! Er wird sicher damit einverstanden sein! Ich werde ihn überreden!
Aber seinetwegen sind Millionen von Parser gestorben...
Es geht nicht darum, ob er ein guter Mensch ist oder nicht...
Was er getan hat, ist das Problem!
Leider bist du weder Königin noch Kanzlerin von Lusitania.
Dein Versprechen hat nicht mal den Wert einer Kupfermünze!

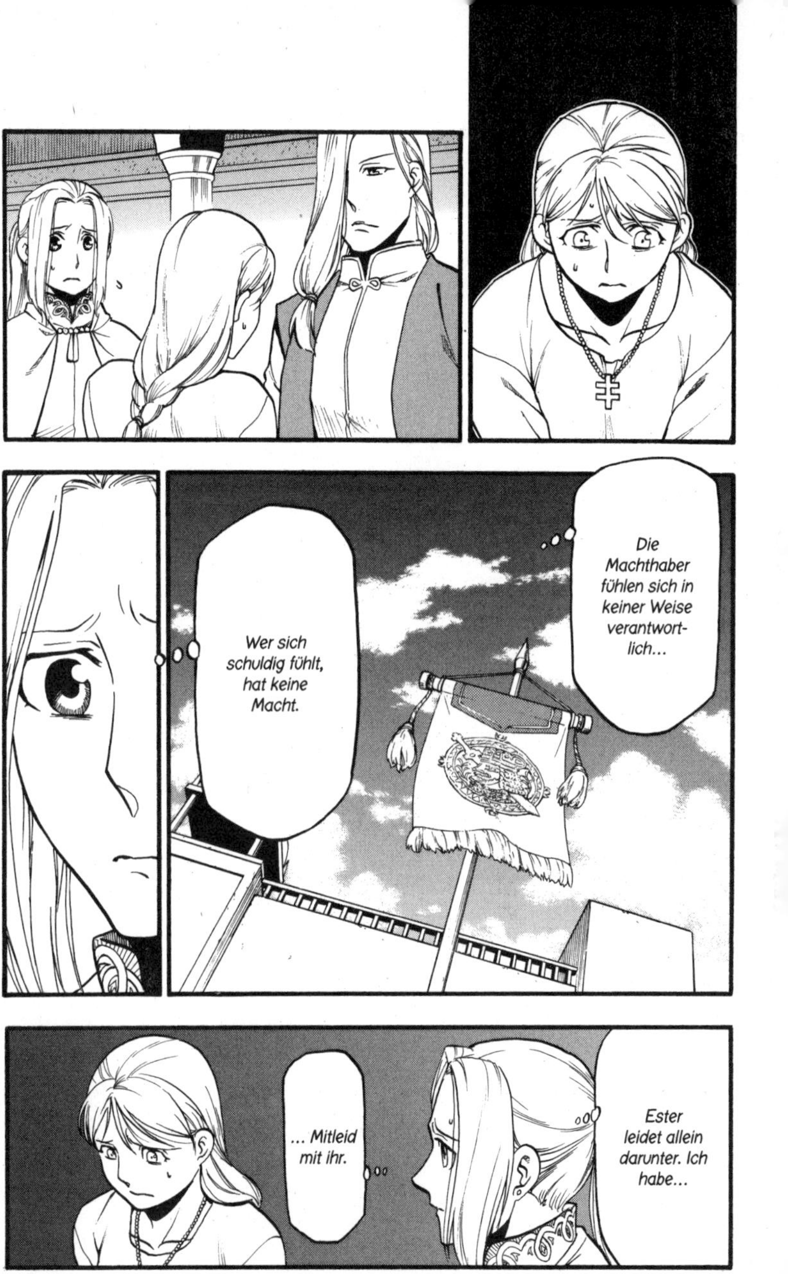
Die Machthaber fühlen sich in keiner Weise verantwort-lich…
Wer sich schuldig fühlt, hat keine Macht.
Ester leidet allein darunter. Ich habe…
… Mitleid mit ihr.

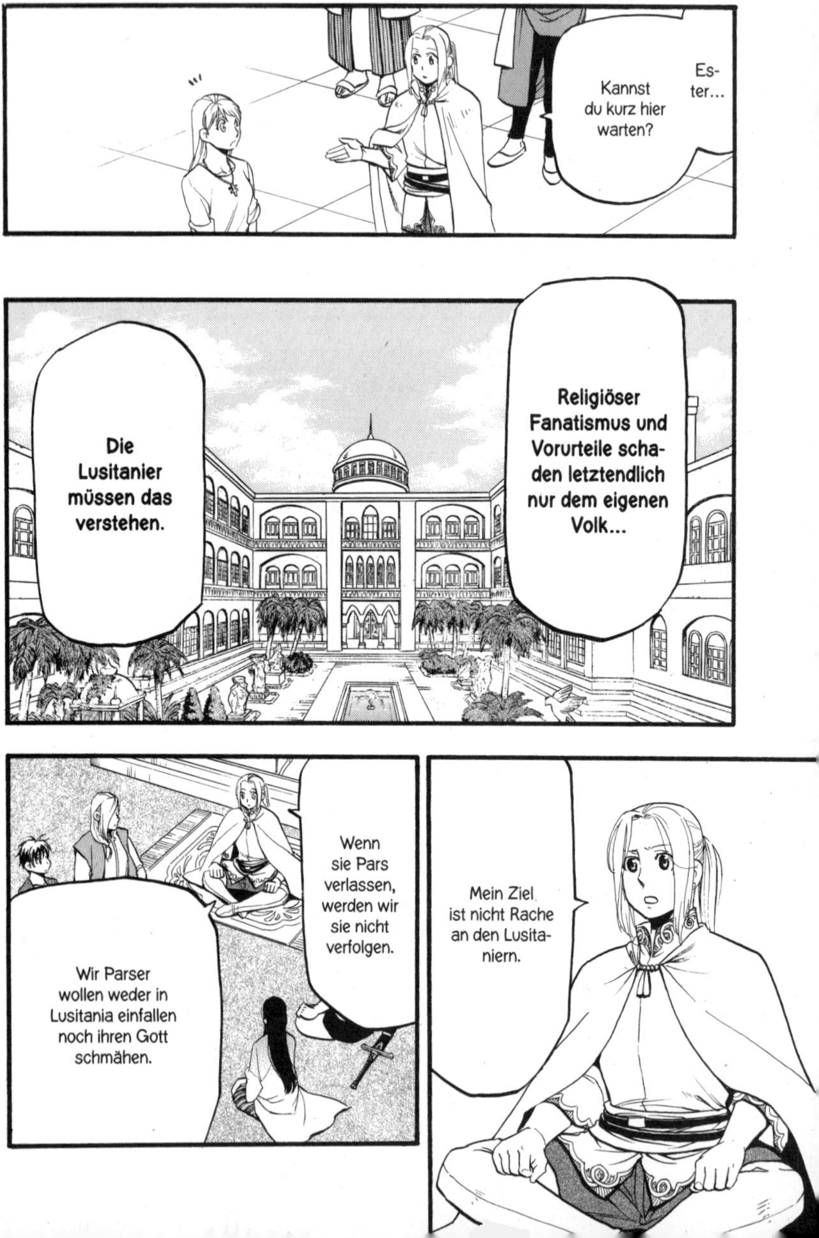
Es-ter...
Kannst du kurz hier warten?
Religiöser Fanatismus und Vorurteile scha-den letztendlich nur dem eigenen Volk...
Die Lusitanier müssen das verstehen.
Mein Ziel ist nicht Rache an den Lusita-niern.
Wenn sie Pars verlassen, werden wir sie nicht verfolgen.
Wir Parser wollen weder in Lusitania einfallen noch ihren Gott schmähen.

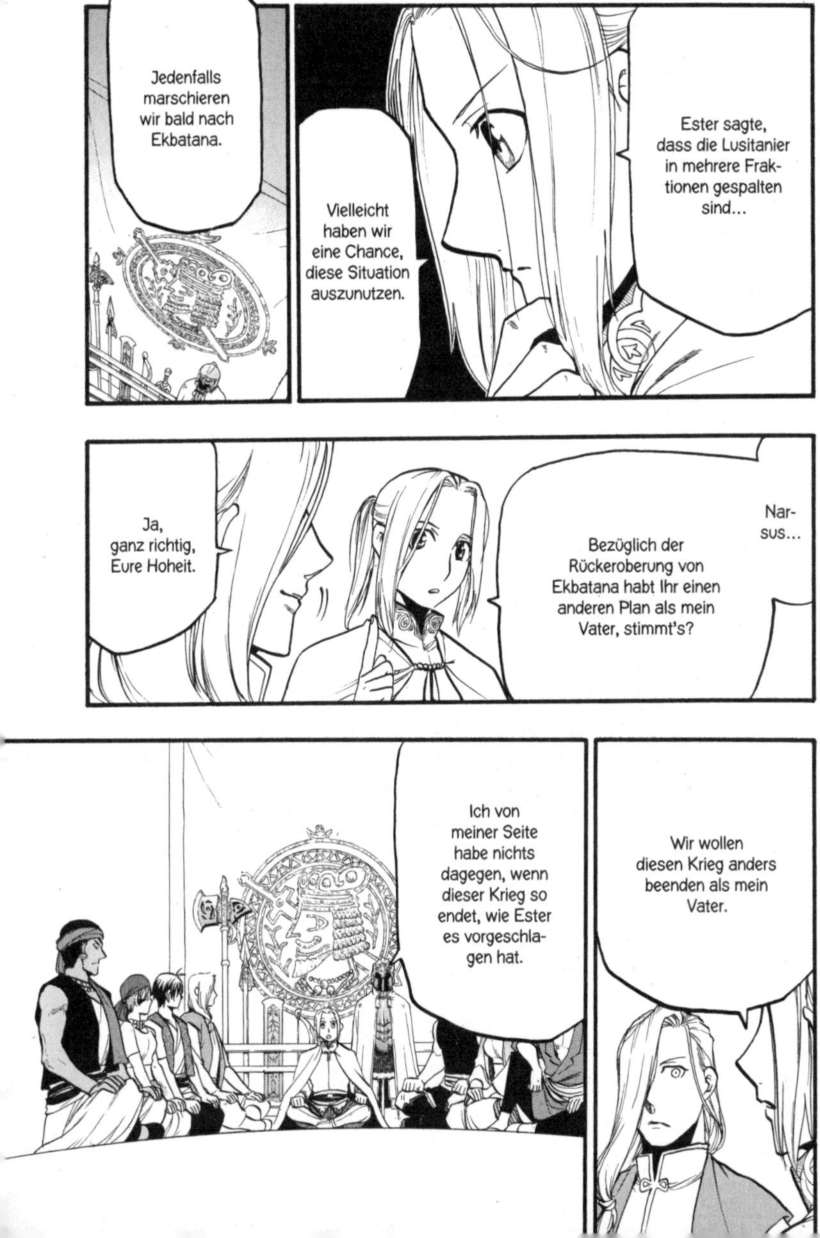
Ester sagte, dass die Lusitanier in mehrere Fraktionen gespalten sind...
Vielleicht haben wir eine Chance, diese Situation auszunutzen.
Jedenfalls marschieren wir bald nach Ekbatana.
Narsus...
Bezüglich der Rückeroberung von Ekbatana habt Ihr einen anderen Plan als mein Vater, stimmt's?
Ja, ganz richtig, Eure Hoheit.
Wir wollen diesen Krieg anders beenden als mein Vater.
Ich von meiner Seite habe nichts dagegen, wenn dieser Krieg so endet, wie Ester es vorgeschlagen hat.

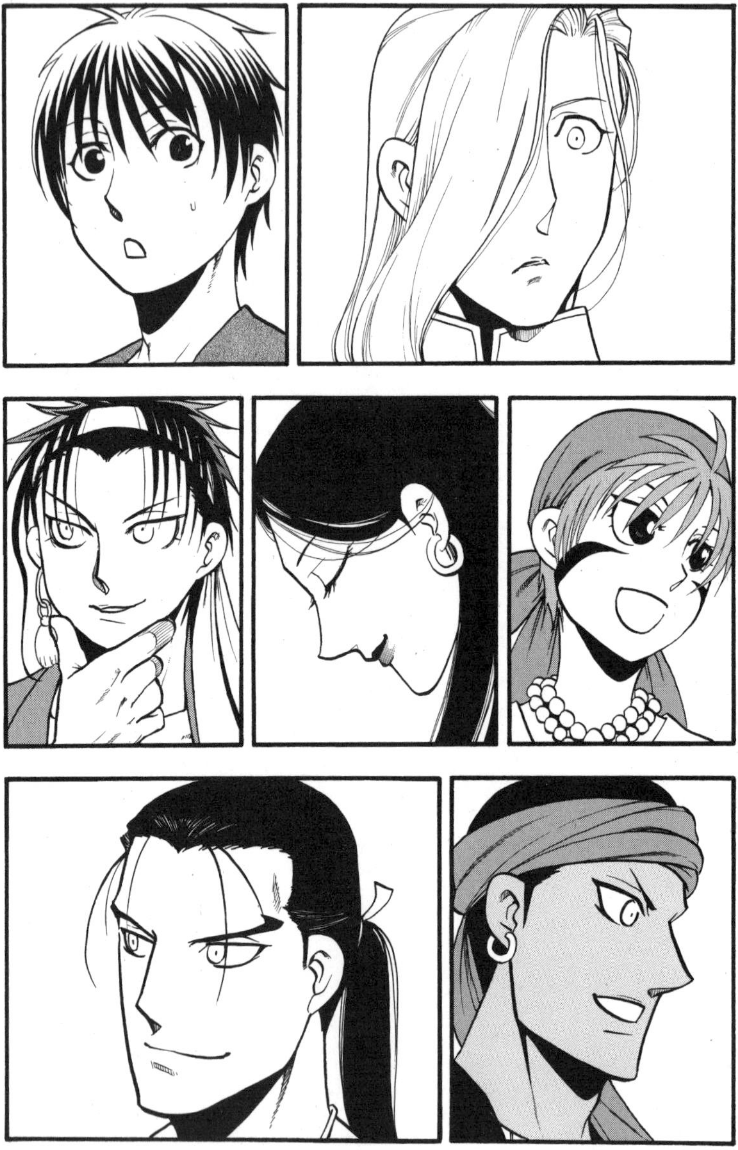

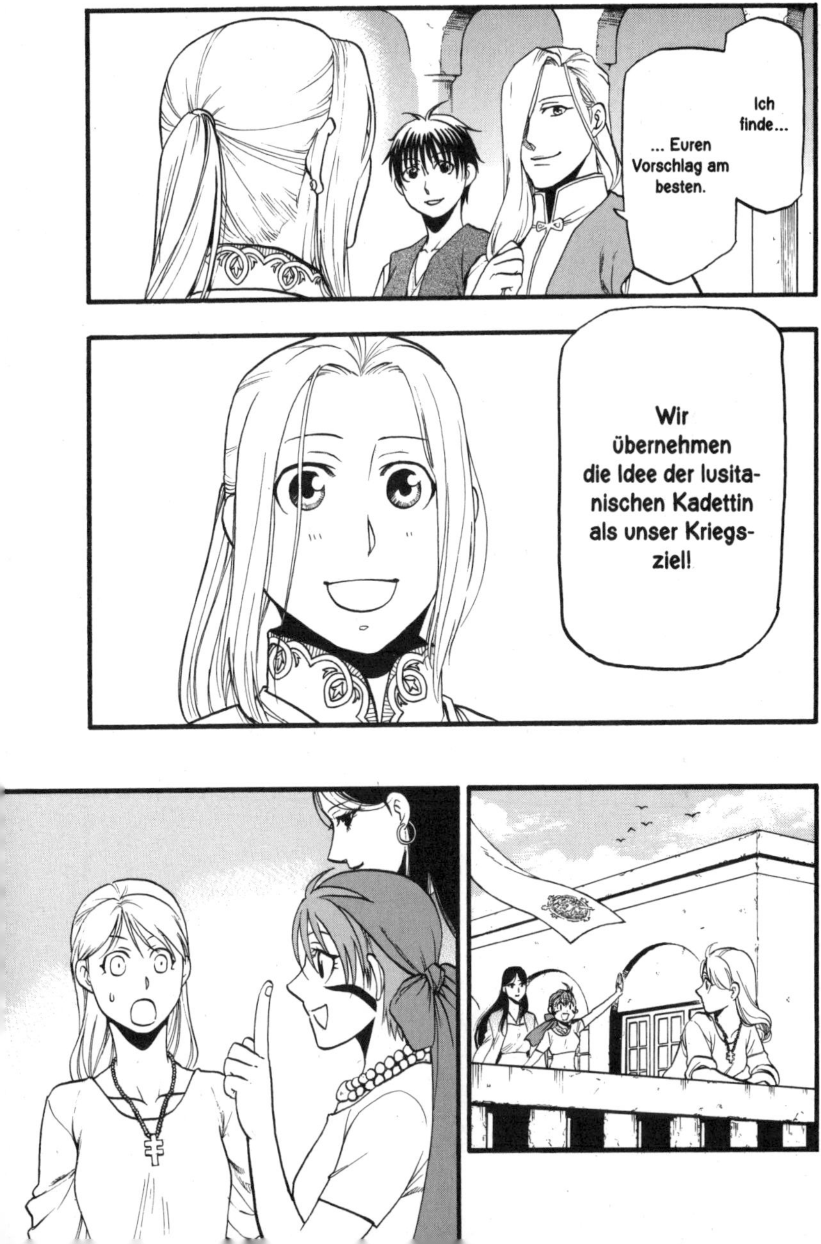

Ich finde...
... Euren Vorschlag am besten.
Wir übernehmen die Idee der lusitanischen Kadettin als unser Kriegsziel!

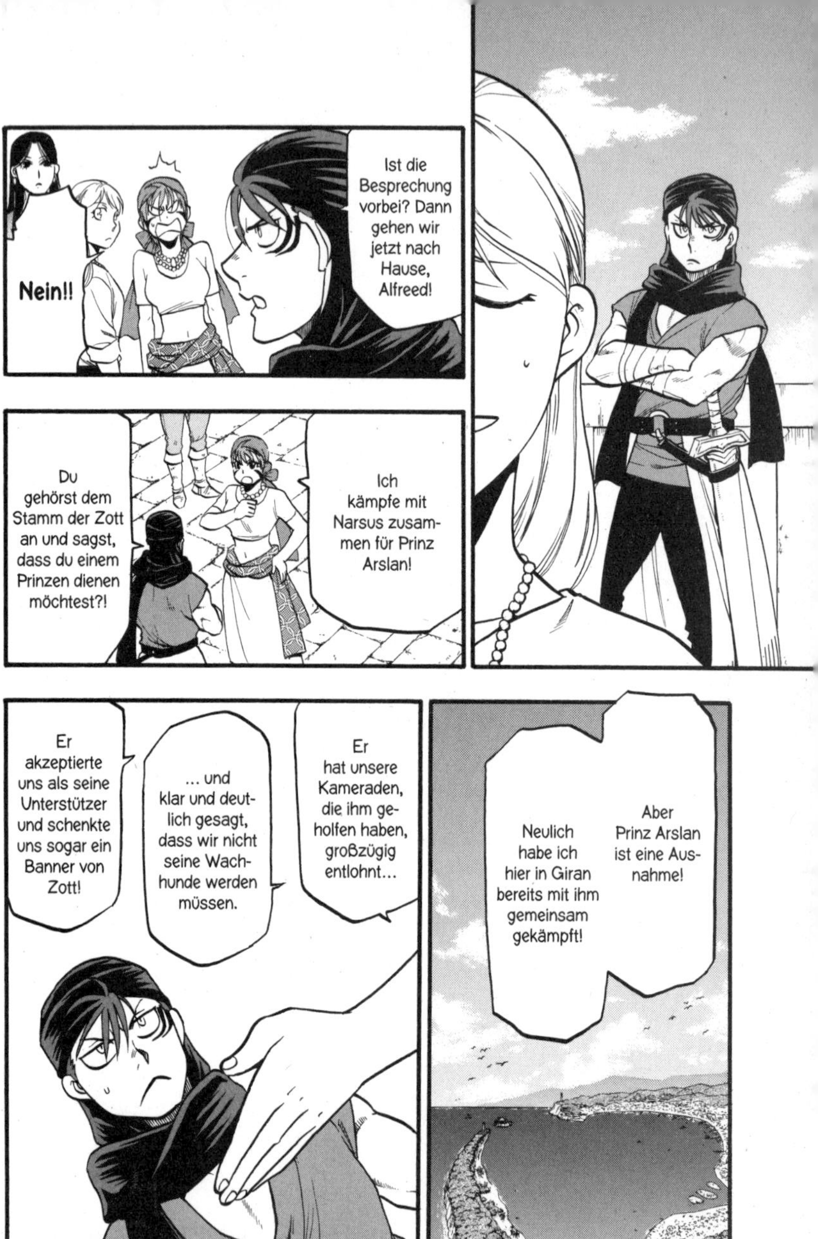
Ist die Besprechung vorbei? Dann gehen wir jetzt nach Hause, Alfreed!
Nein!!
Ich kämpfe mit Narsus zusammen für Prinz Arslan!
Du gehörst dem Stamm der Zott an und sagst, dass du einem Prinzen dienen möchtest?!
Aber Prinz Arslan ist eine Ausnahme!
Neulich habe ich hier in Giran bereits mit ihm gemeinsam gekämpft!
Er hat unsere Kameraden, die ihm geholfen haben, großzügig entlohnt…
… und klar und deutlich gesagt, dass wir nicht seine Wachhunde werden müssen.
Er akzeptierte uns als seine Unterstützer und schenkte uns sogar ein Banner von Zott!

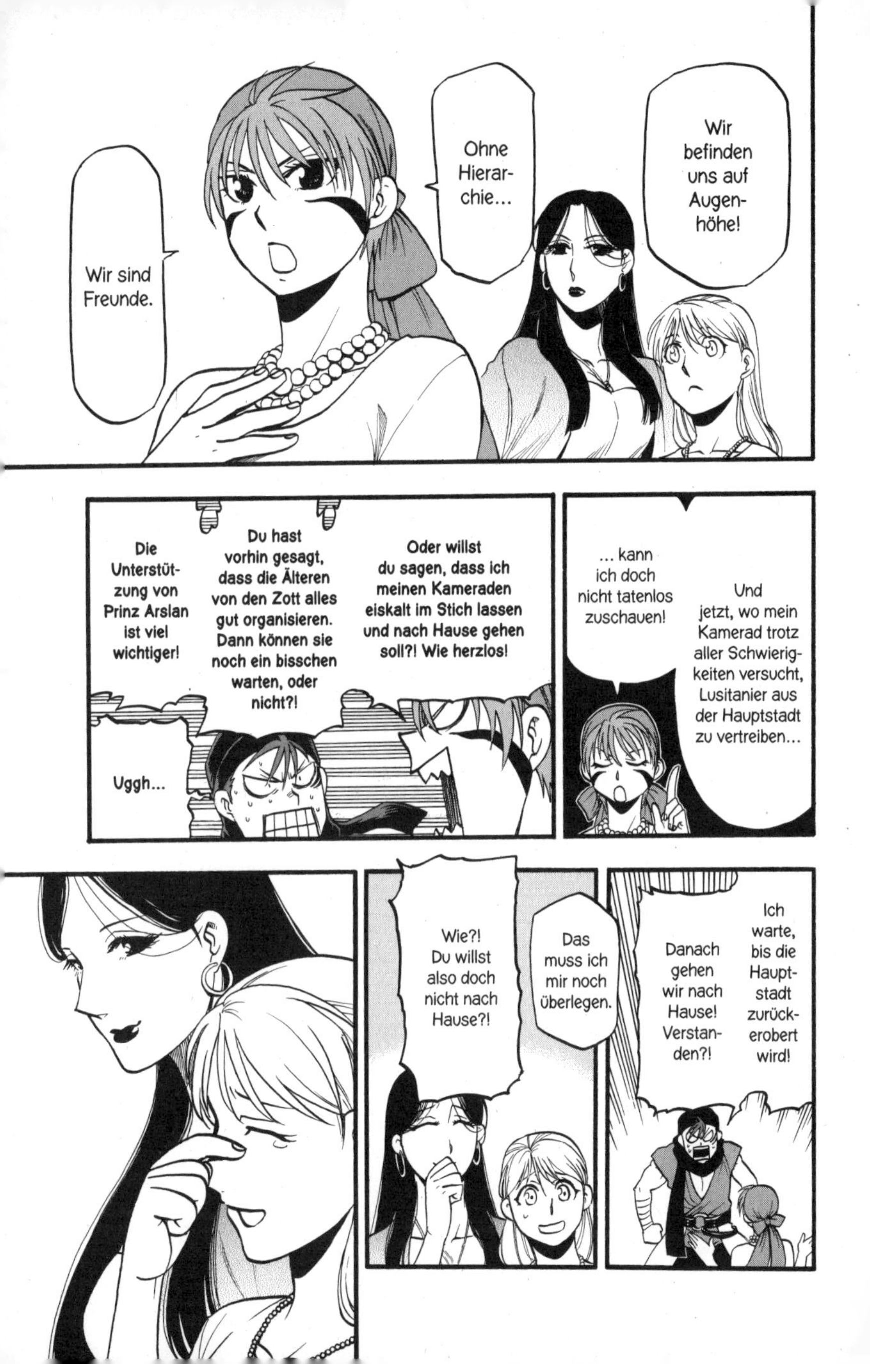

Wir befinden uns auf Augenhöhe!
Ohne Hierarchie…
Wir sind Freunde.
Und jetzt, wo mein Kamerad trotz aller Schwierigkeiten versucht, Lusitanier aus der Hauptstadt zu vertreiben…
… kann ich doch nicht tatenlos zuschauen!
Oder willst du sagen, dass ich meinen Kameraden eiskalt im Stich lassen und nach Hause gehen soll?! Wie herzlos!
Du hast vorhin gesagt, dass die Älteren von den Zott alles gut organisieren. Dann können sie noch ein bisschen warten, oder nicht?!
Die Unterstützung von Prinz Arslan ist viel wichtiger!
Uggh…
Ich warte, bis die Hauptstadt zurückerobert wird!
Danach gehen wir nach Hause! Verstanden?!
Das muss ich mir noch überlegen.
Wie?! Du willst also doch nicht nach Hause?!

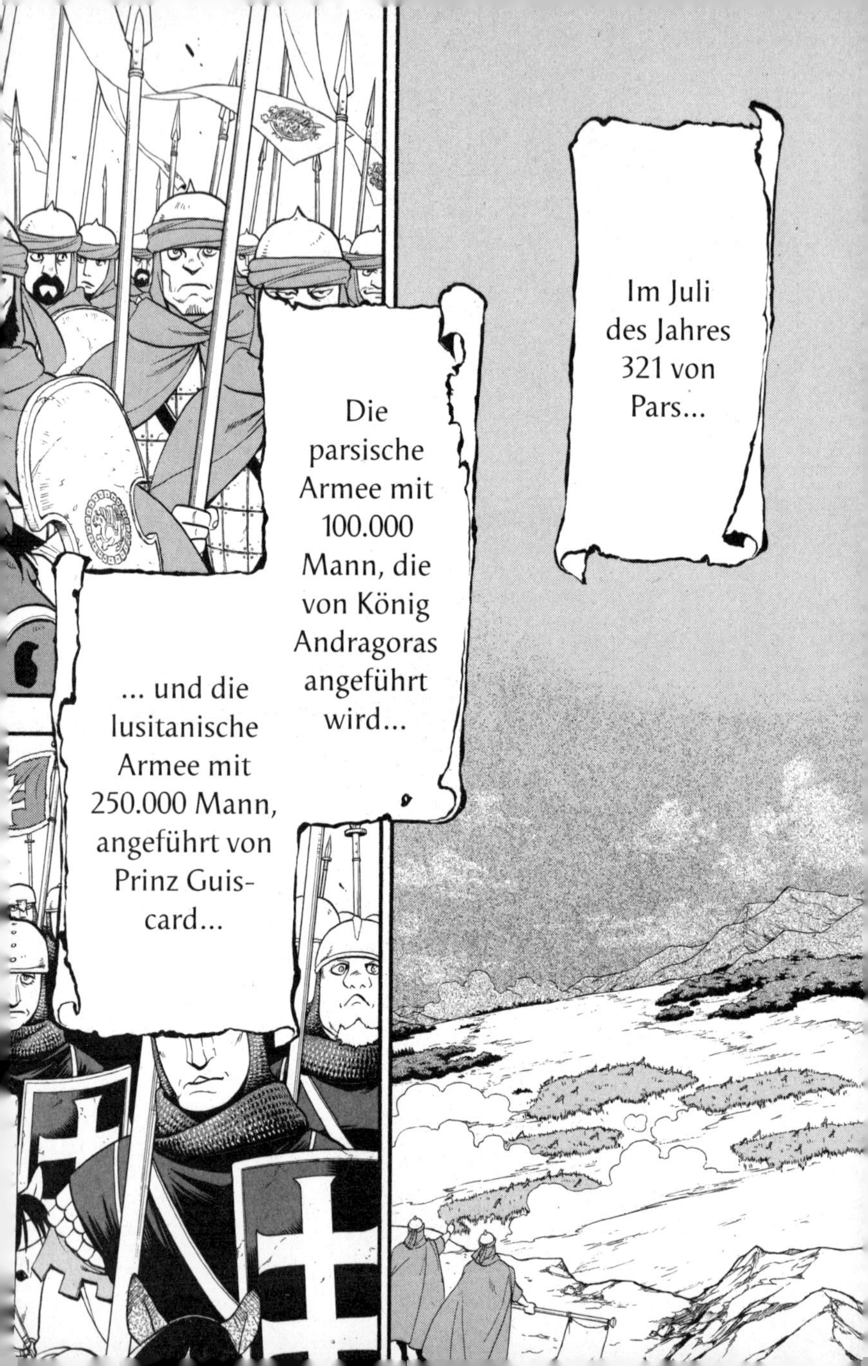
Im Juli des Jahres 321 von Pars...
Die parsische Armee mit 100.000 Mann, die von König Andragoras angeführt wird...
... und die lusitanische Armee mit 250.000 Mann, angeführt von Prinz Guis-card...

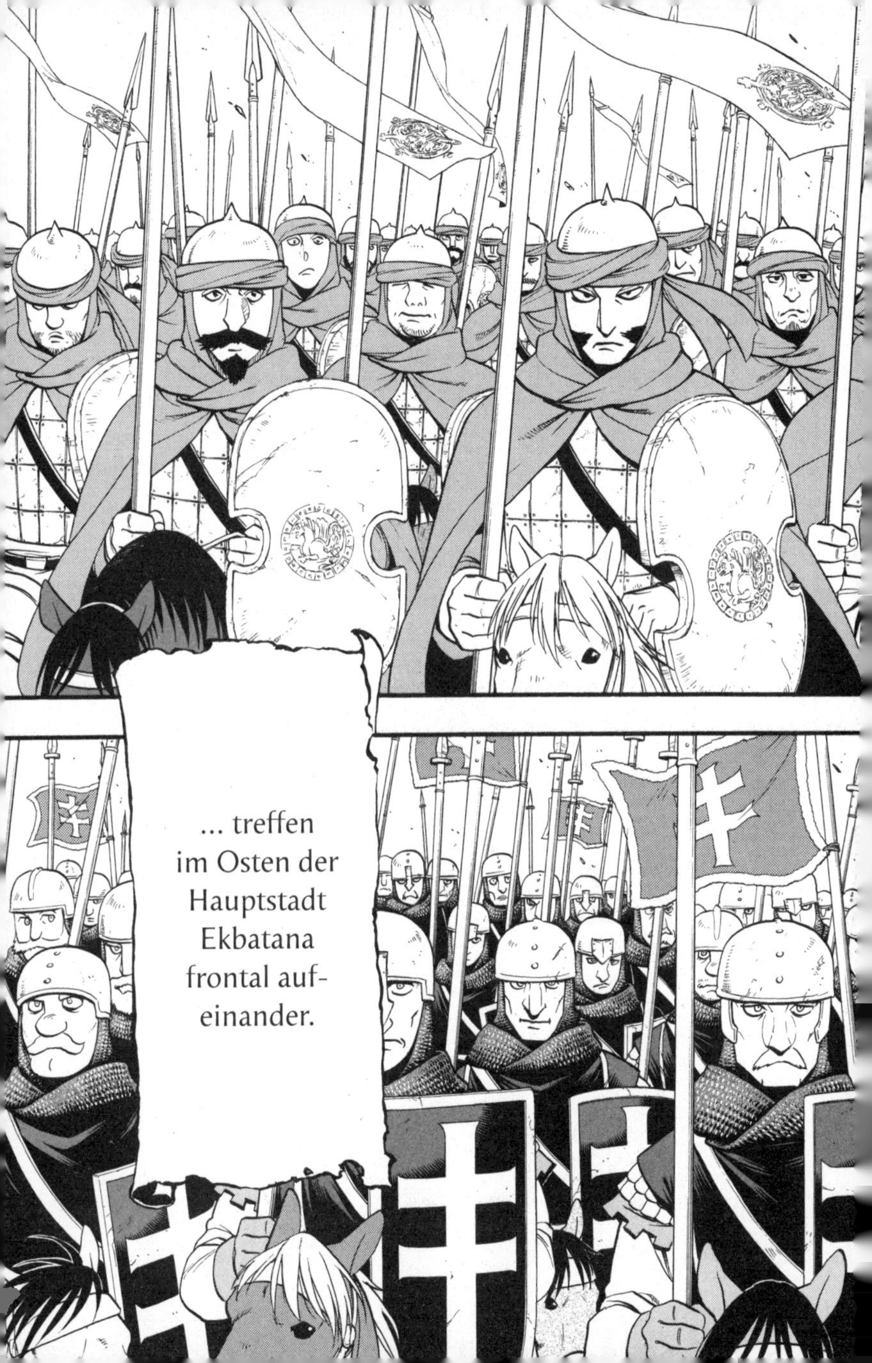
... treffen im Osten der Hauptstadt Ekbatana frontal aufeinander.

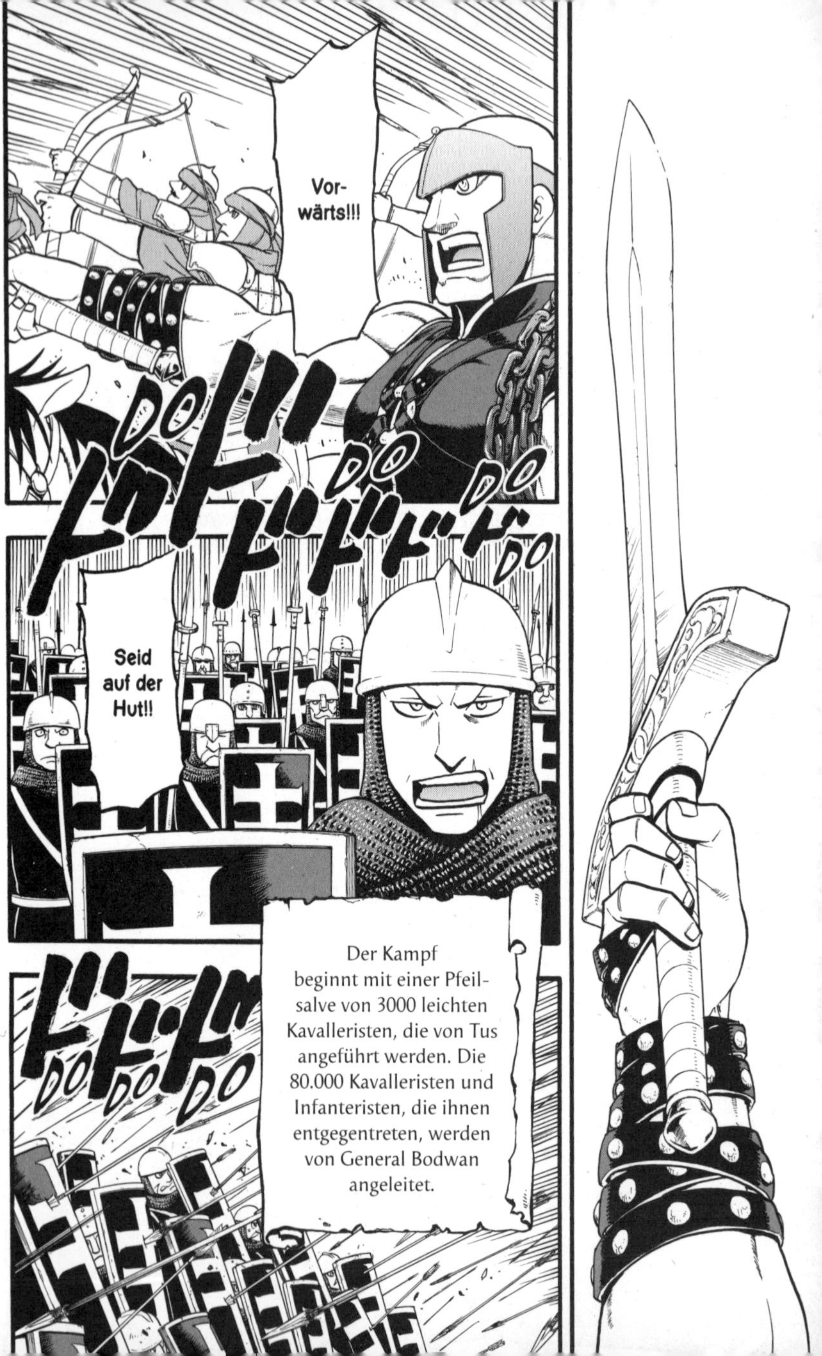
Vor-
wärts!!!
DO DO DO DO
Seid
auf der
Hut!!
DO DO DO DO
Der Kampf
beginnt mit einer Pfeil-
salve von 3000 leichten
Kavalleristen, die von Tus
angeführt werden. Die
80.000 Kavalleristen und
Infanteristen, die ihnen
entgegentreten, werden
von General Bodwan
angeleitet.

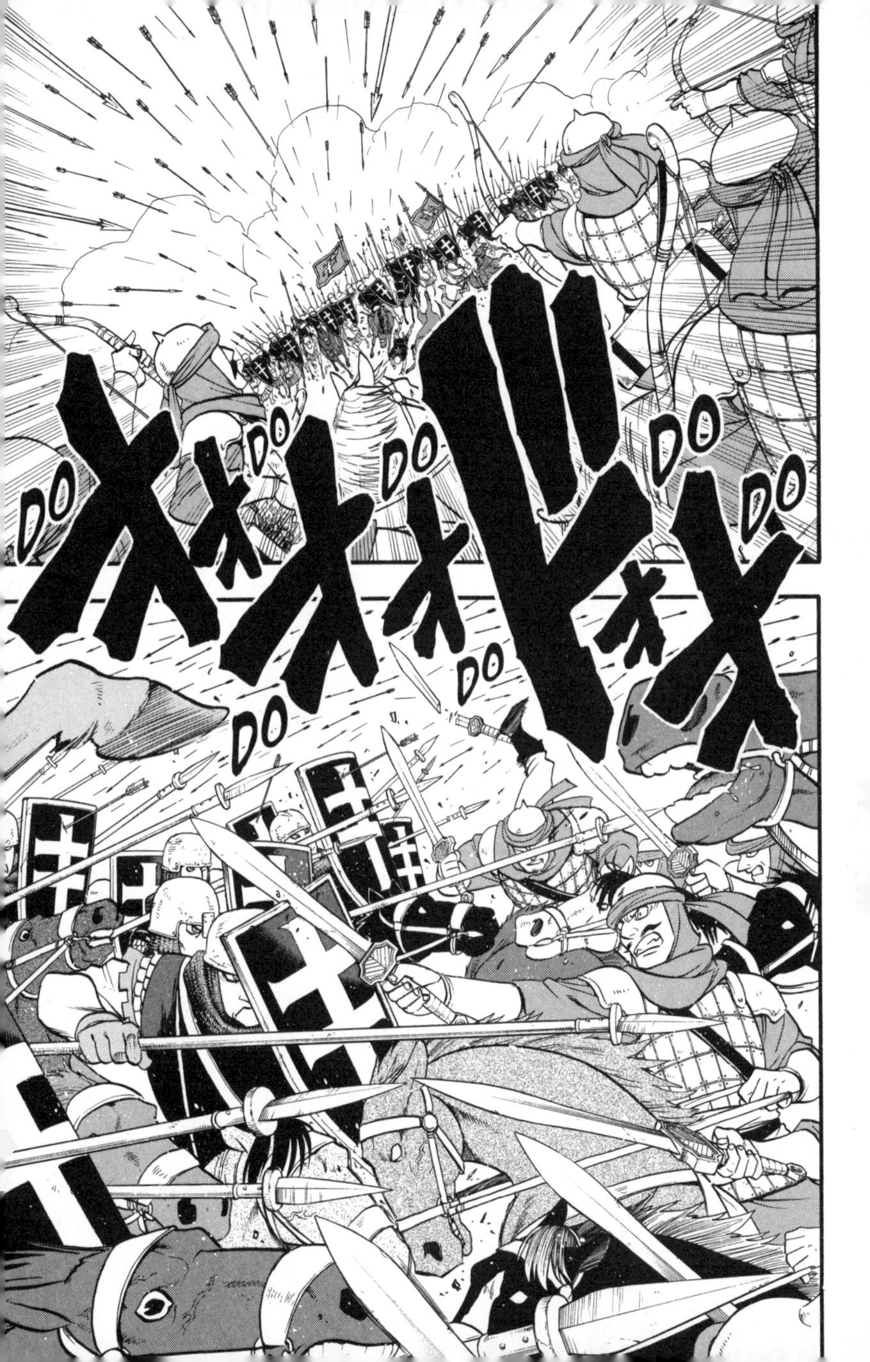
DO
DO
DO
DO
DO
DO
DO

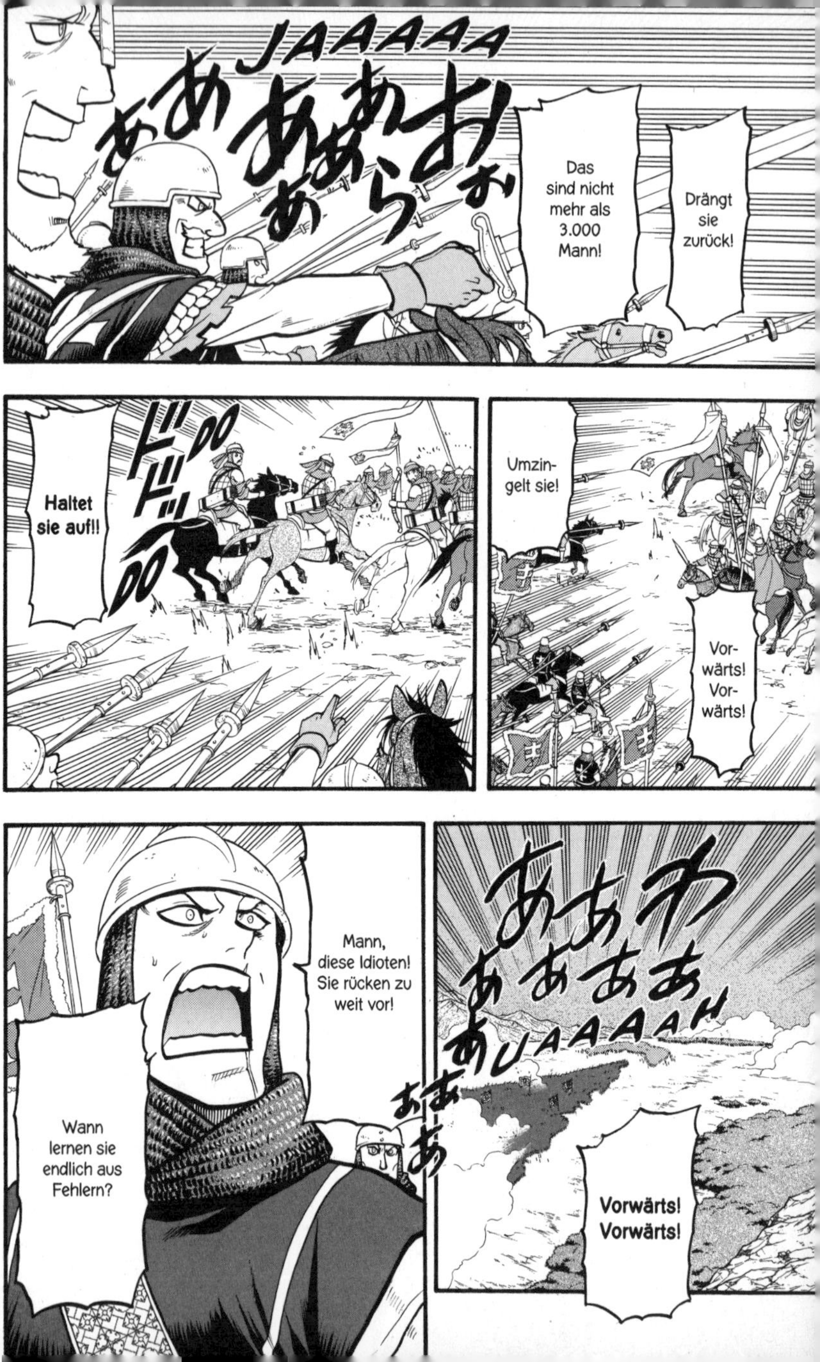
JAAAAA
ああああおおらお
Drängt sie zurück!
Das sind nicht mehr als 3.000 Mann!
Umzingelt sie!
Vorwärts! Vorwärts!
Haltet sie auf!!
DO DO
Mann, diese Idioten! Sie rücken zu weit vor!
Wann lernen sie endlich aus Fehlern?
UAAAAAH
Vorwärts! Vorwärts!

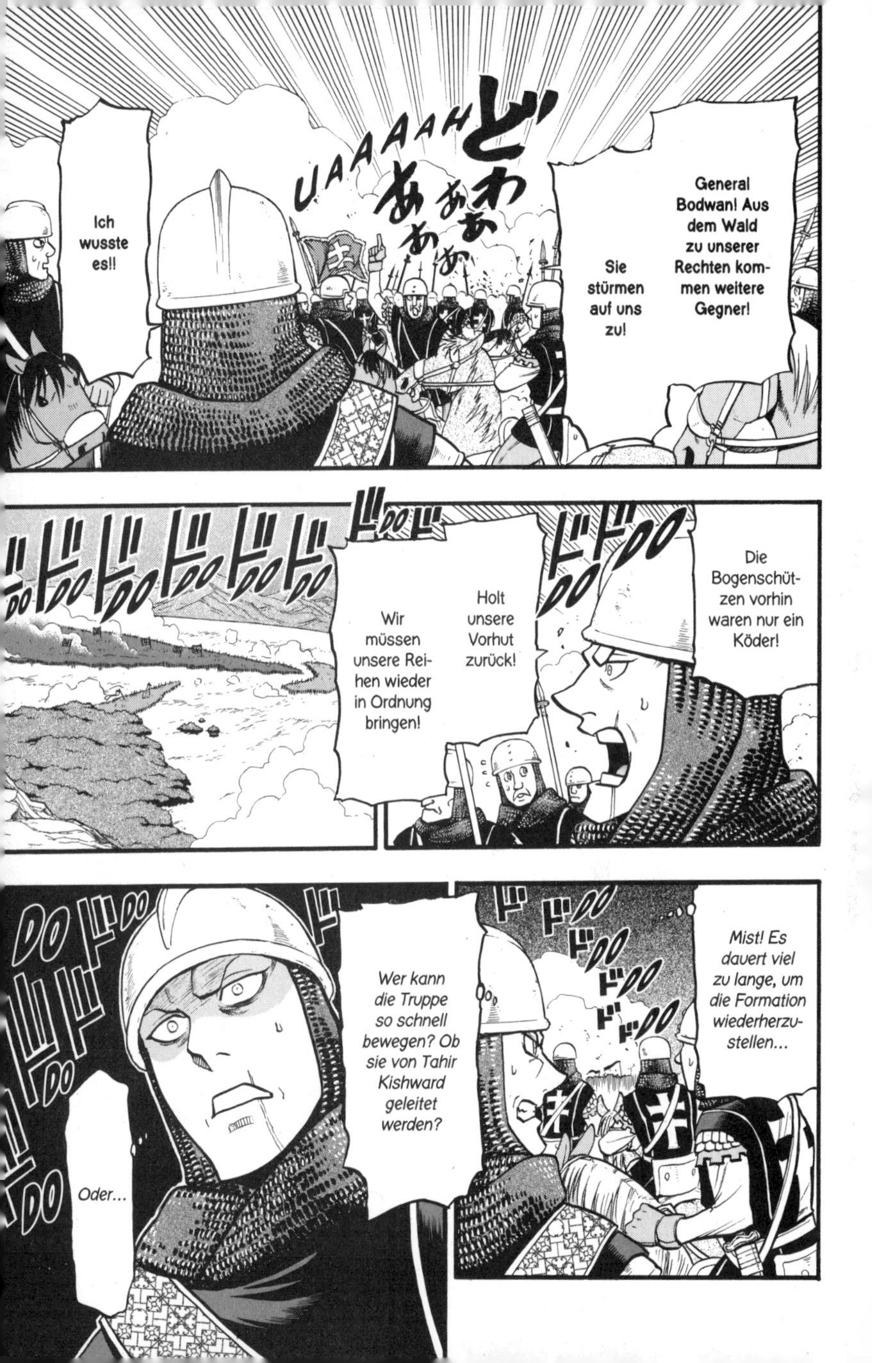
General Bodwan! Aus dem Wald zu unserer Rechten kommen weitere Gegner!
Sie stürmen auf uns zu!
UAAAAAH
Ich wusste es!!
Die Bogenschützen vorhin waren nur ein Köder!
Holt unsere Vorhut zurück!
Wir müssen unsere Reihen wieder in Ordnung bringen!
Mist! Es dauert viel zu lange, um die Formation wiederherzustellen...
Wer kann die Truppe so schnell bewegen? Ob sie von Tahir Kishward geleitet werden?
Oder...

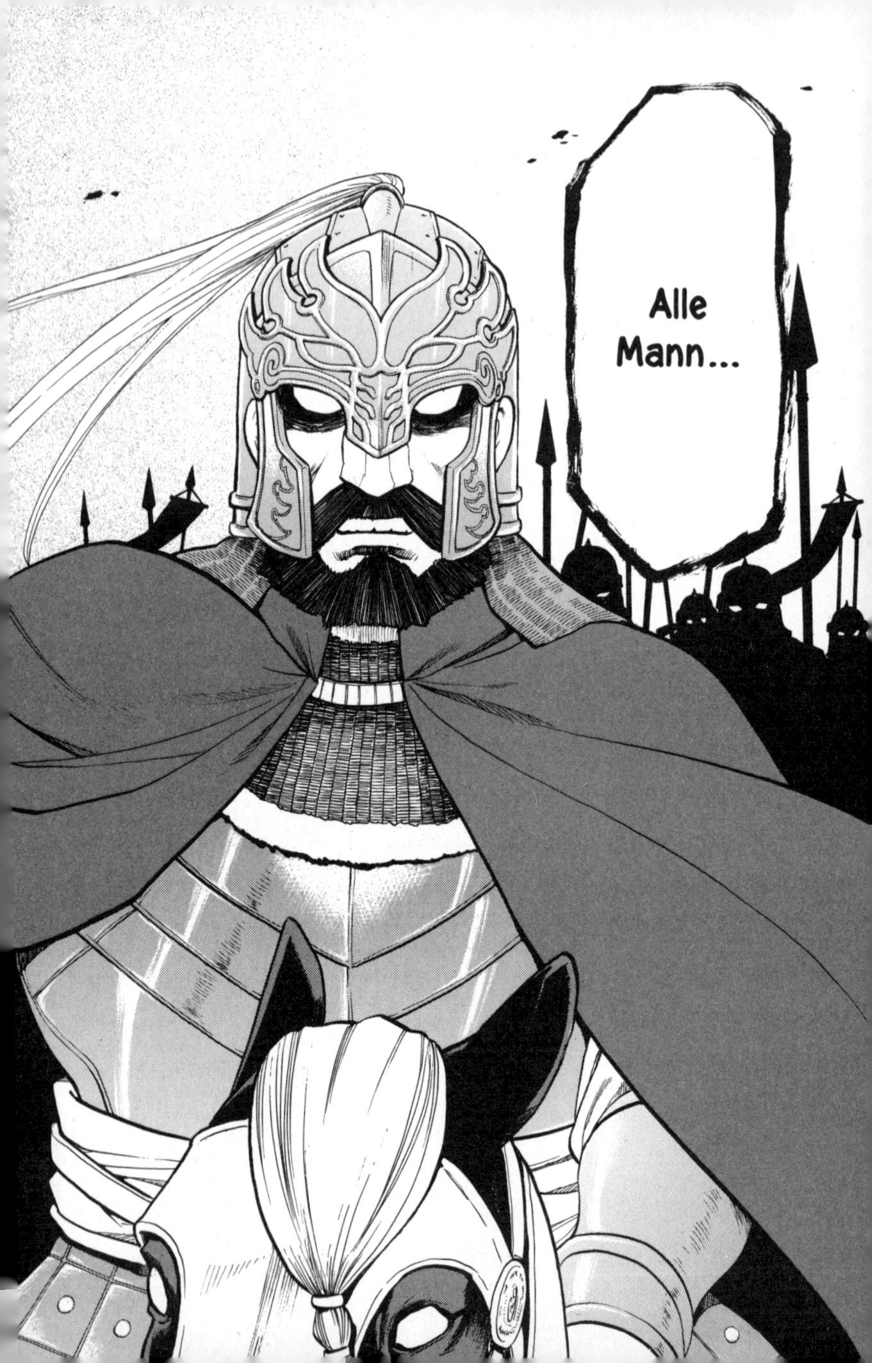
Alle Mann...

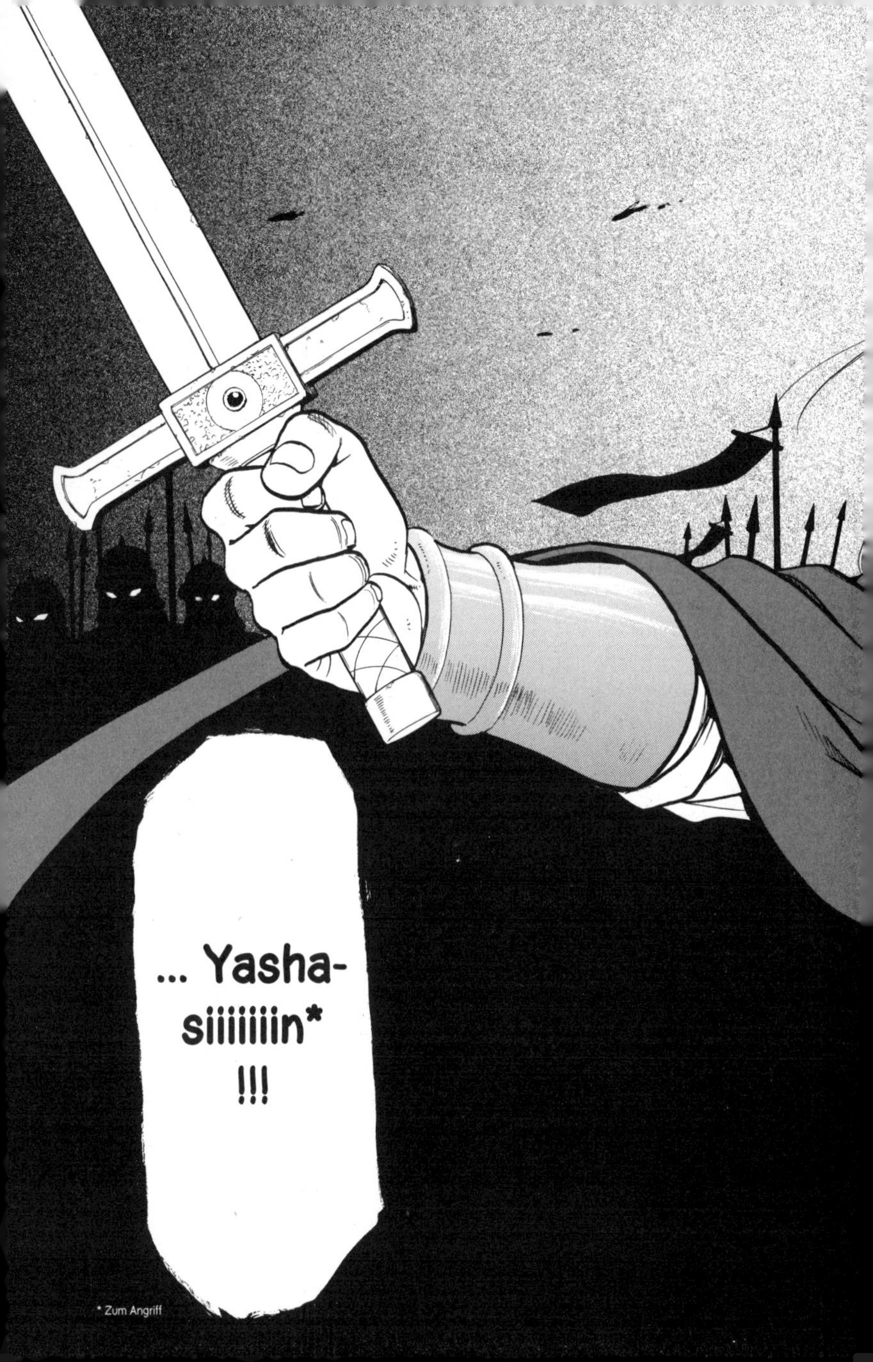
... Yasha-
siiiiiiin*
!!!
* Zum Angriff

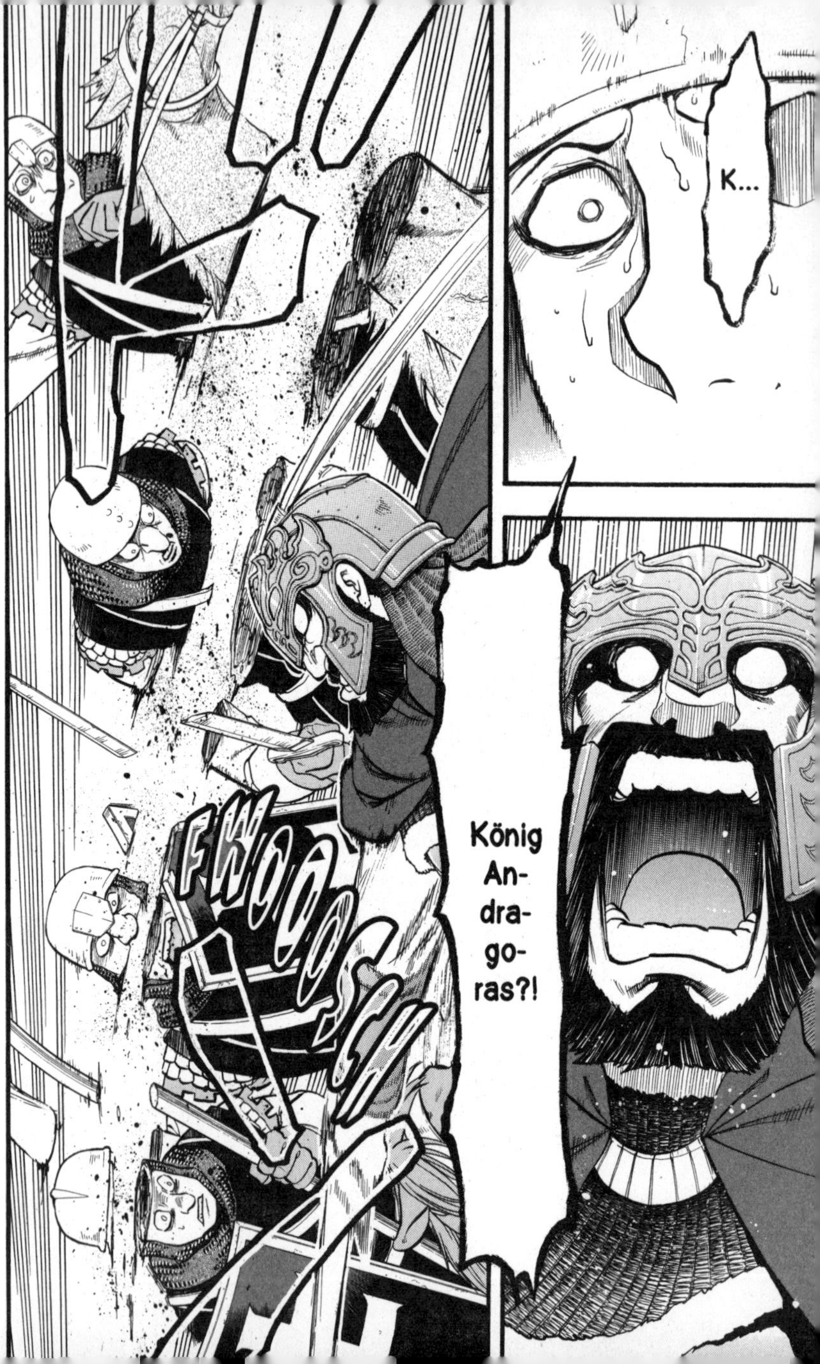
K…
König Andragoras?!
FWOOOSCH

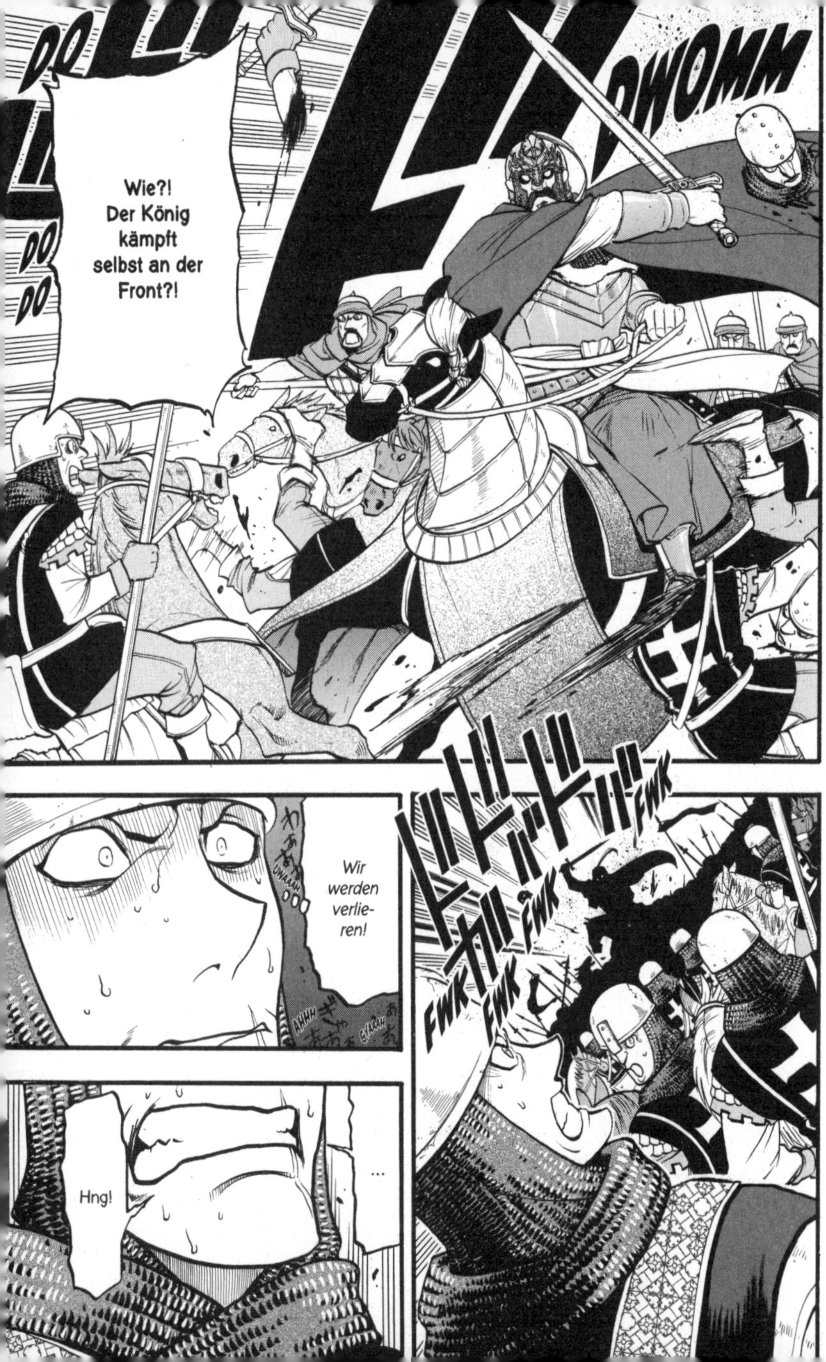
DWOMM
Wie?! Der König kämpft selbst an der Front?!
FWK FWK FWK FWK
Wir werden verlie-ren!
...
Hng!

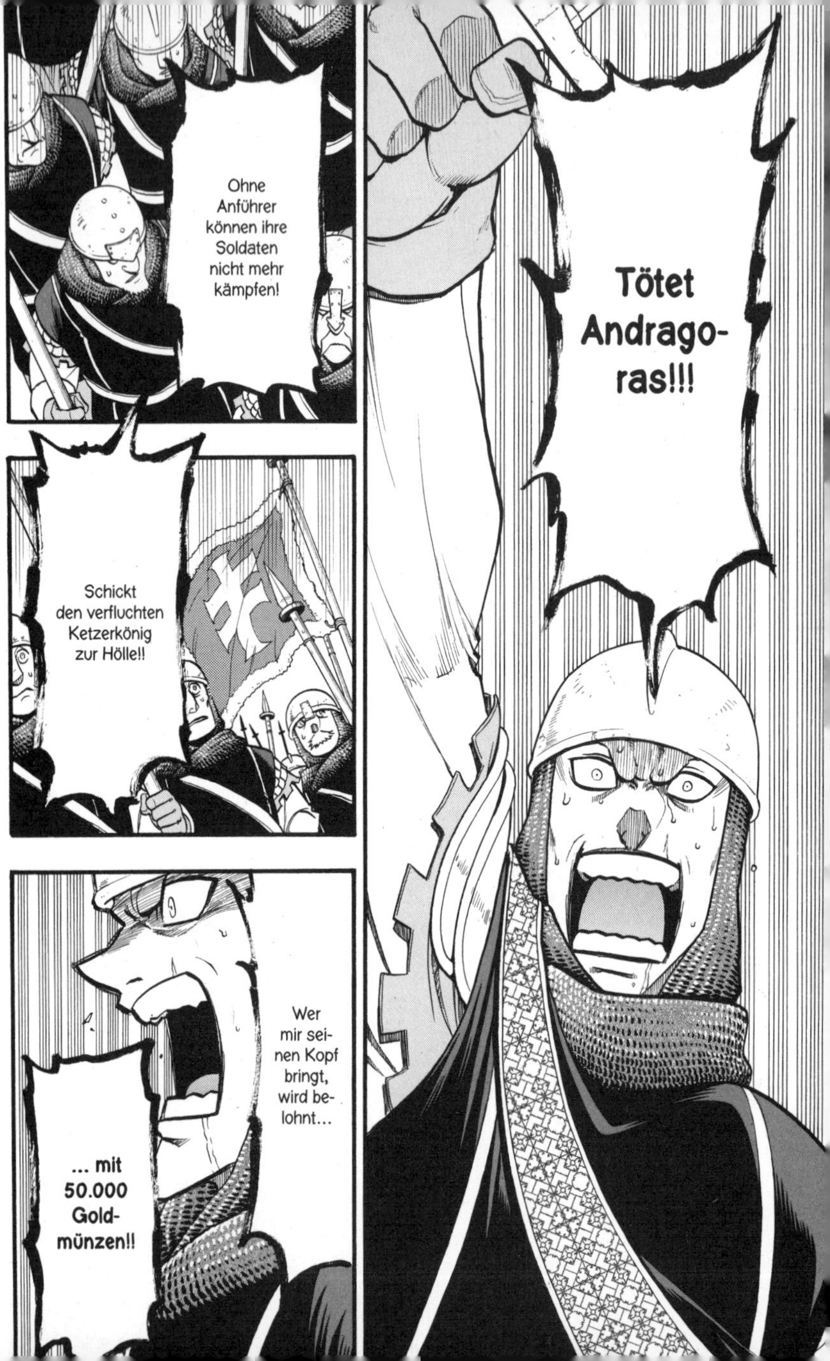
Tötet Andragoras!!!
Ohne Anführer können ihre Soldaten nicht mehr kämpfen!
Schickt den verfluchten Ketzerkönig zur Hölle!!
Wer mir seinen Kopf bringt, wird belohnt…
… mit 50.000 Goldmünzen!!

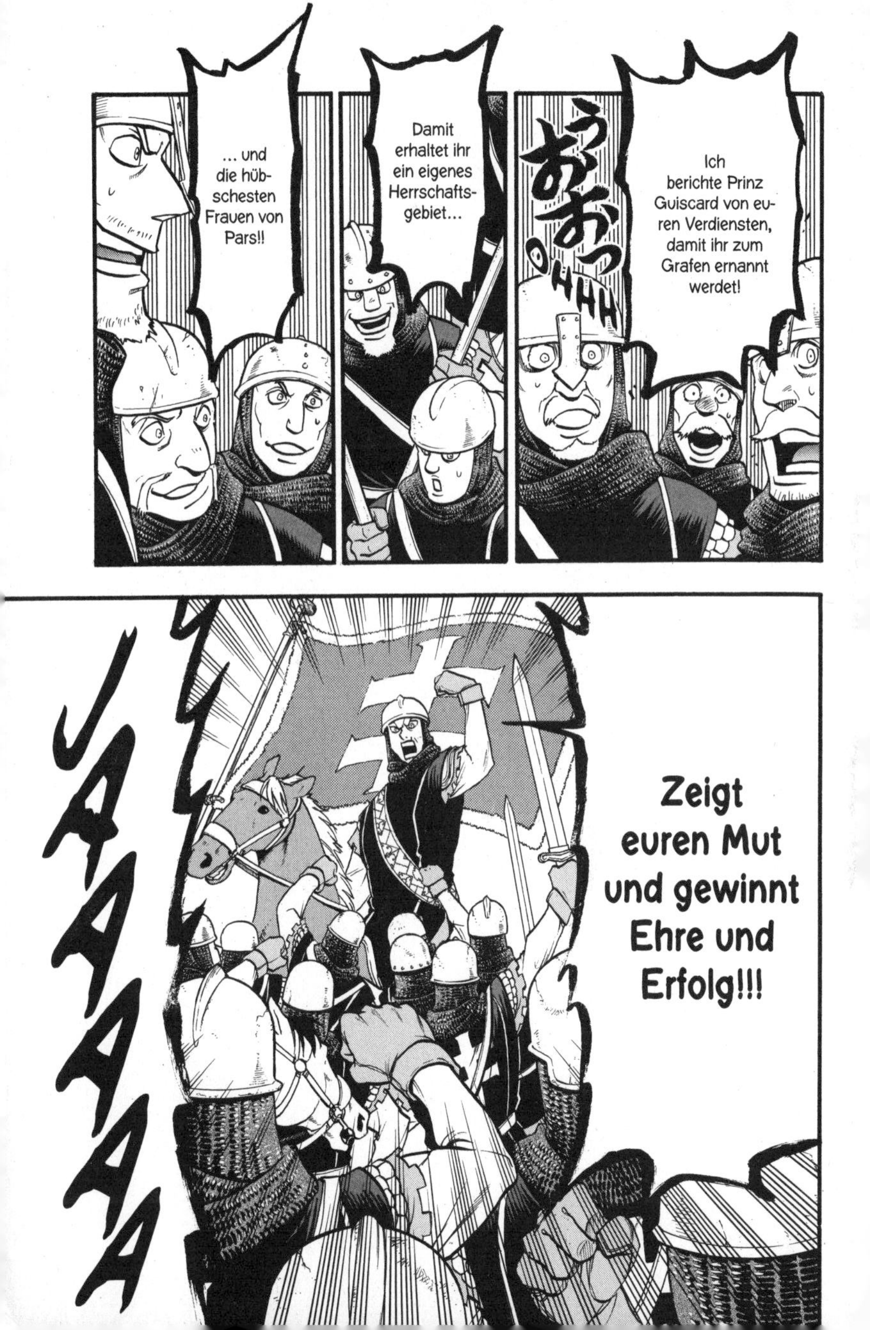
Ich berichte Prinz Guiscard von euren Verdiensten, damit ihr zum Grafen ernannt werdet!
うおおっ
OHHH
Damit erhaltet ihr ein eigenes Herrschaftsgebiet...
... und die hübschesten Frauen von Pars!!
Zeigt euren Mut und gewinnt Ehre und Erfolg!!!
JAAAAA

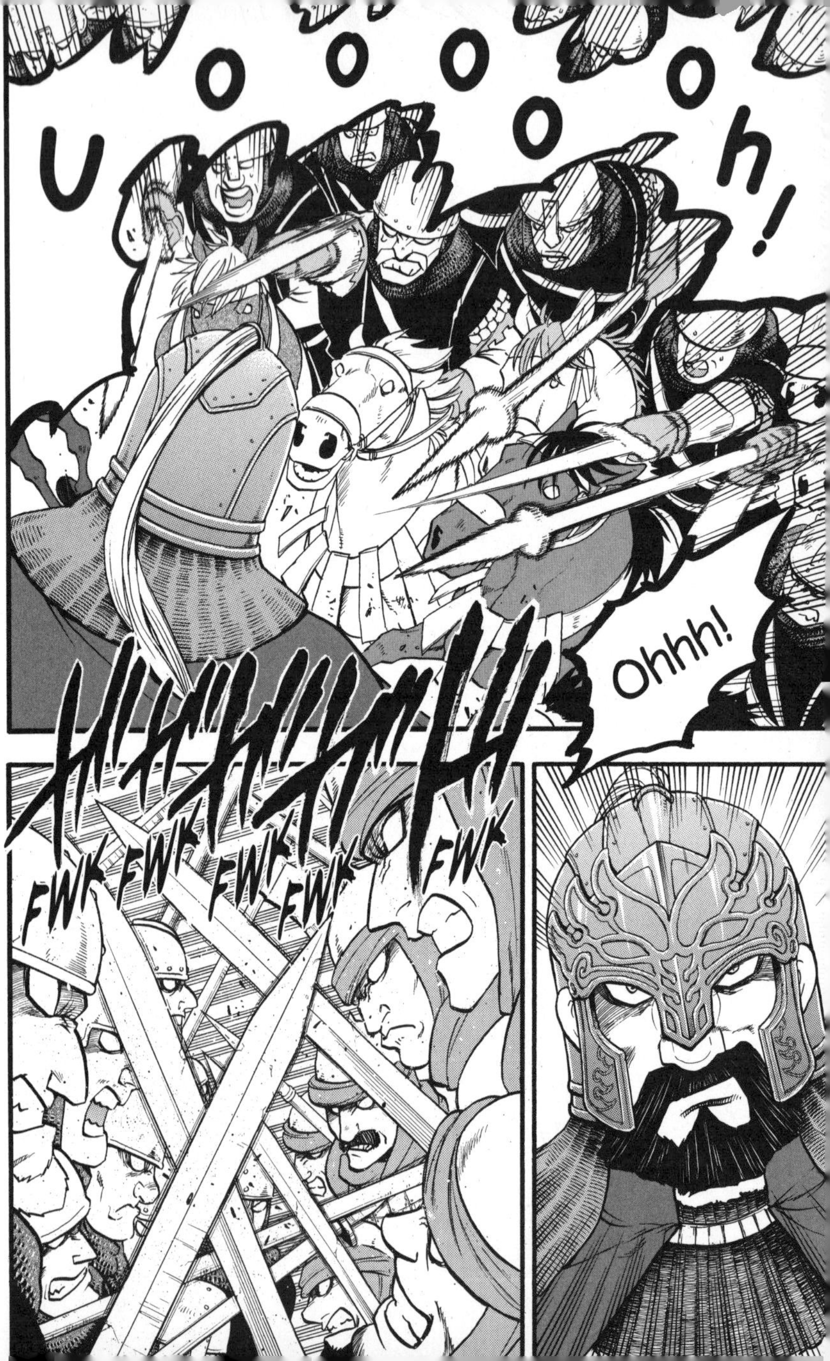

Uooooooh!
Ohhh!
FWK FWK FWK FWK FWK

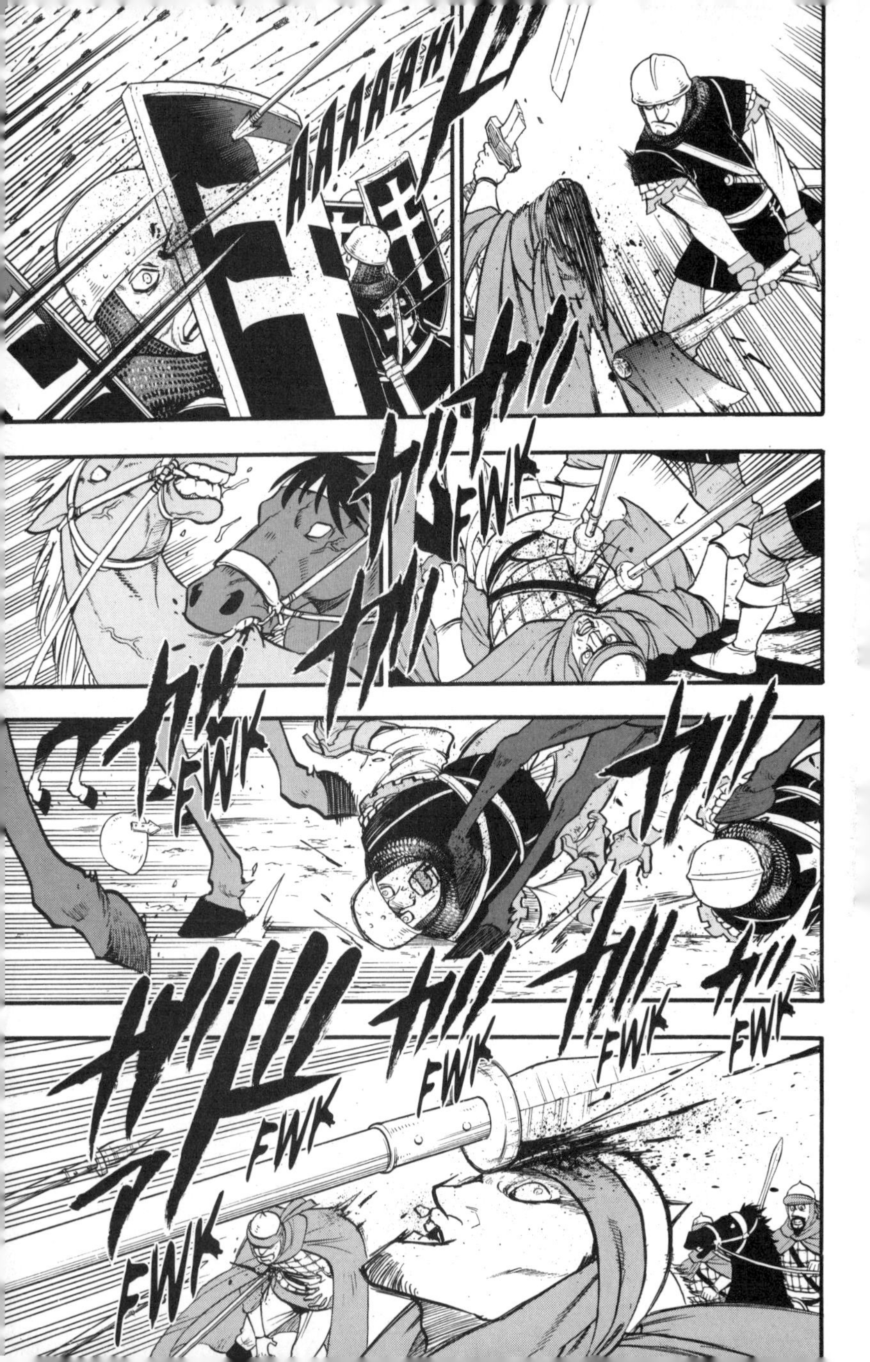
AAAAAAH
FWK
FWK
FWK
FWK
FWK
FWK
FWK
FWK

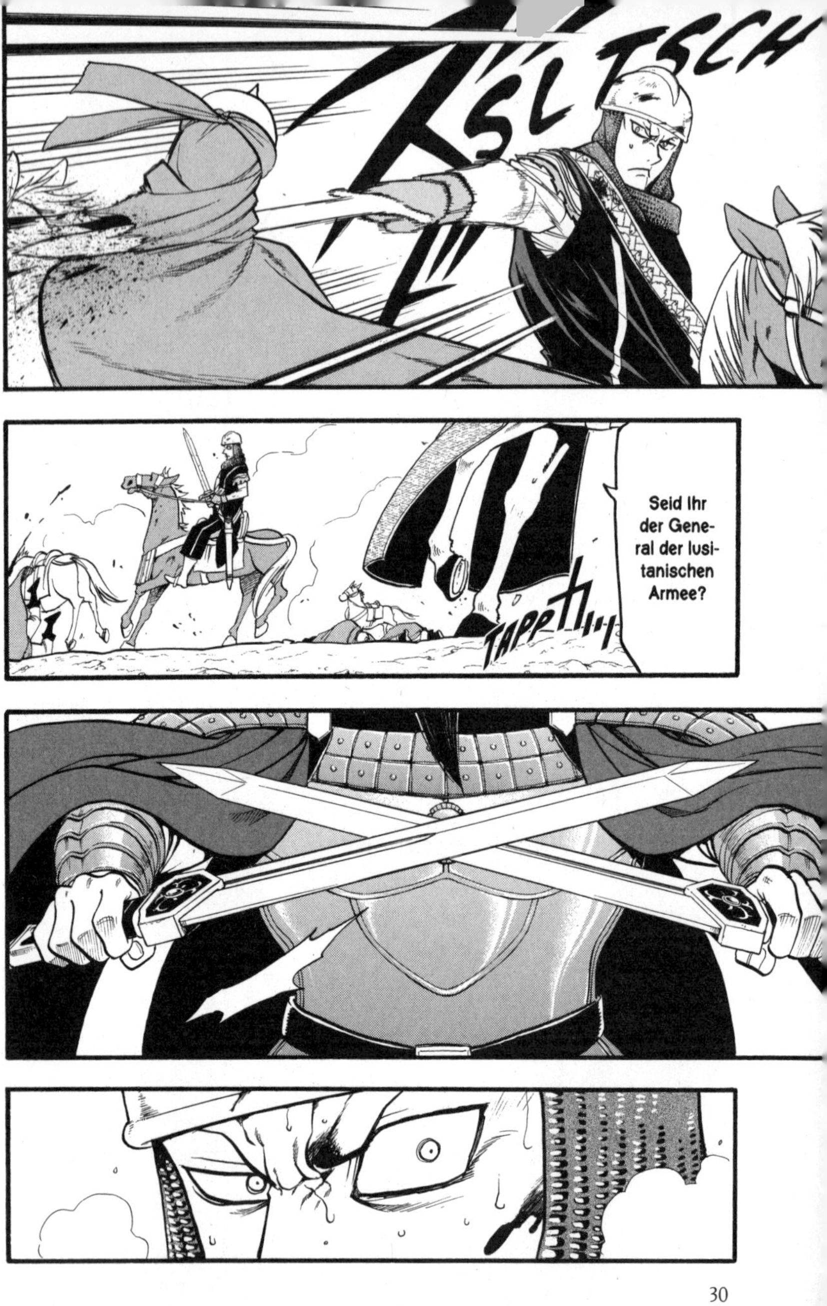
SLITSCH
Seid Ihr der General der lusitanischen Armee?
TAPP

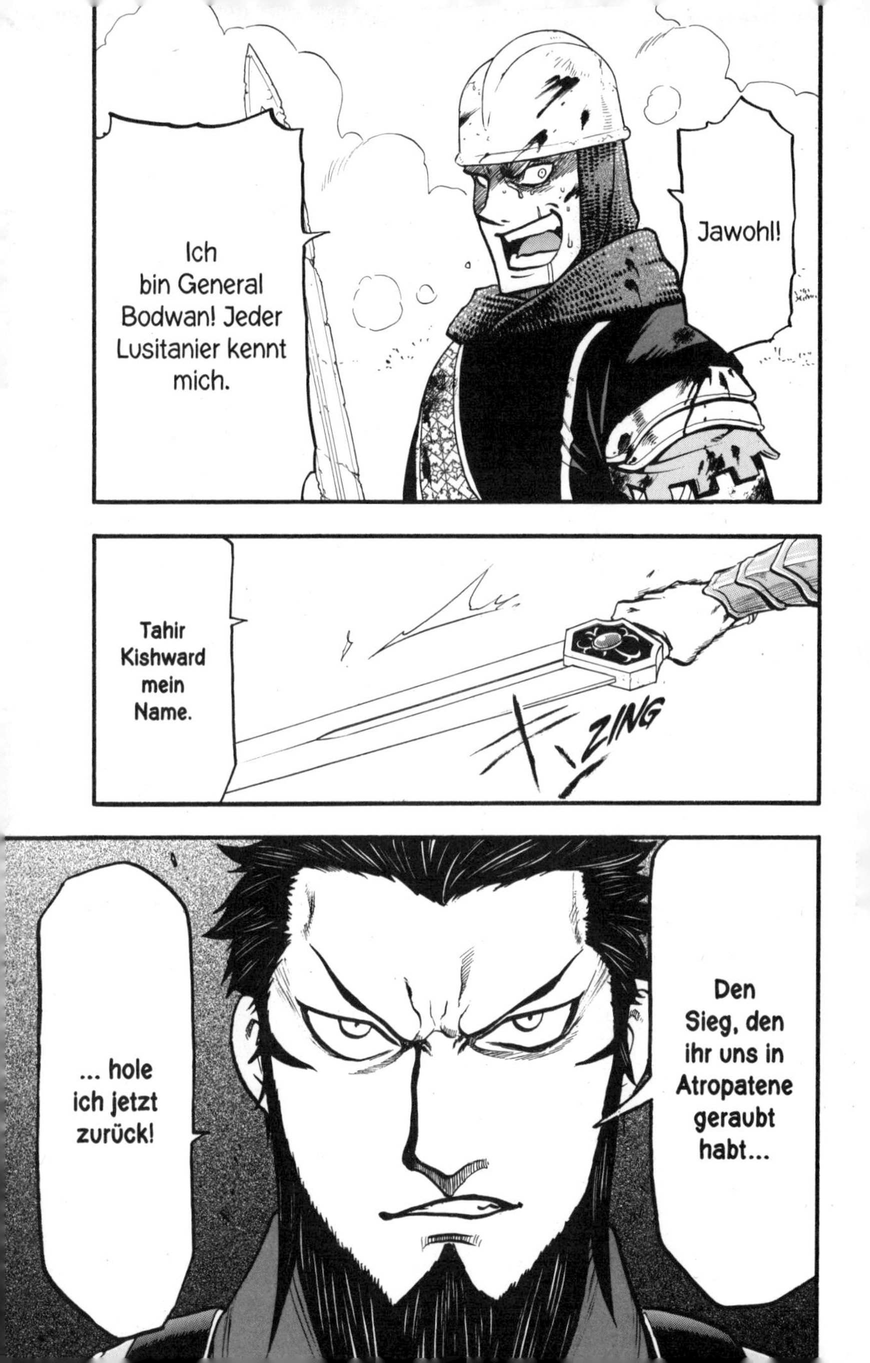

Jawohl!
Ich bin General Bodwan! Jeder Lusitanier kennt mich.
Tahir Kishward mein Name.
ZING
Den Sieg, den ihr uns in Atropatene geraubt habt...
... hole ich jetzt zurück!

The Heroic Legend of

ARSLAN

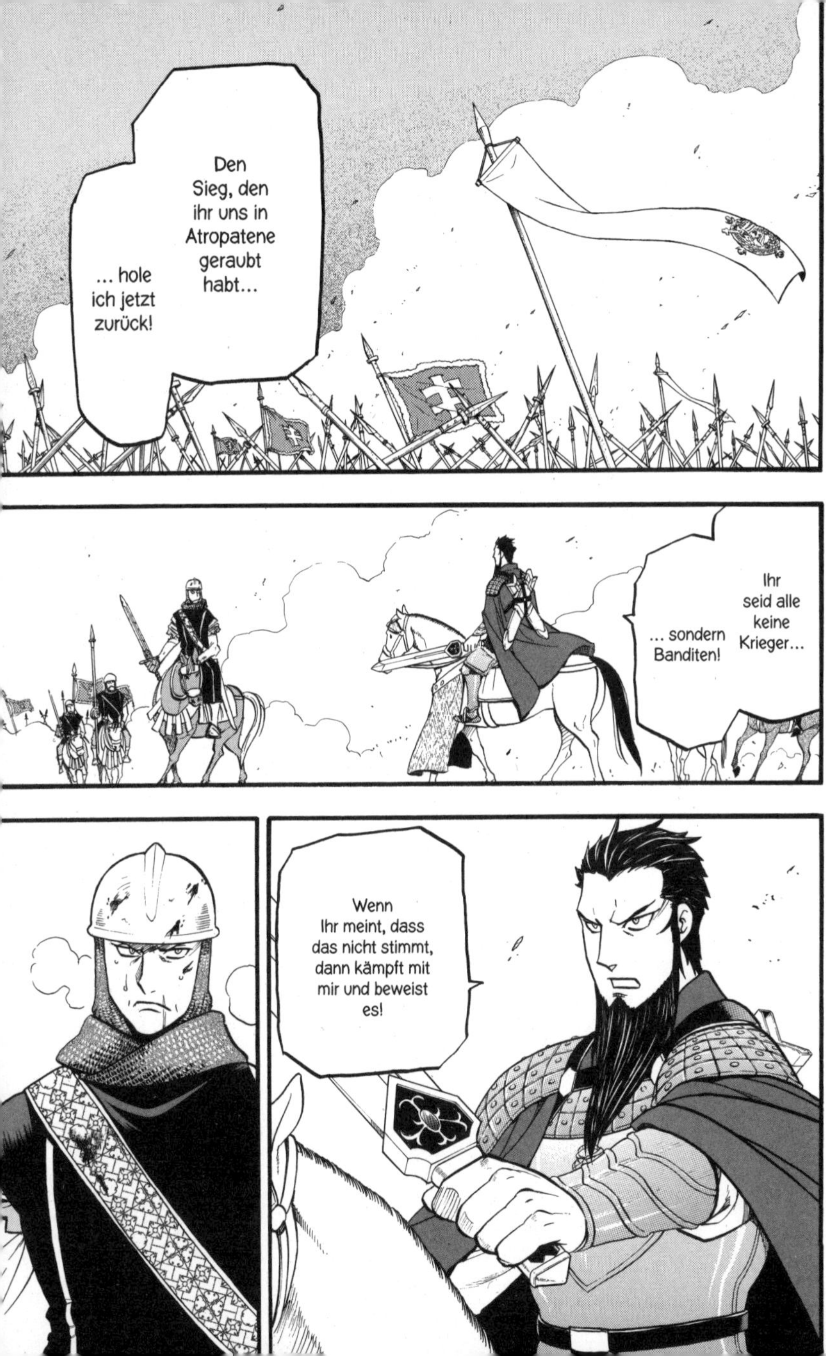
Den Sieg, den ihr uns in Atropatene geraubt habt…
… hole ich jetzt zurück!
Ihr seid alle keine Krieger…
… sondern Banditen!
Wenn Ihr meint, dass das nicht stimmt, dann kämpft mit mir und beweist es!

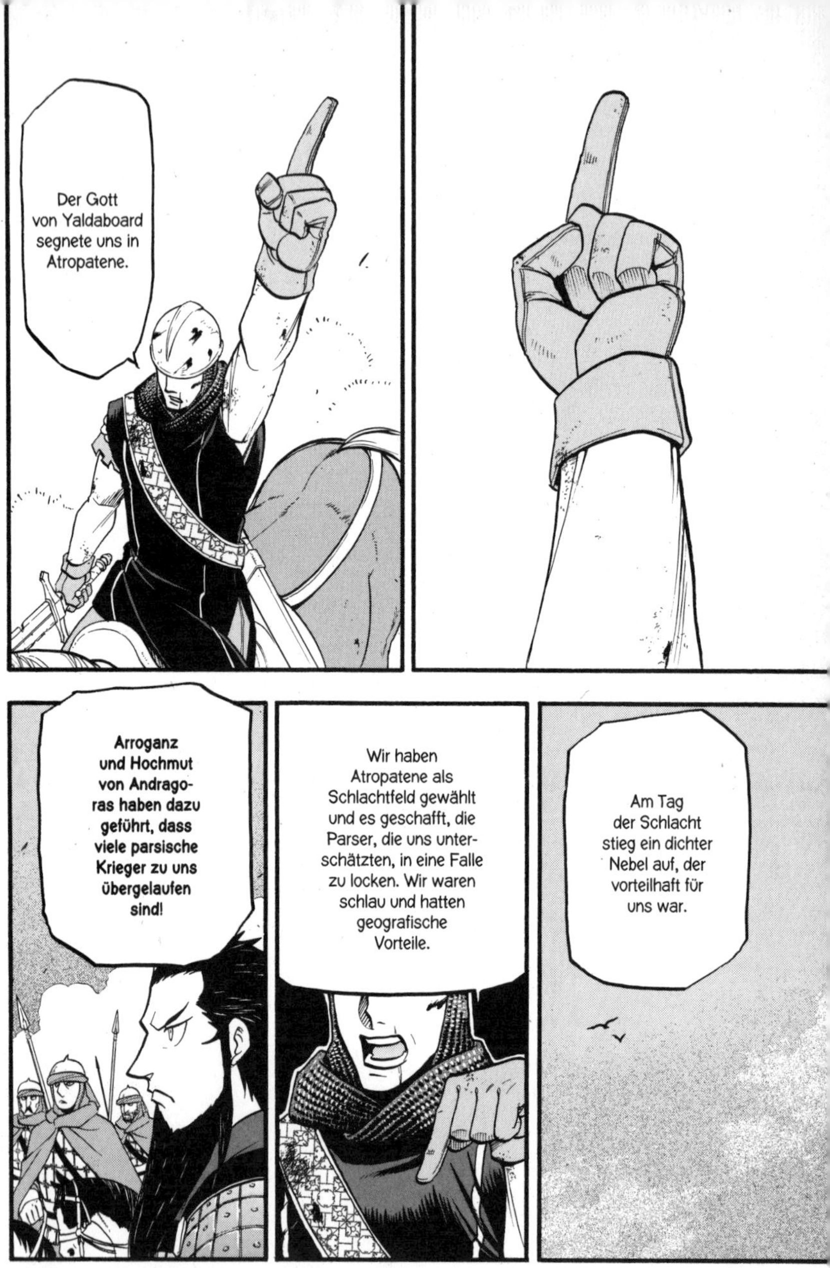
Der Gott von Yaldaboard segnete uns in Atropatene.
Am Tag der Schlacht stieg ein dichter Nebel auf, der vorteilhaft für uns war.
Wir haben Atropatene als Schlachtfeld gewählt und es geschafft, die Parser, die uns unterschätzten, in eine Falle zu locken. Wir waren schlau und hatten geografische Vorteile.
Arroganz und Hochmut von Andragoras haben dazu geführt, dass viele parsische Krieger zu uns übergelaufen sind!

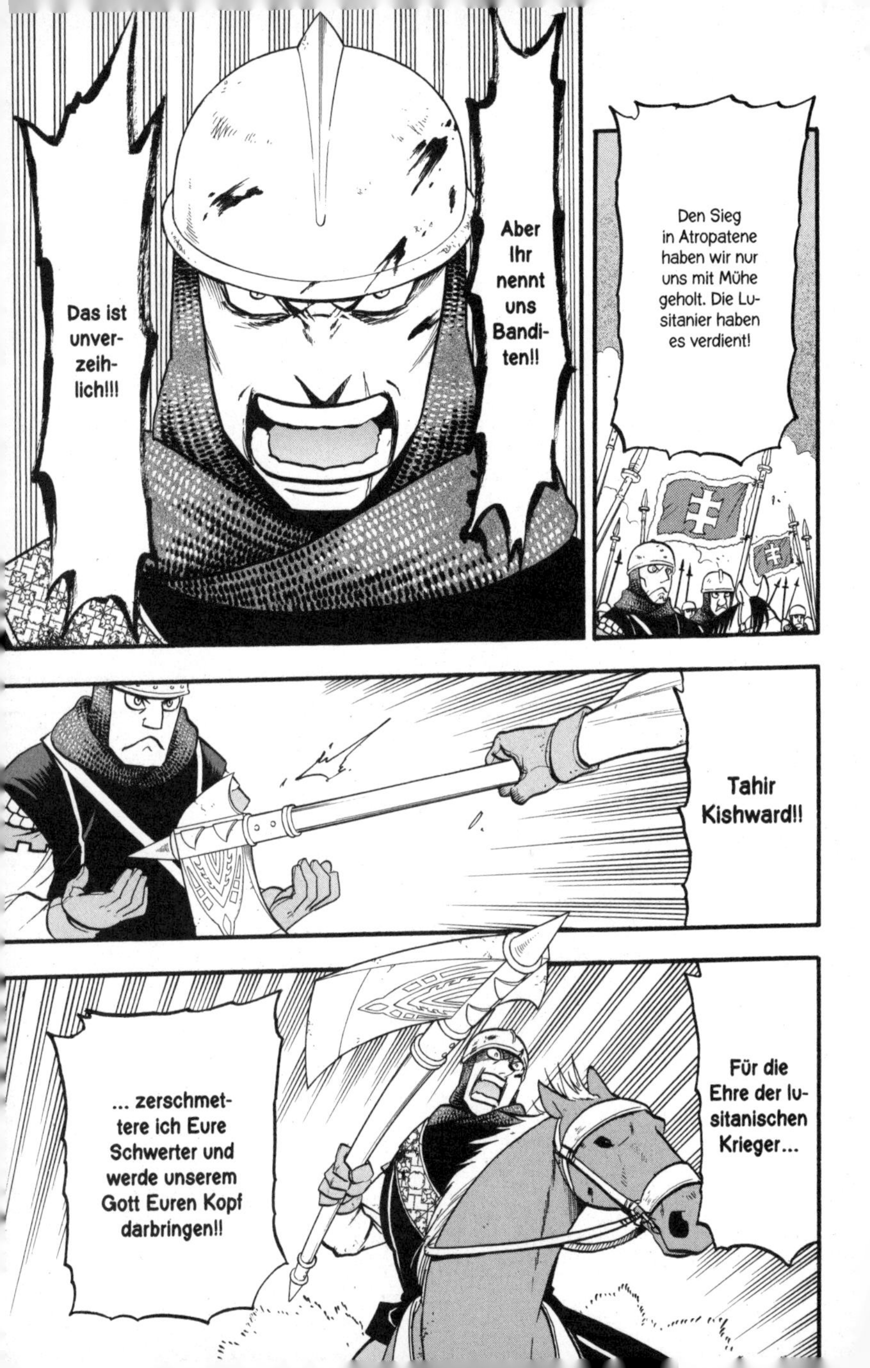

Den Sieg in Atropatene haben wir nur uns mit Mühe geholt. Die Lusitanier haben es verdient!
Aber Ihr nennt uns Banditen!!
Das ist unverzeihlich!!!
Tahir Kishward!!
Für die Ehre der lusitanischen Krieger...
... zerschmettere ich Eure Schwerter und werde unserem Gott Euren Kopf darbringen!!

Kapitel 108: Der Stolz eines lusitanischen Kriegers

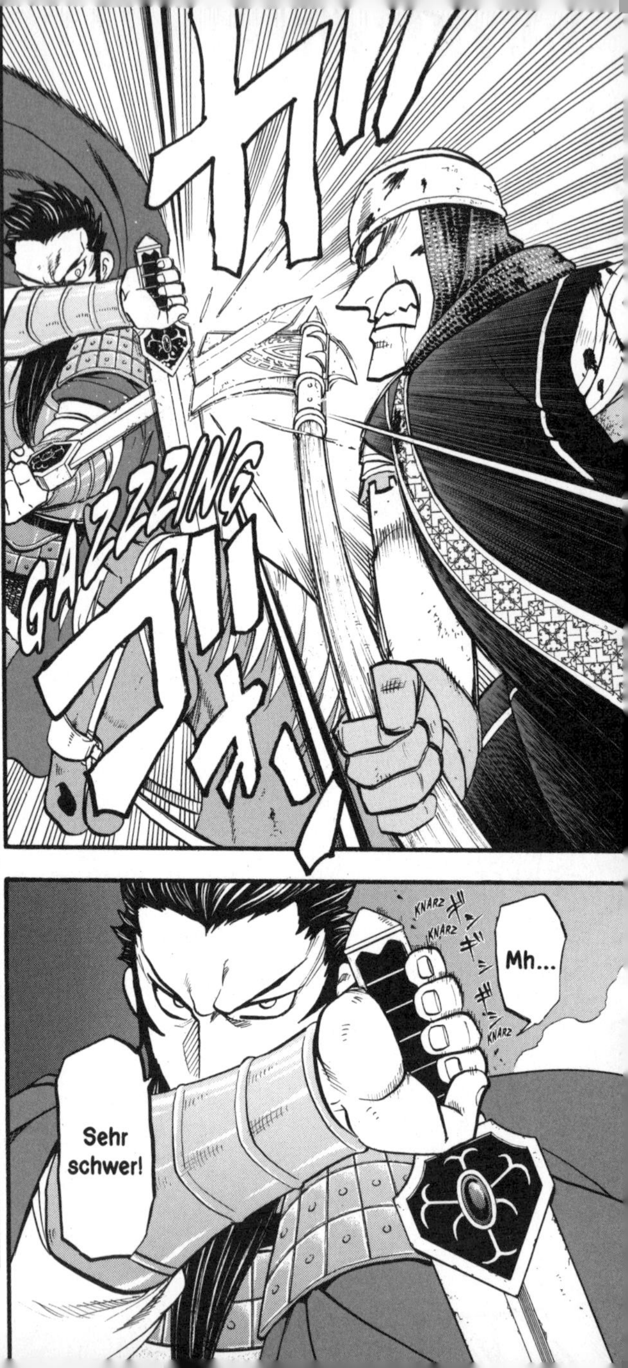

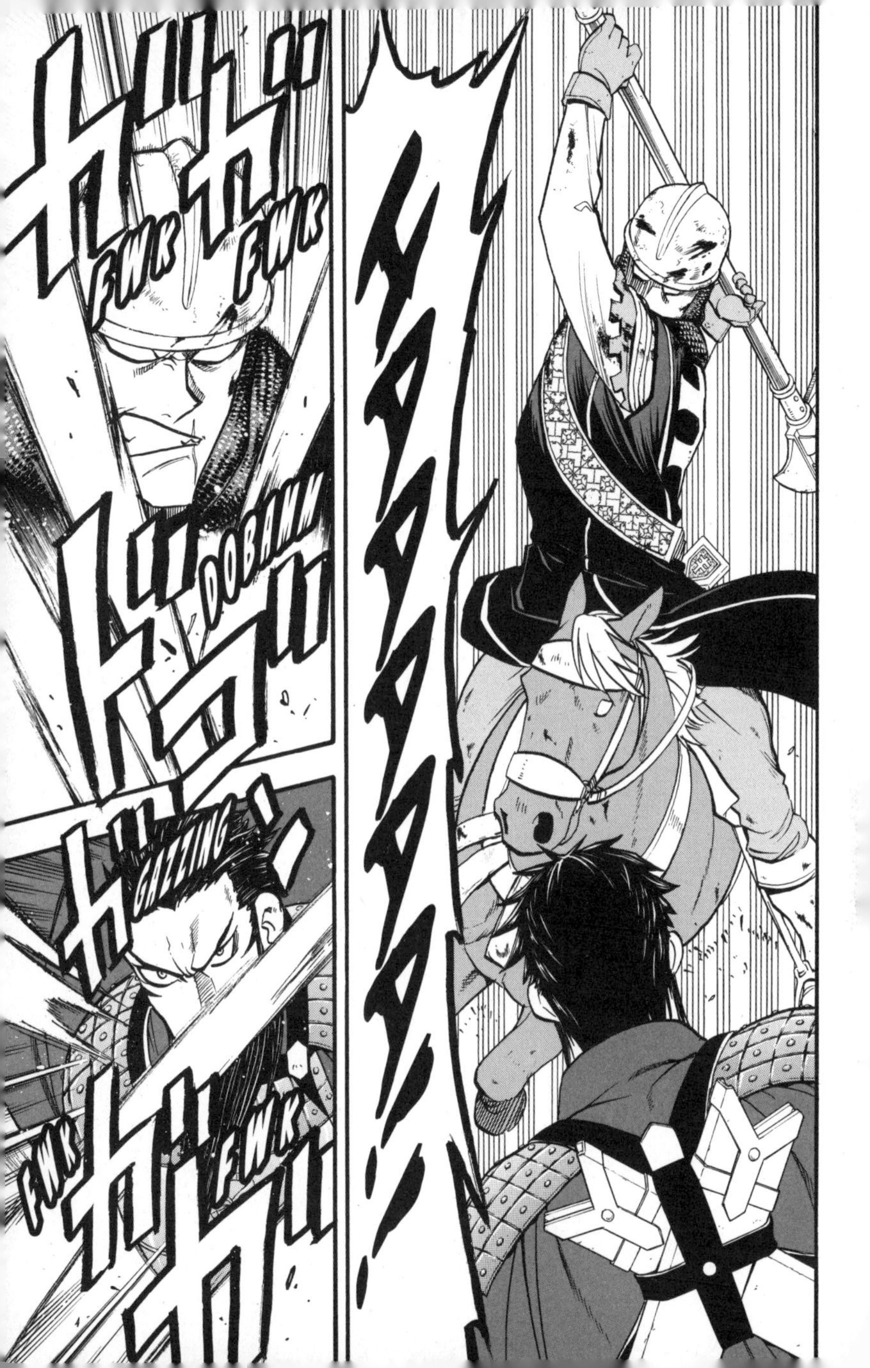
FWK FWK
DOBAHH
GAZZING
FWK FWK

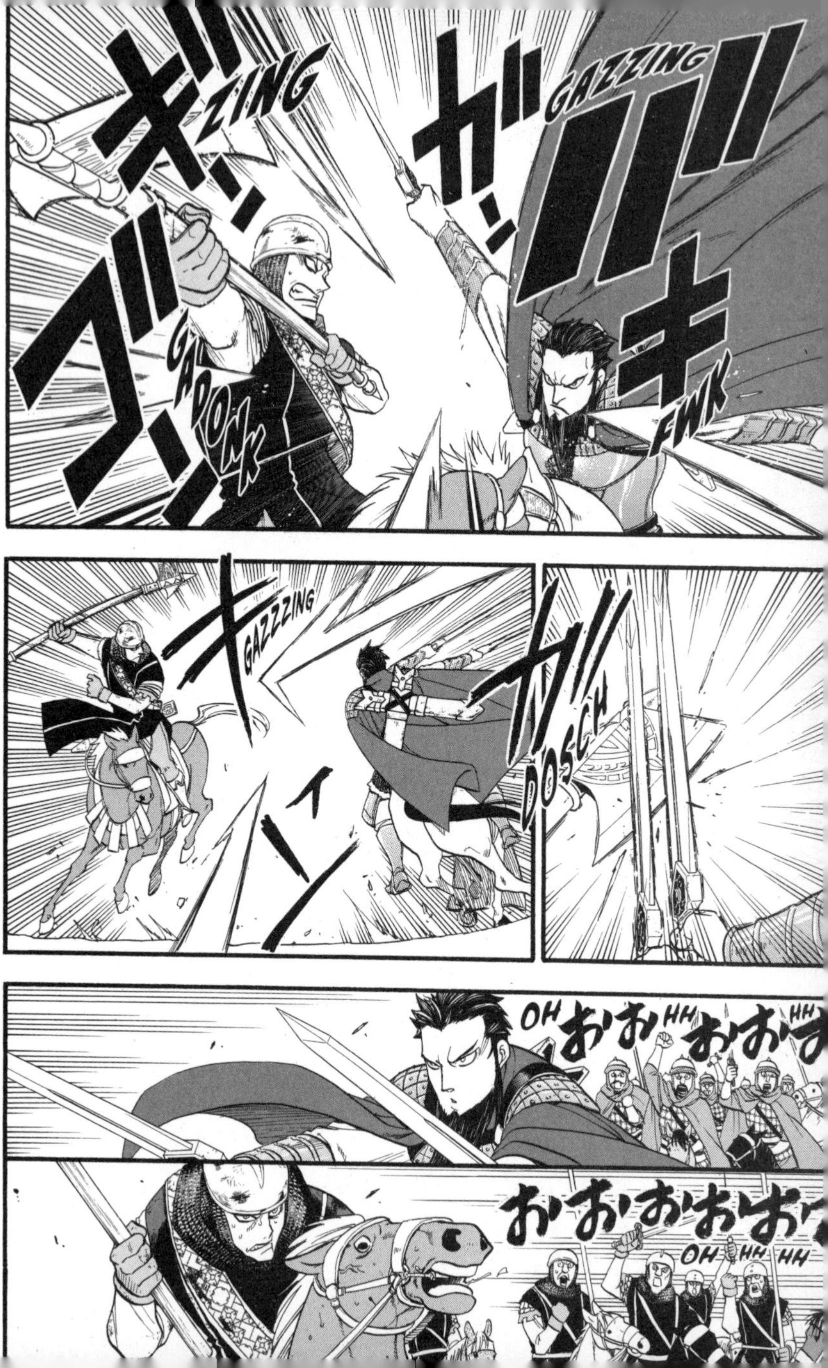

GAZZING
FWK
ZING
GADONK
DOSCH
GAZZZING
OH おお HH おお HH
おおおおお
OH HH HH

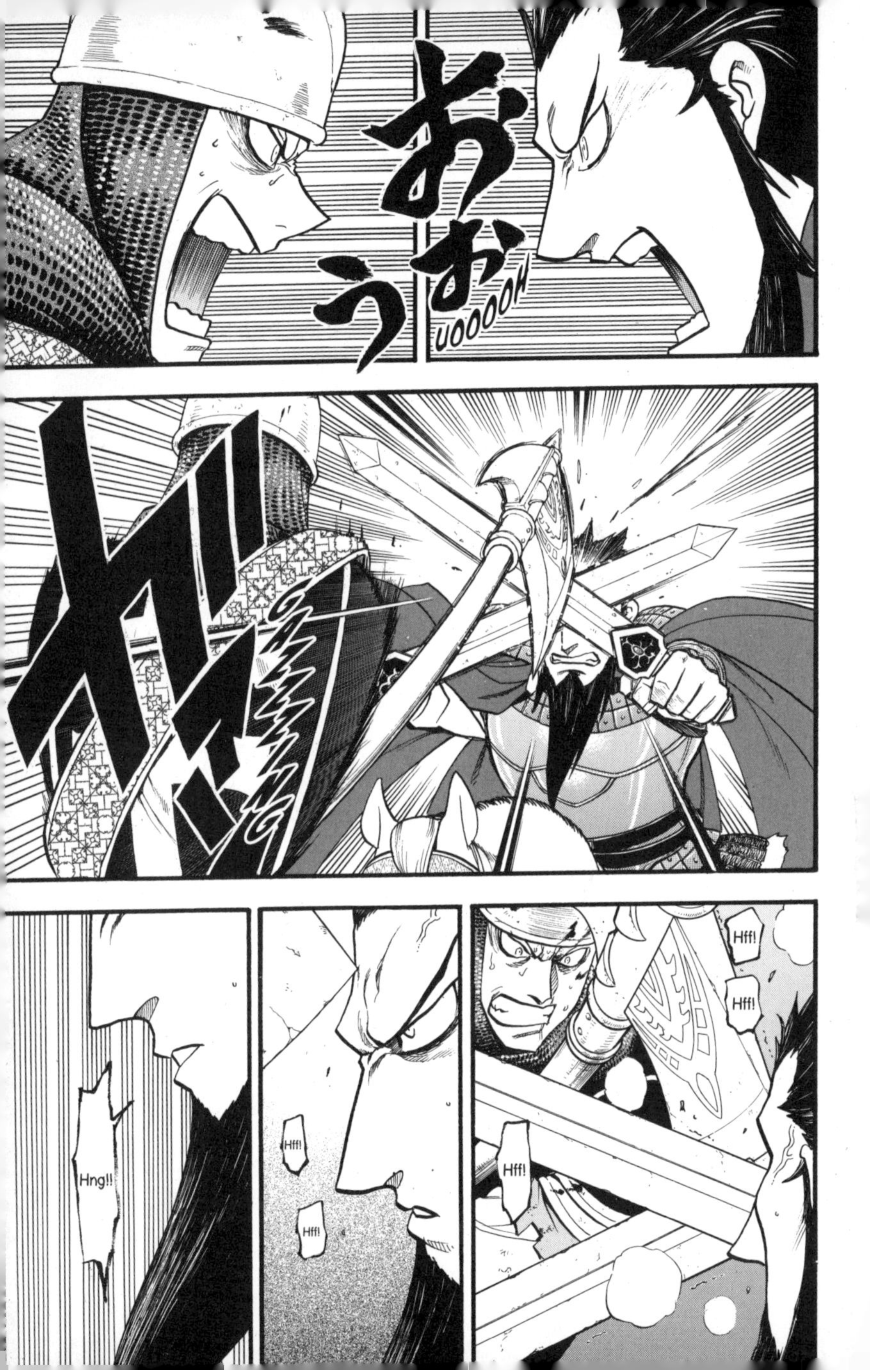
おおう
UOOOOH
Hff!
Hff!
Hff!
Hff!
Hff!
Hng!!

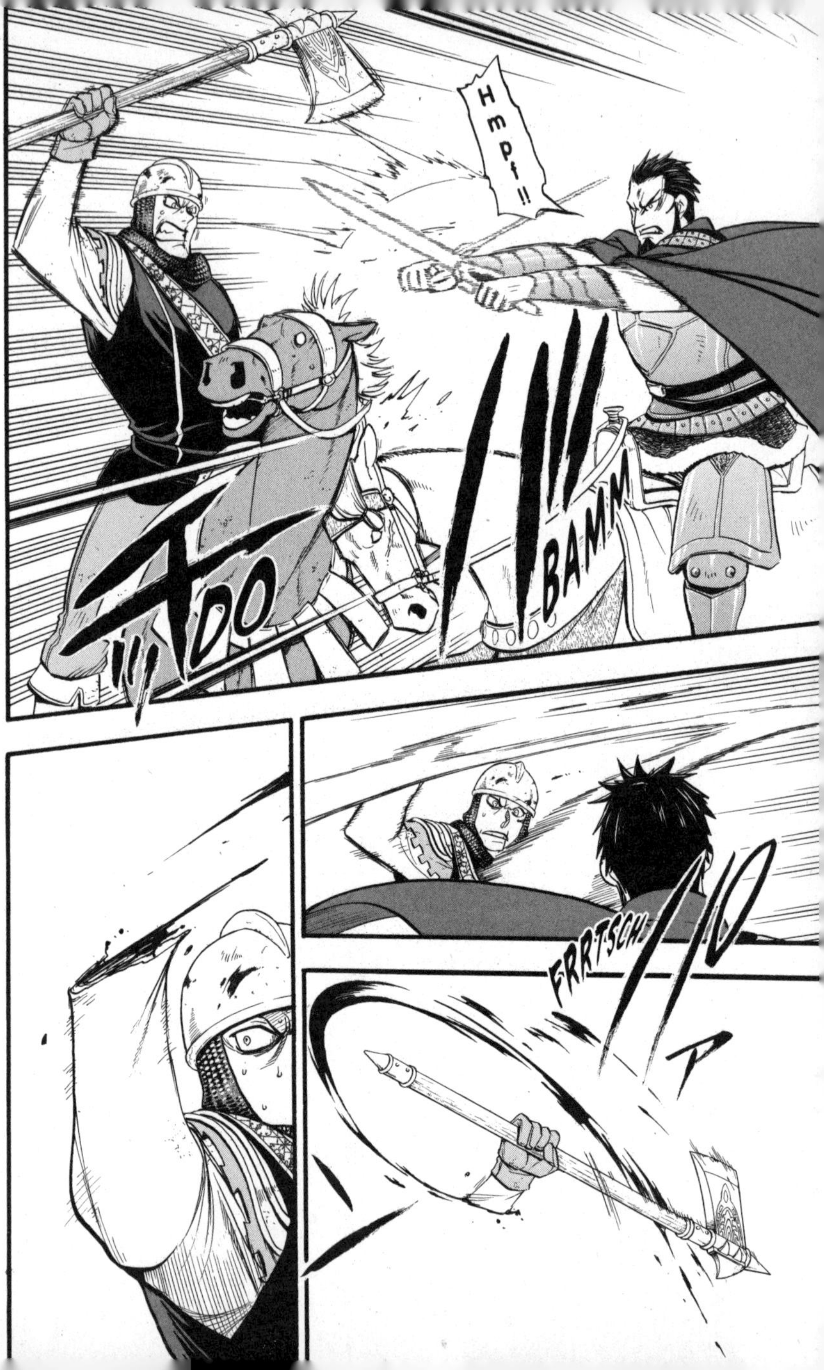

Hmpf!!
DO
BAMM
FRRTSCH

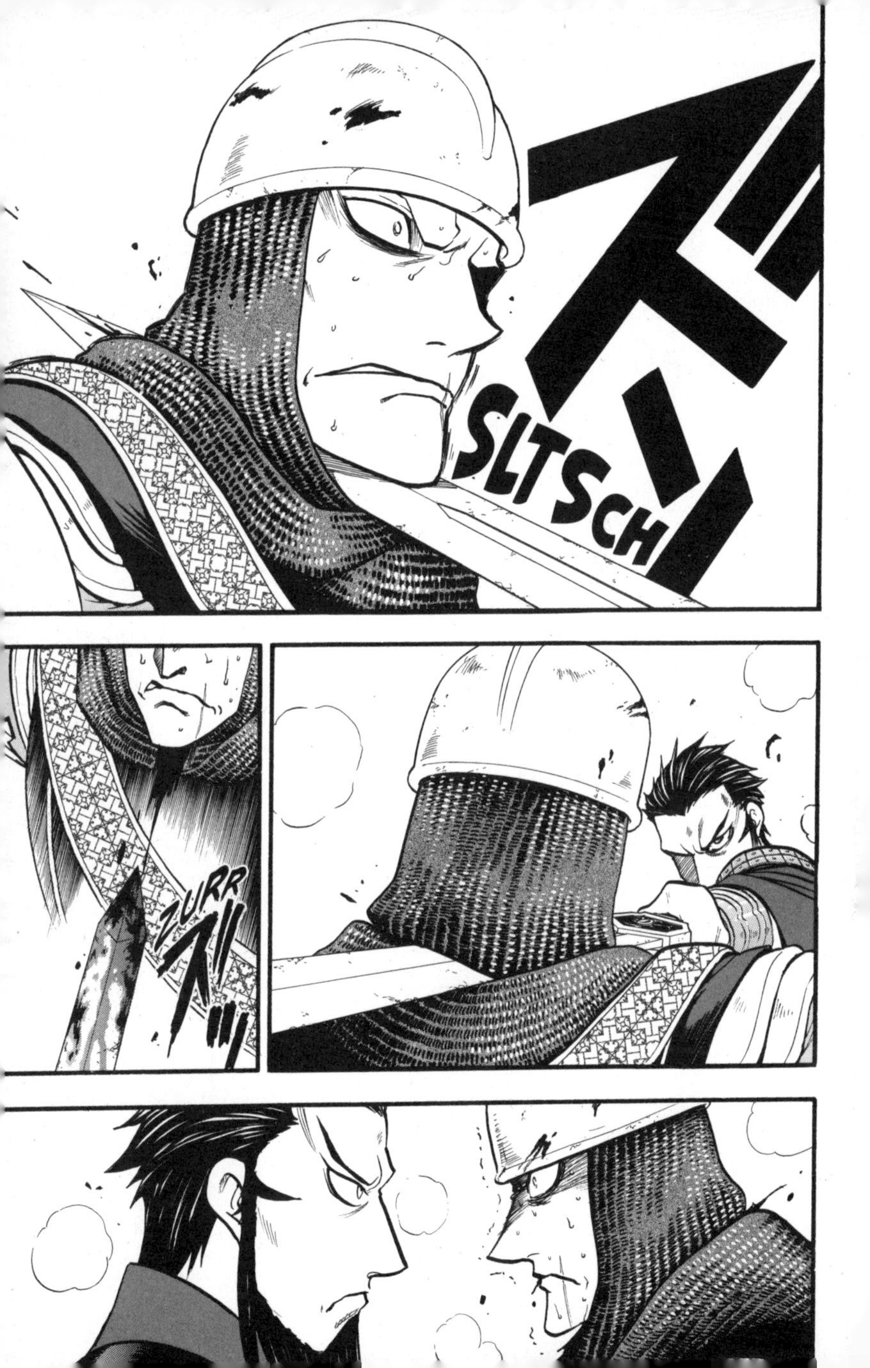
SLTSCH
ZURR

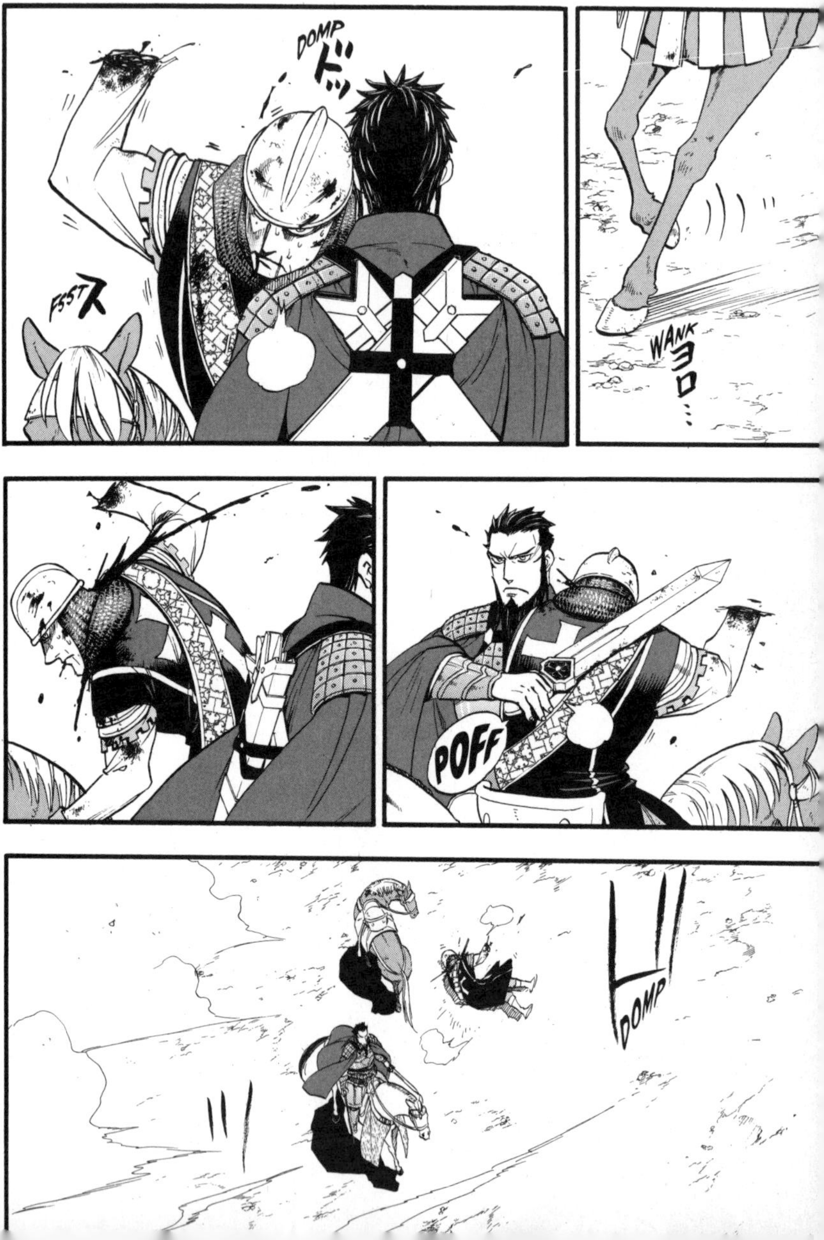
WANK
ヨロ…
DOMP
ドッ
FSST
ス
POFF
DOMP

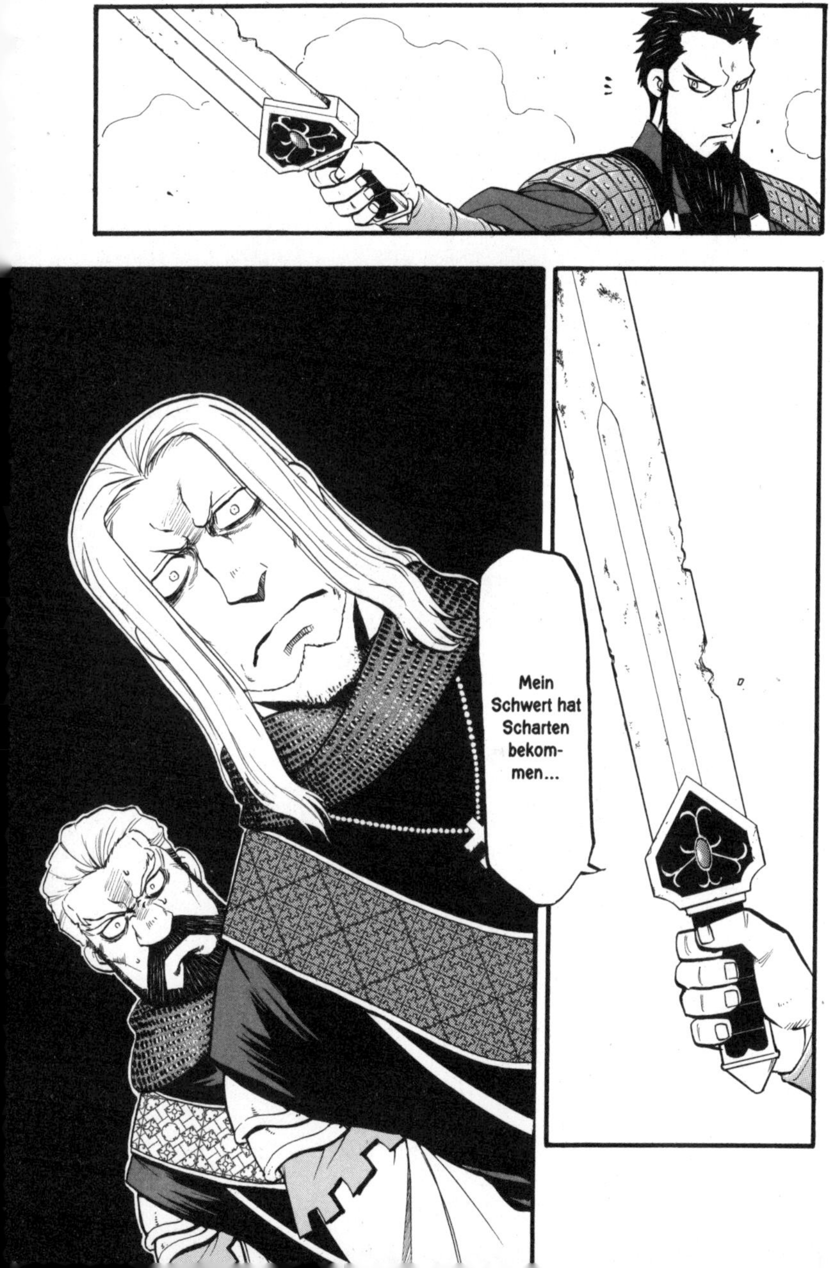
Mein Schwert hat Scharten bekom-men...

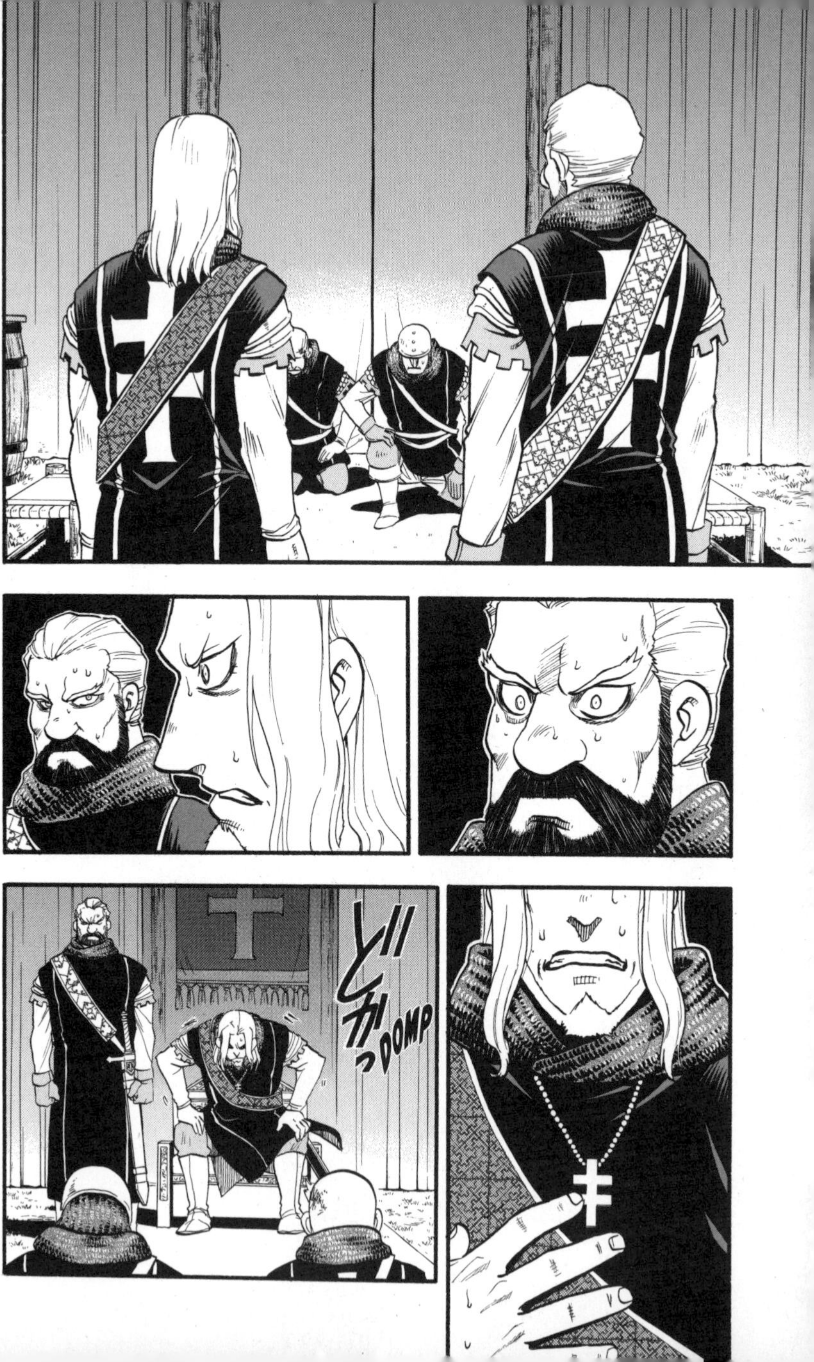
どかっ
DOMP

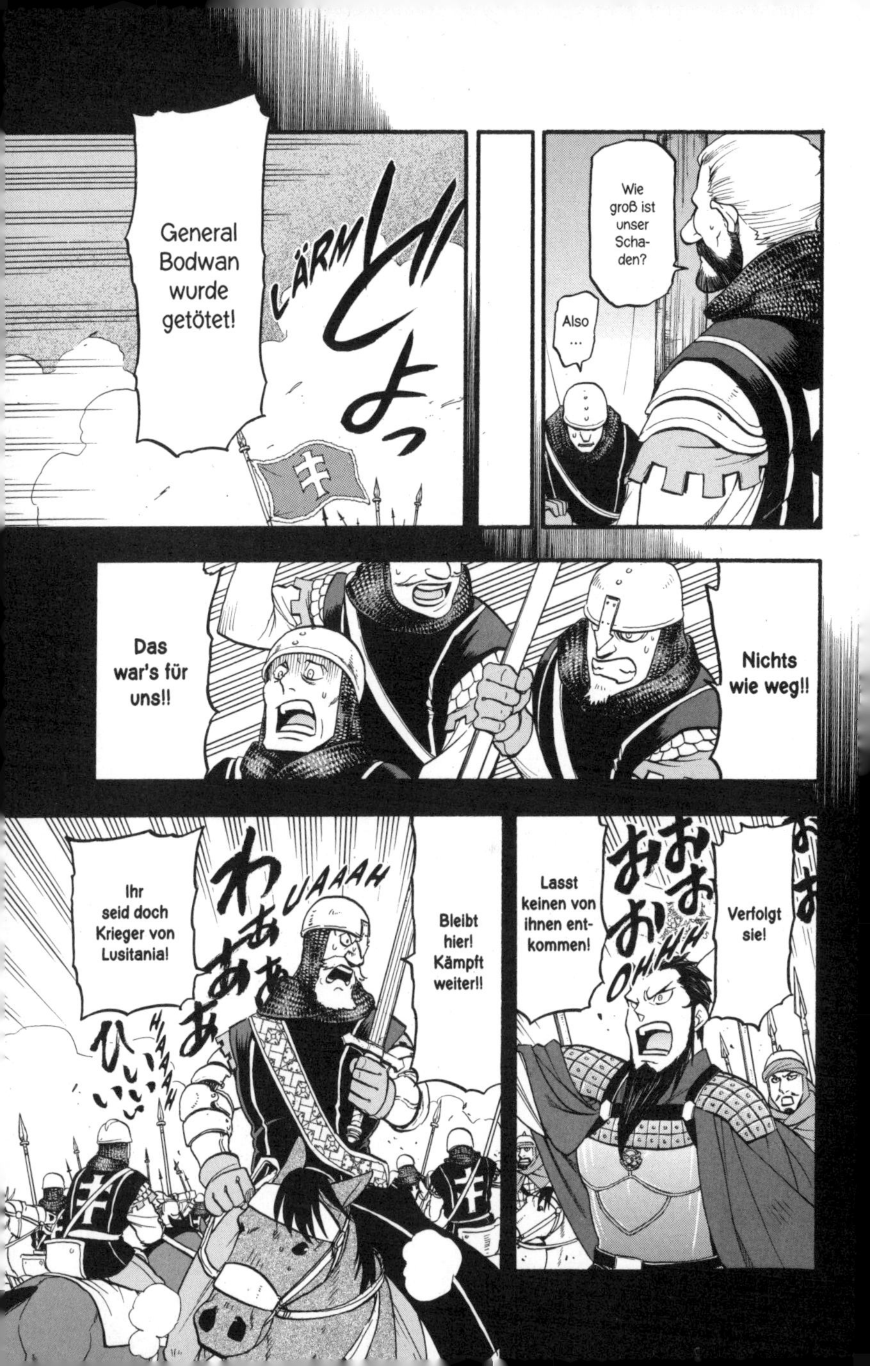

Wie groß ist unser Schaden?
Also ...
General Bodwan wurde getötet!
LÄRM
Nichts wie weg!!
Das war's für uns!!
Verfolgt sie!
OHHH
Lasst keinen von ihnen entkommen!
Bleibt hier! Kämpft weiter!!
UAAAH
Ihr seid doch Krieger von Lusitania!
HIAAAAH

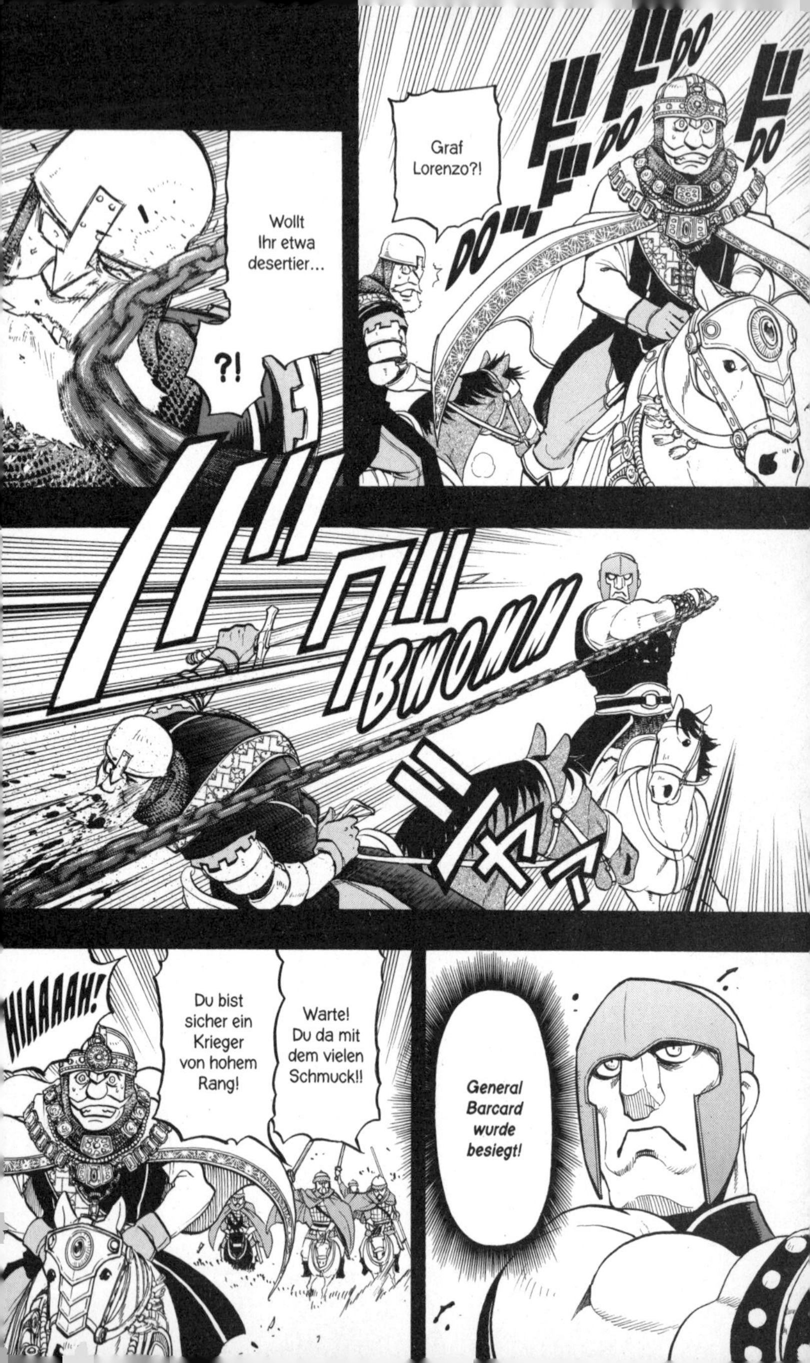

DO DO DO DO
Graf Lorenzo?!
Wollt Ihr etwa desertier...
?!
BWOM
Warte! Du da mit dem vielen Schmuck!!
Du bist sicher ein Krieger von hohem Rang!
HIAAAAH!
General Barcard wurde besiegt!

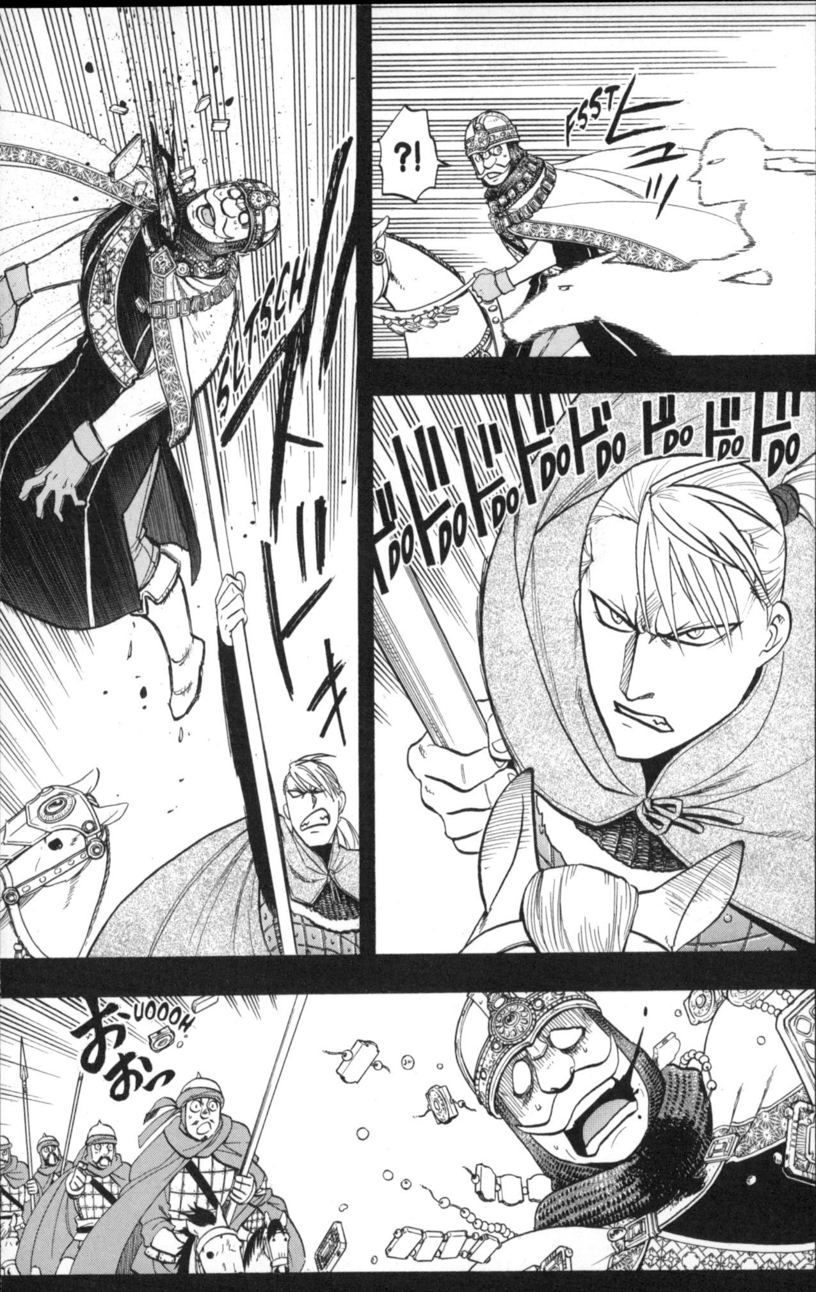
?!
FSST
SCTSCH
DO DO DO DO DO DO DO DO
UOOOH

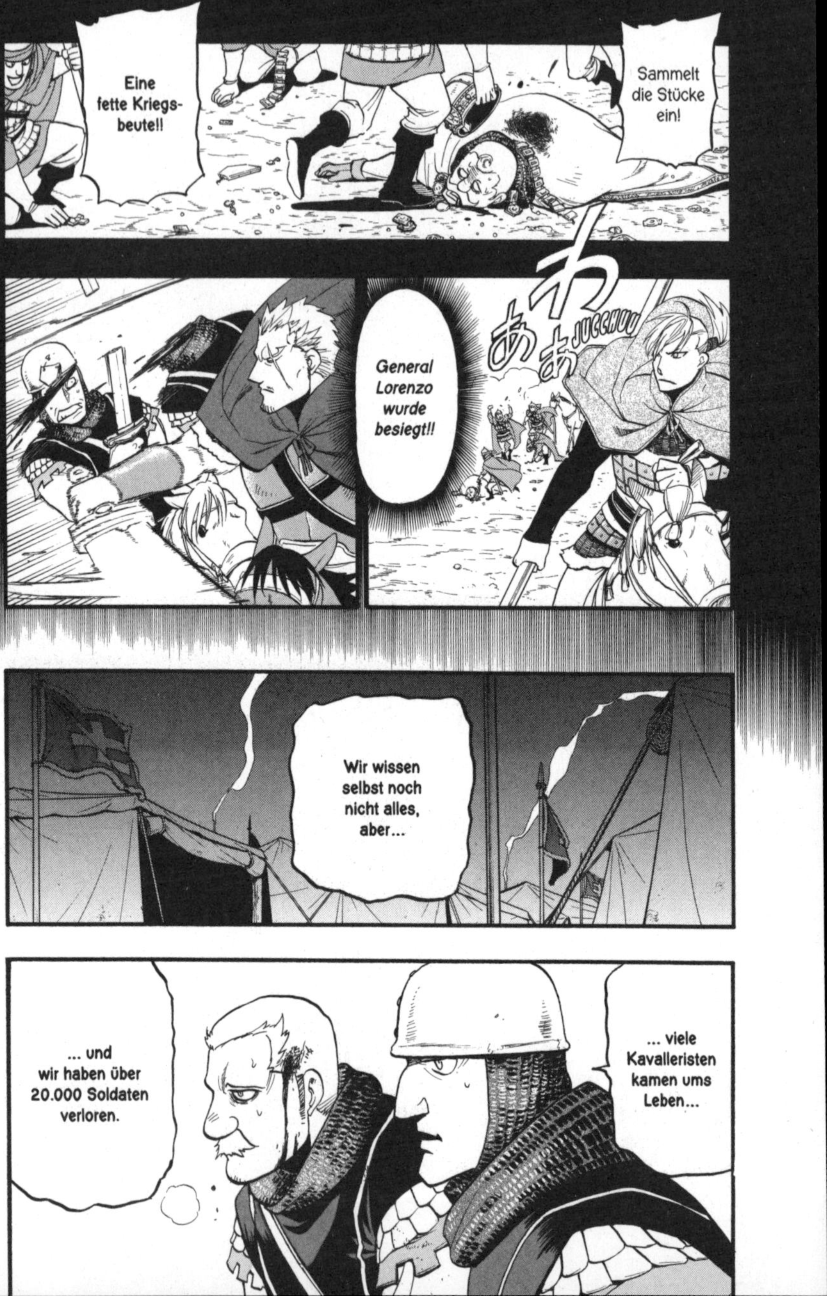
Sammelt die Stücke ein!
Eine fette Kriegsbeute!!
あわあ JUCCHUU
General Lorenzo wurde besiegt!!
Wir wissen selbst noch nicht alles, aber...
... viele Kavalleristen kamen ums Leben...
... und wir haben über 20.000 Soldaten verloren.

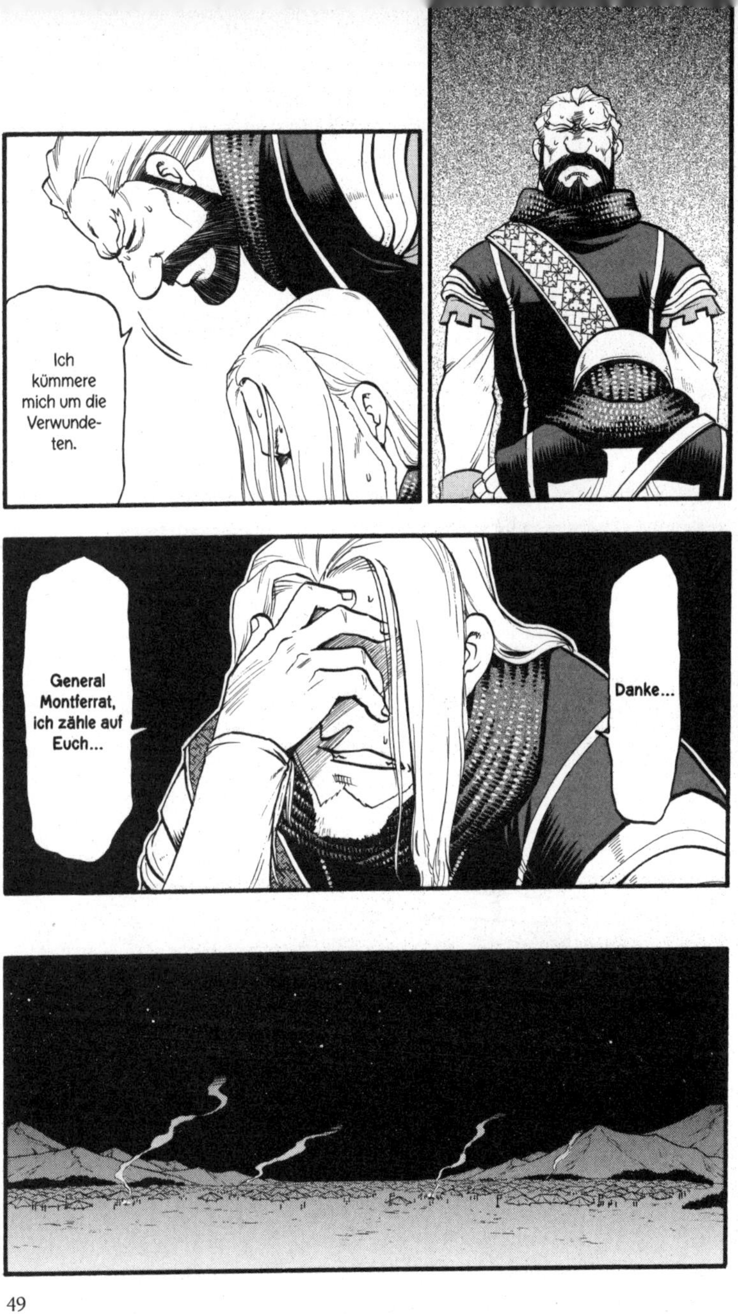
Ich kümmere mich um die Verwunde-ten.
Danke...
General Montferrat, ich zähle auf Euch...

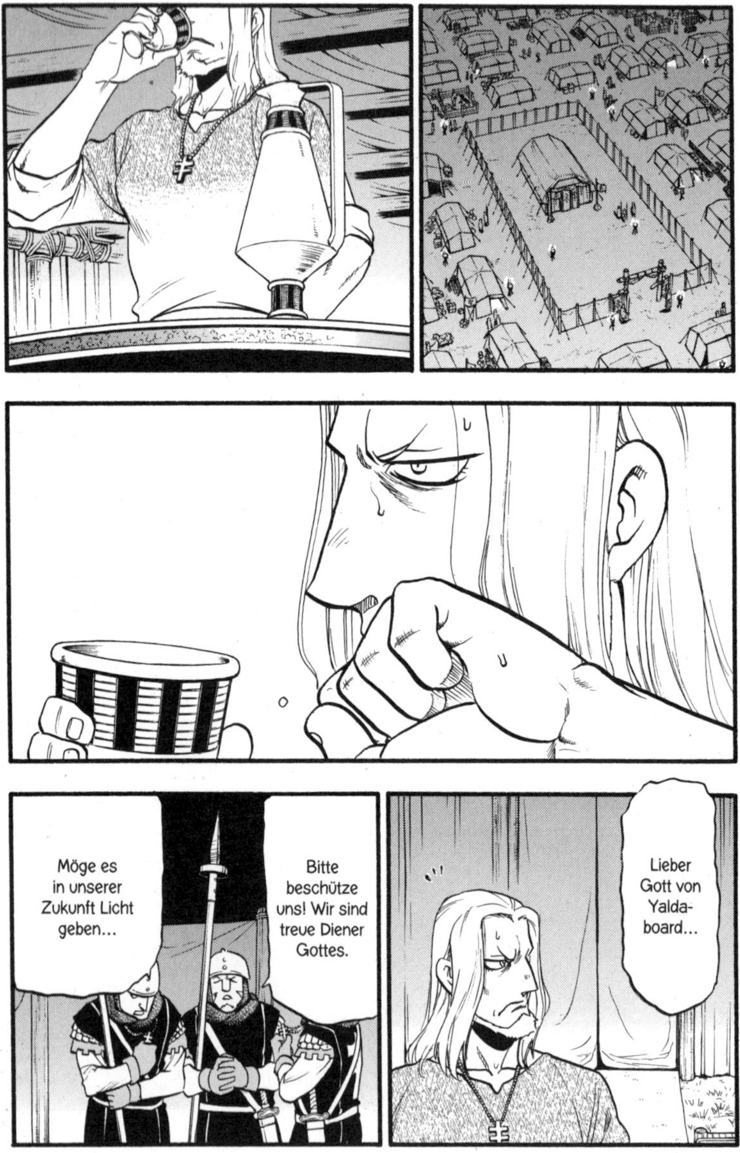
Lieber Gott von Yaldaboard…
Bitte beschütze uns! Wir sind treue Diener Gottes.
Möge es in unserer Zukunft Licht geben…

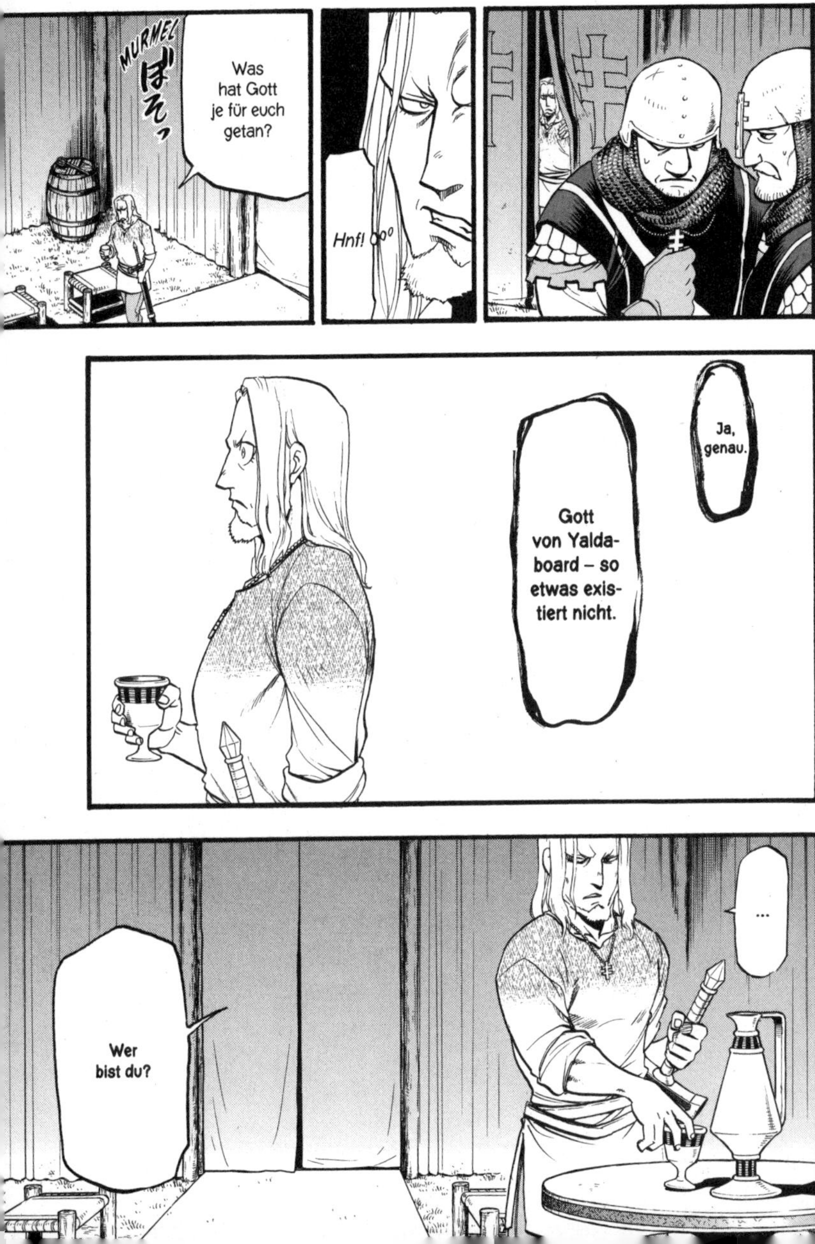
Hnf!
MURMEL
ぼそっ
Was hat Gott je für euch getan?
Ja, genau.
Gott von Yaldaboard – so etwas existiert nicht.
...
Wer bist du?

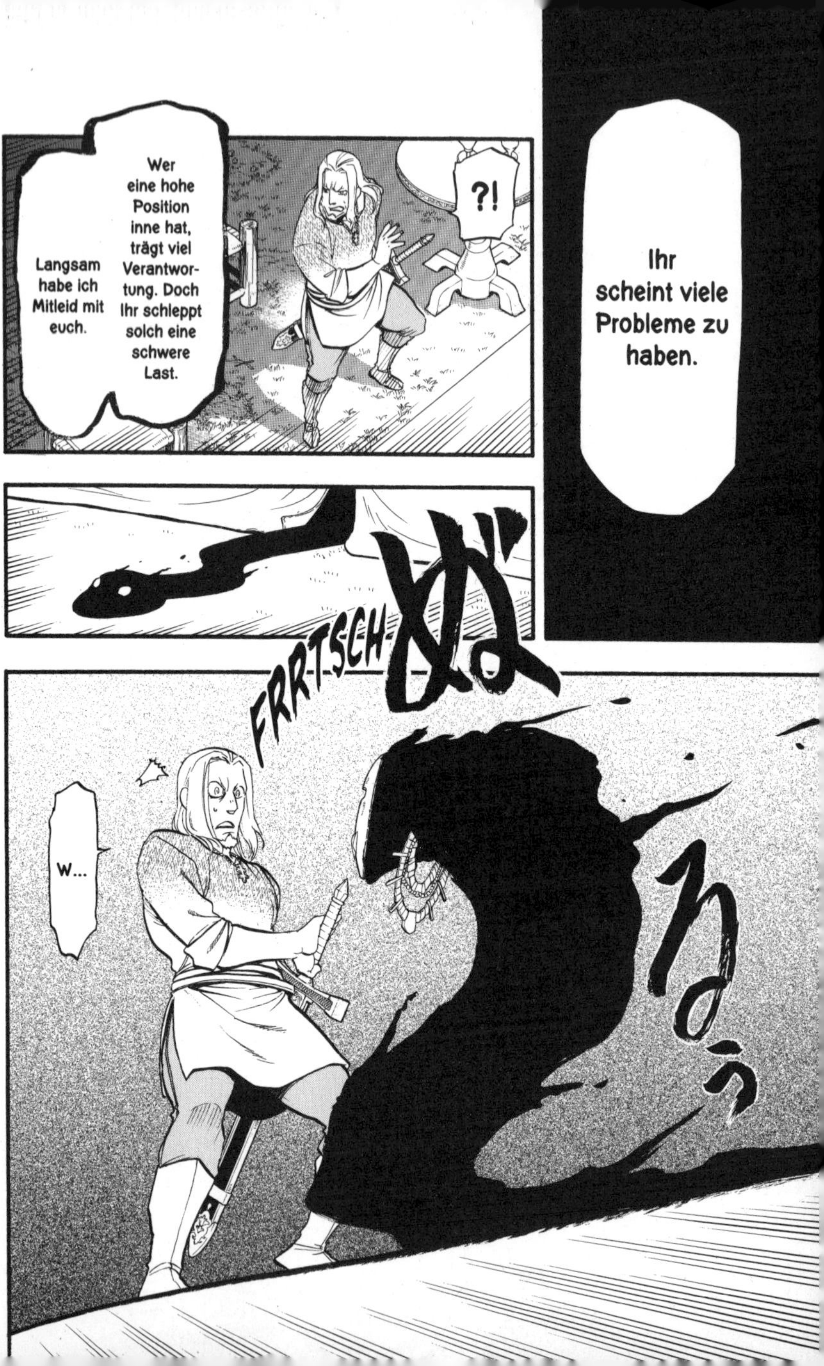
Ihr scheint viele Probleme zu haben.
?!
Wer eine hohe Position inne hat, trägt viel Verantwortung. Doch Ihr schleppt solch eine schwere Last.
Langsam habe ich Mitleid mit euch.
FRRTSCH
W...

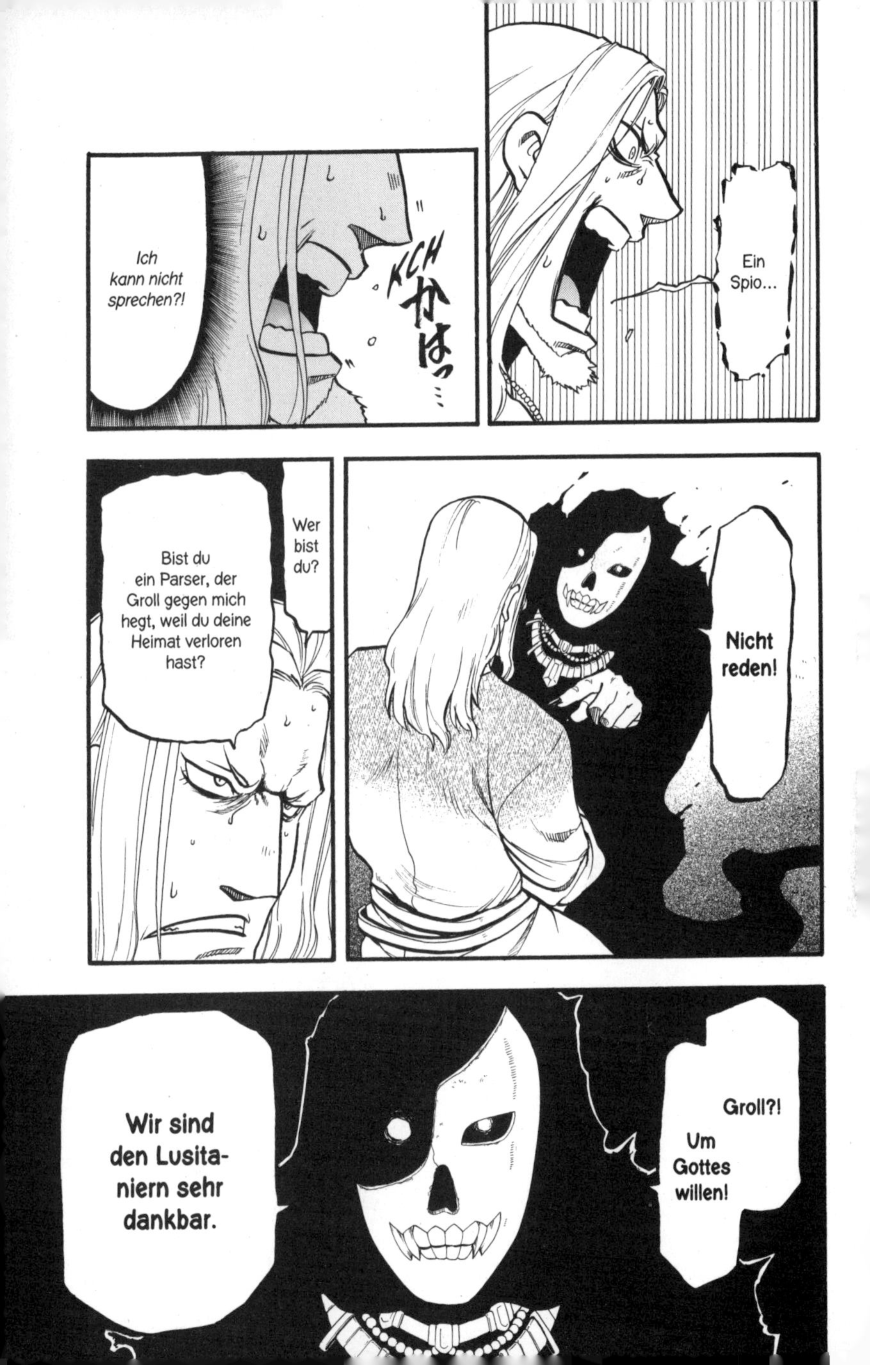
Ein Spio...
Ich kann nicht sprechen?!
KCH
かはっ…
Nicht reden!
Wer bist du?
Bist du ein Parser, der Groll gegen mich hegt, weil du deine Heimat verloren hast?
Groll?!
Um Gottes willen!
Wir sind den Lusitaniern sehr dankbar.

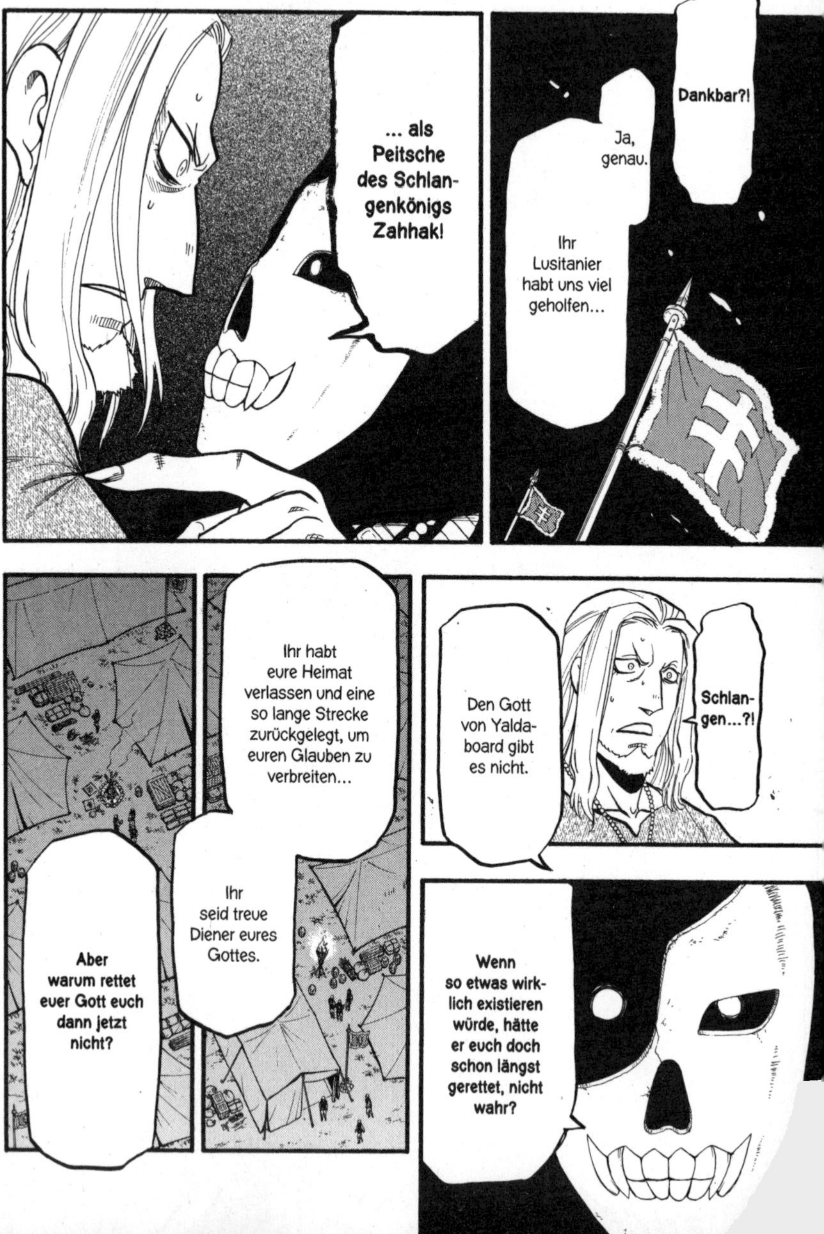

Dankbar?!
Ja, genau.
Ihr Lusitanier habt uns viel geholfen...
... als Peitsche des Schlangenkönigs Zahhak!
Schlangen...?!
Den Gott von Yaldaboard gibt es nicht.
Wenn so etwas wirklich existieren würde, hätte er euch doch schon längst gerettet, nicht wahr?
Ihr habt eure Heimat verlassen und eine so lange Strecke zurückgelegt, um euren Glauben zu verbreiten...
Ihr seid treue Diener eures Gottes.
Aber warum rettet euer Gott euch dann jetzt nicht?

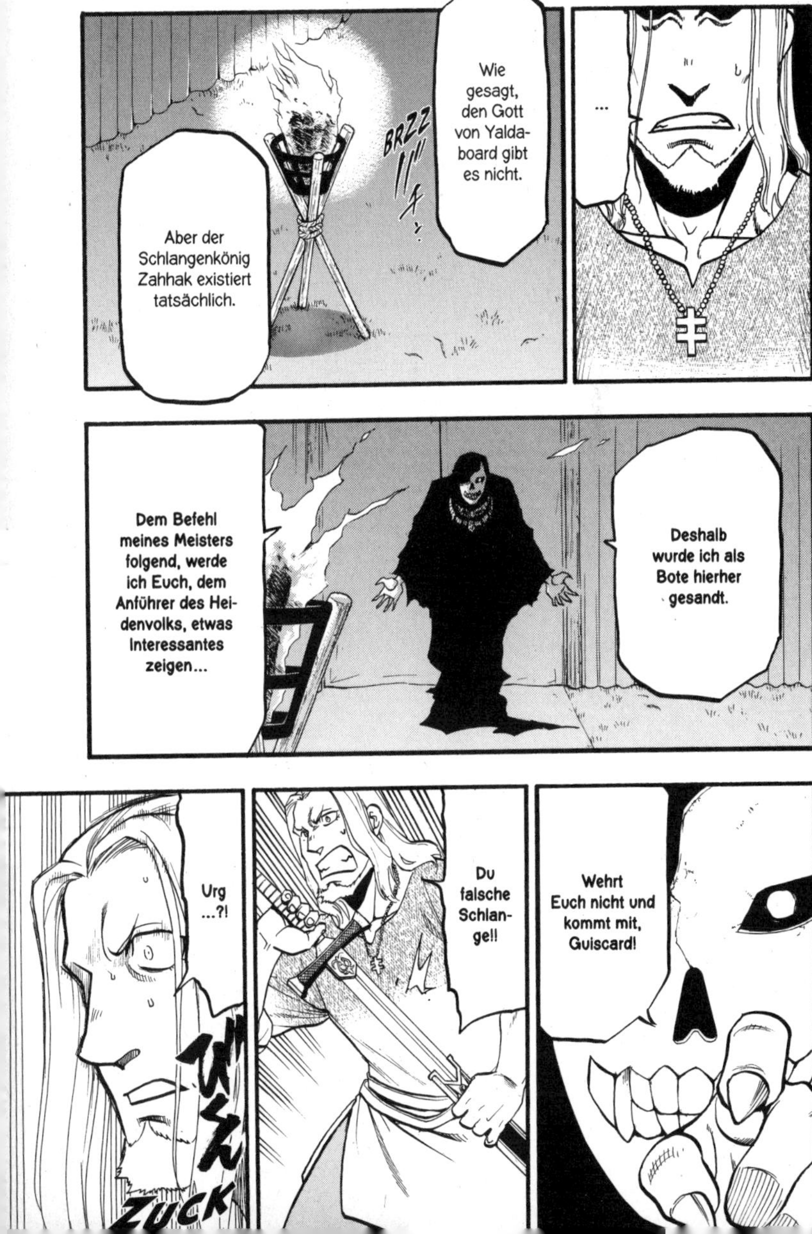
...
Wie gesagt, den Gott von Yaldaboard gibt es nicht.
BRZZ
Aber der Schlangenkönig Zahhak existiert tatsächlich.
Deshalb wurde ich als Bote hierher gesandt.
Dem Befehl meines Meisters folgend, werde ich Euch, dem Anführer des Heidenvolks, etwas Interessantes zeigen...
Wehrt Euch nicht und kommt mit, Guiscard!
Du falsche Schlange!!
Urg ...?!
ZUCK

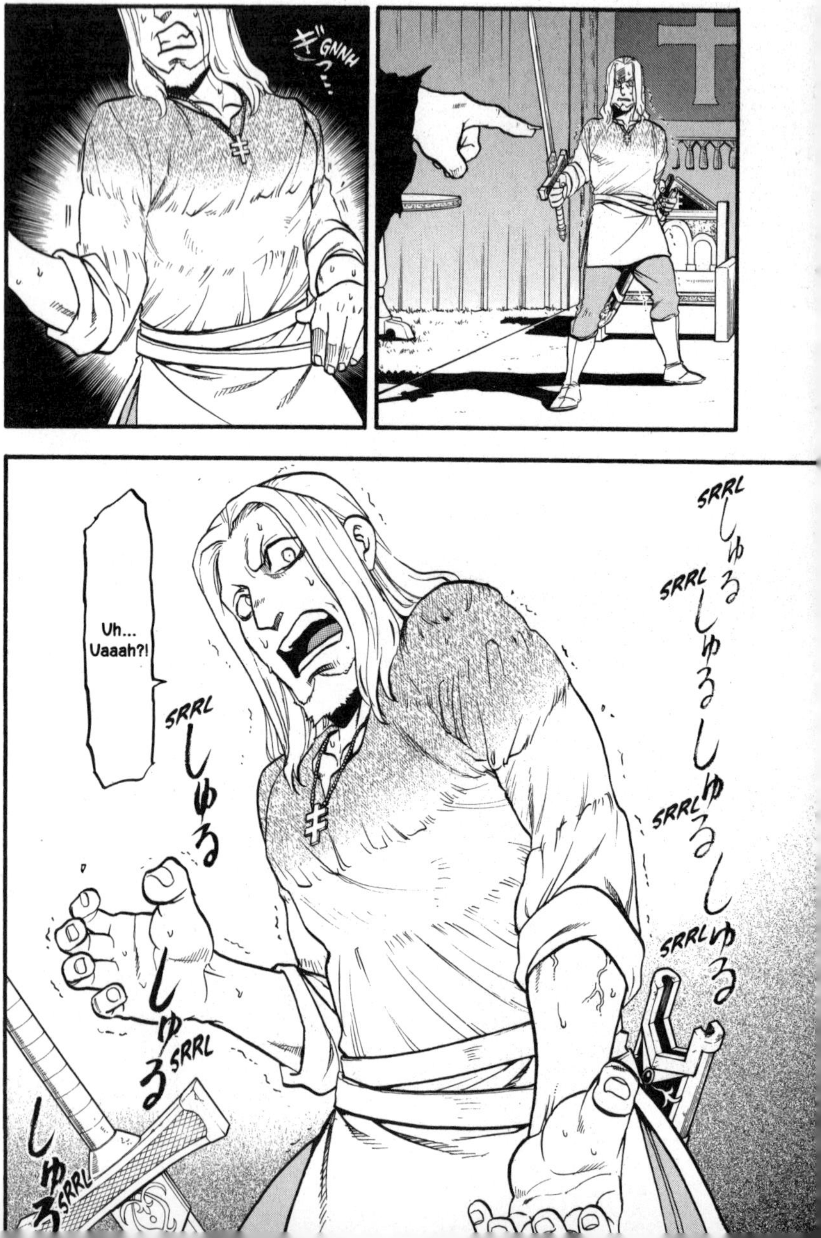

ぎっ
GNNH
SRRL
しゅる
SRRL
しゅる
SRRL
しゅる
SRRL
しゅる
Uh...
Uaaah?!
SRRL
しゅる
SRRL
しゅる
SRRL
しゅる

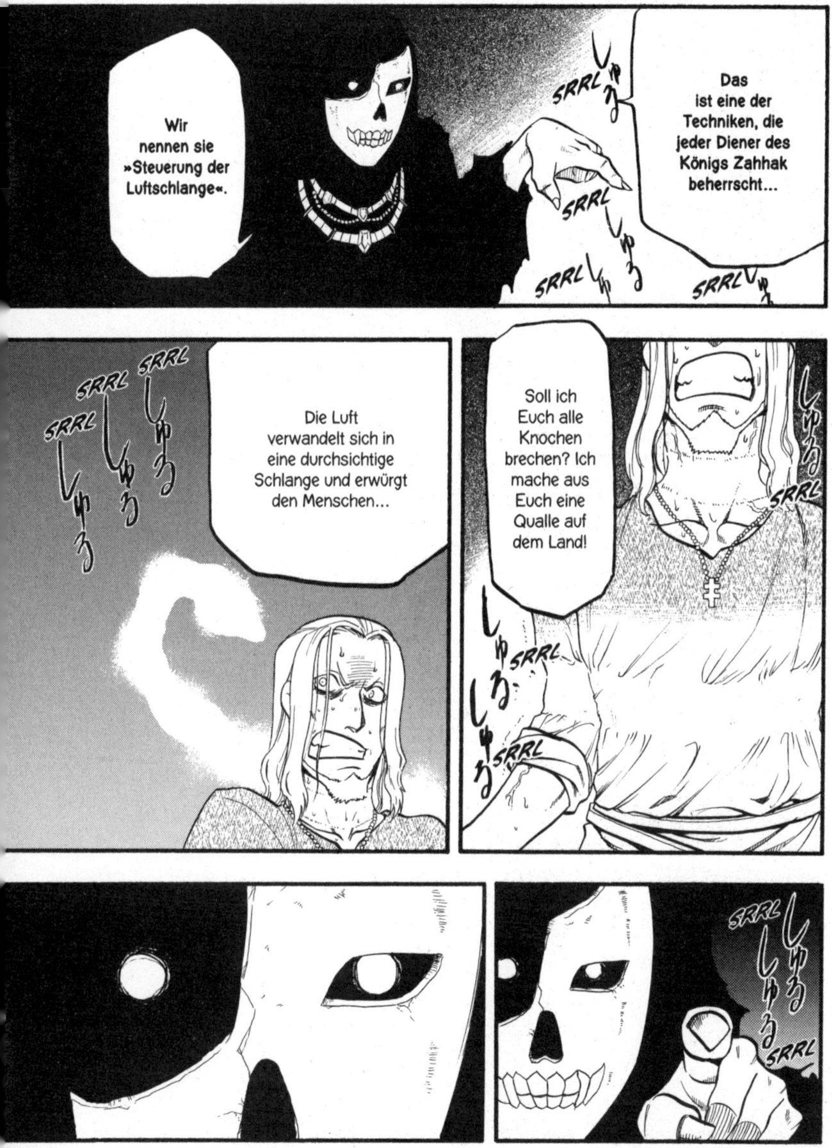
SRRL しゅる
Das ist eine der Techniken, die jeder Diener des Königs Zahhak beherrscht…
Wir nennen sie »Steuerung der Luftschlange«.
Soll ich Euch alle Knochen brechen? Ich mache aus Euch eine Qualle auf dem Land!
Die Luft verwandelt sich in eine durchsichtige Schlange und erwürgt den Menschen…
SRRL しゅる

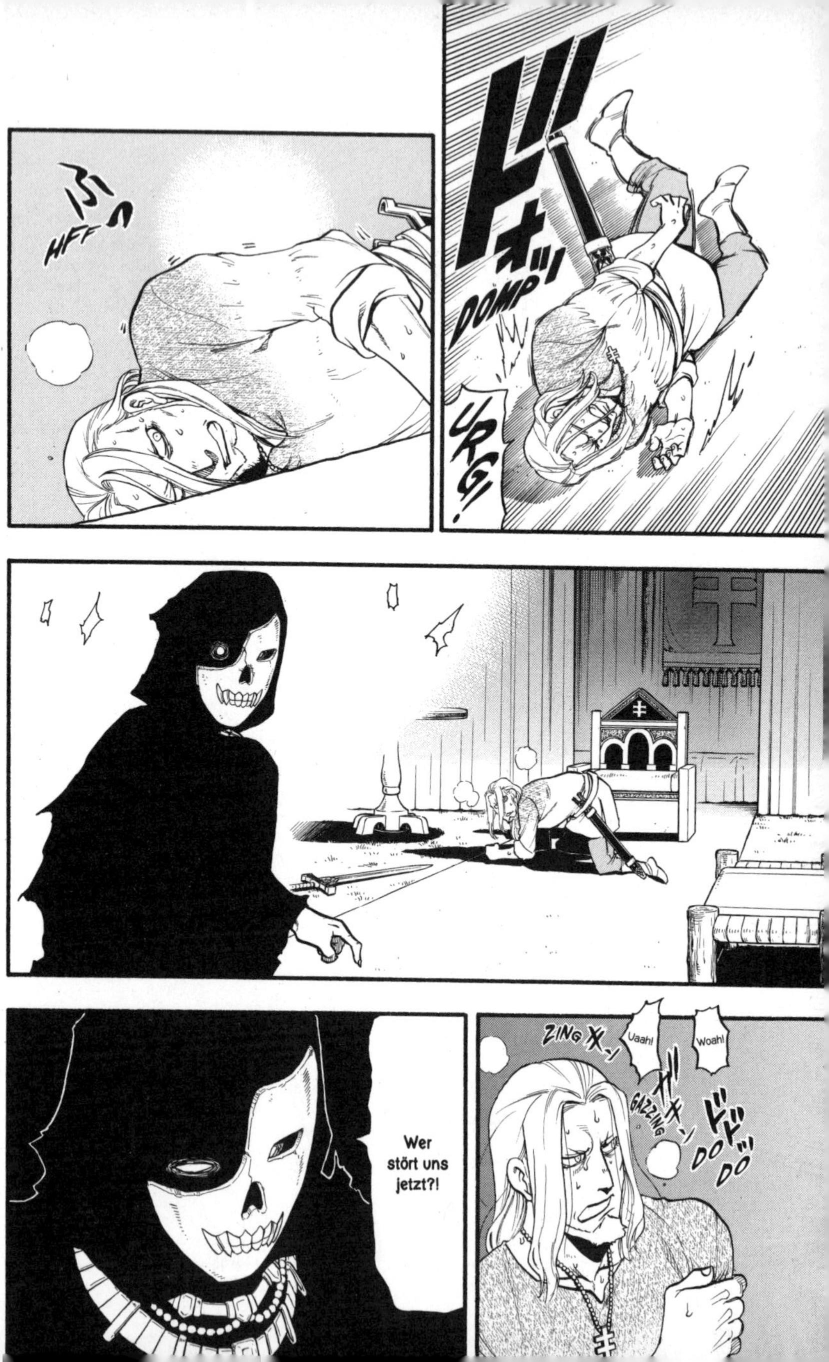
DOMP
URG!
HFF
ZING
Uaah!
Woah!
GAZZING
DO DO DO
Wer stört uns jetzt?!

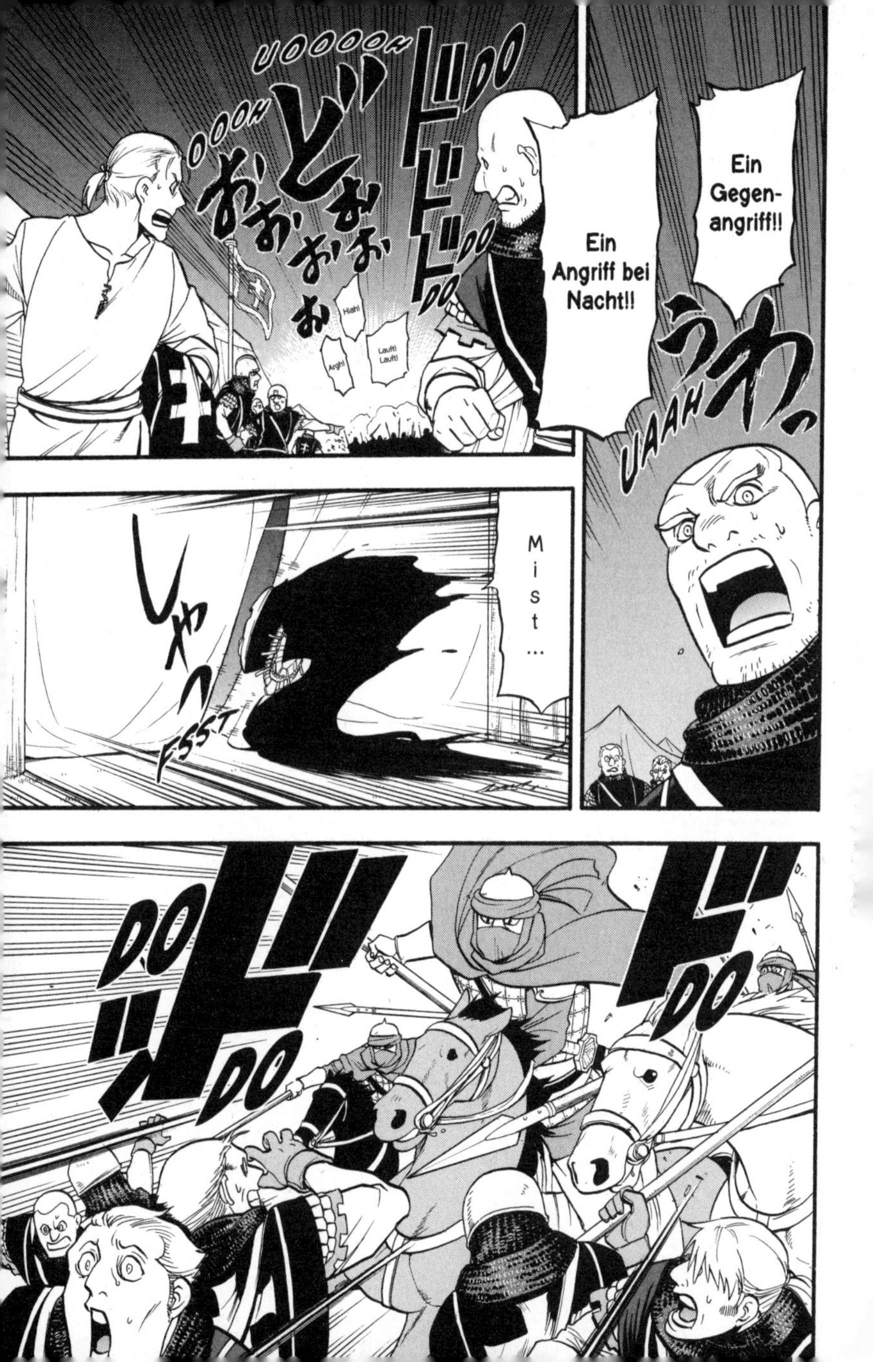
Ein Gegenangriff!!
Ein Angriff bei Nacht!!
UAAH
DO DO DO
UOOOOH
OOOOH
Hiah!
Lauft! Lauft!
Argh!
Mist ...
FSSST
DO
DO DO

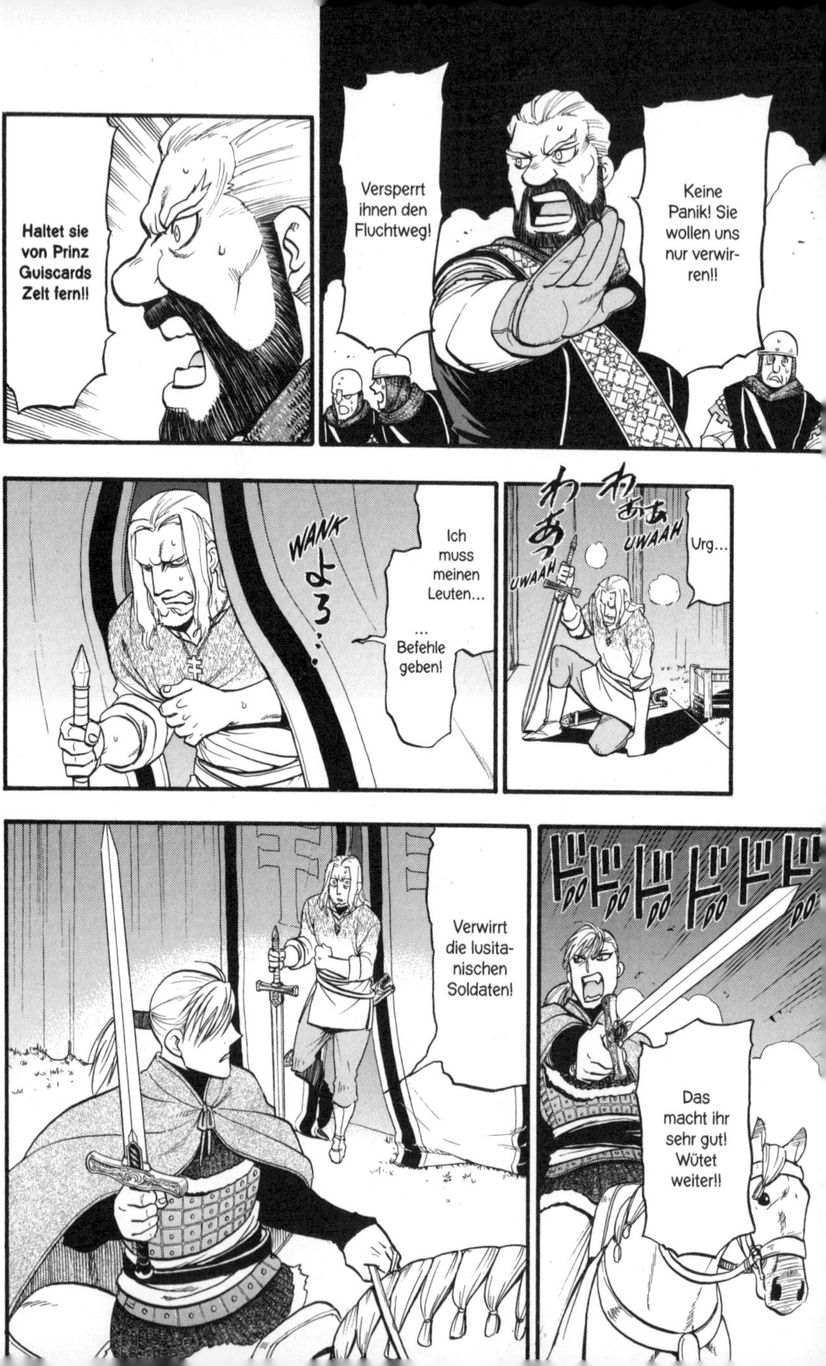

Keine Panik! Sie wollen uns nur verwirren!!
Versperrt ihnen den Fluchtweg!
Haltet sie von Prinz Guiscards Zelt fern!!
わぁあぁ
UWAAH
わあっ
UWAAH
Urg...
よろ…
WANK
Ich muss meinen Leuten...
... Befehle geben!
ドドドドドド
DO DO DO DO DO
Das macht ihr sehr gut! Wütet weiter!!
Verwirrt die lusitanischen Soldaten!

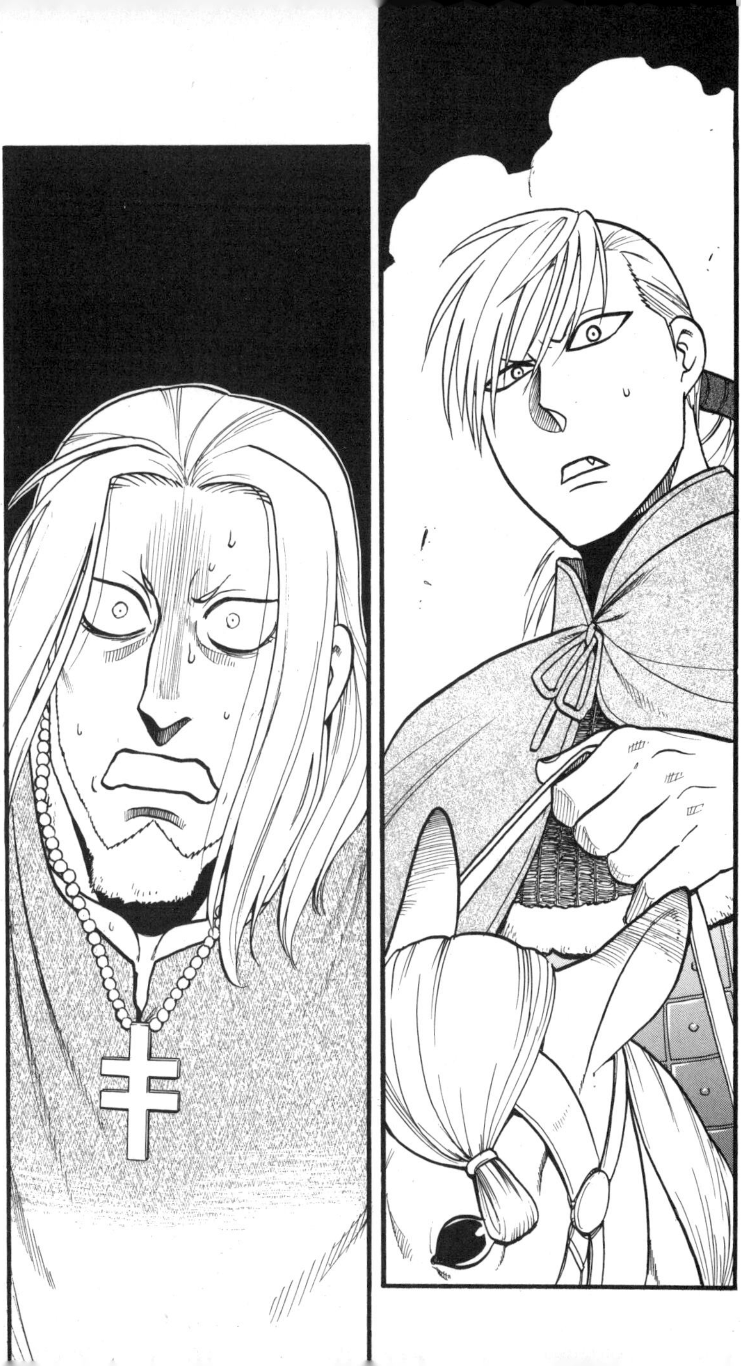

THE HEROIC LEGEND OF

ARSLAN

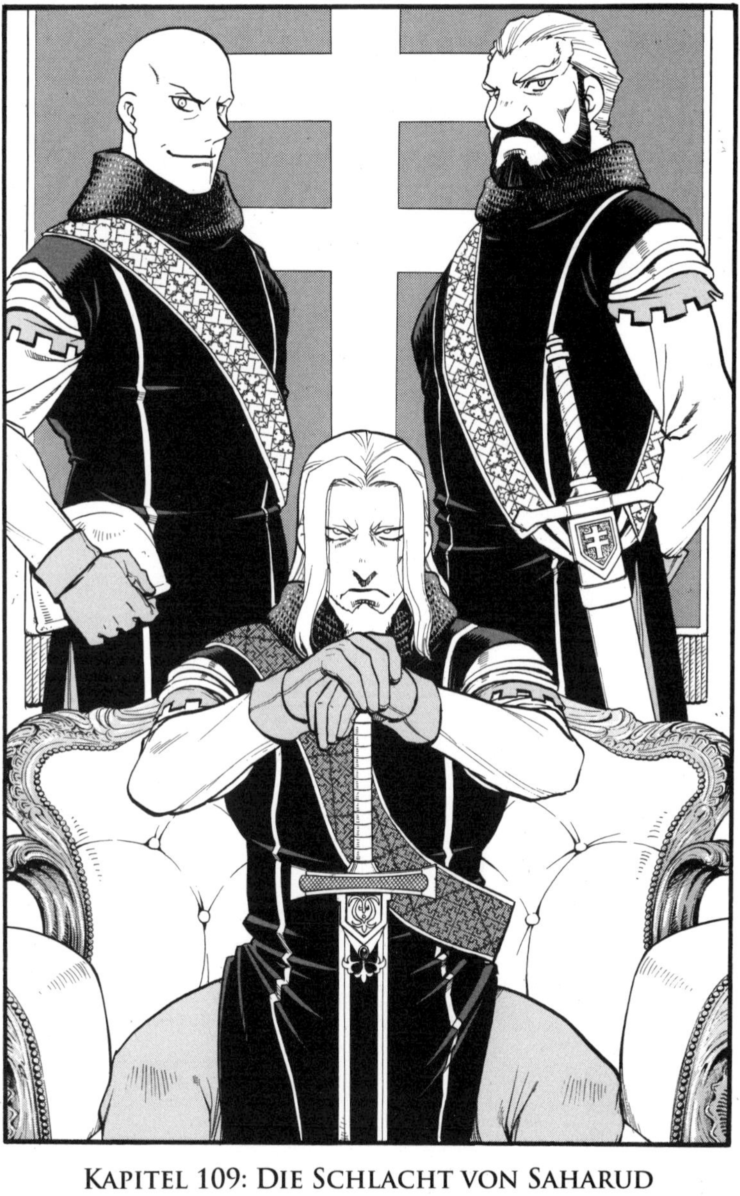

KAPITEL 109: DIE SCHLACHT VON SAHARUD

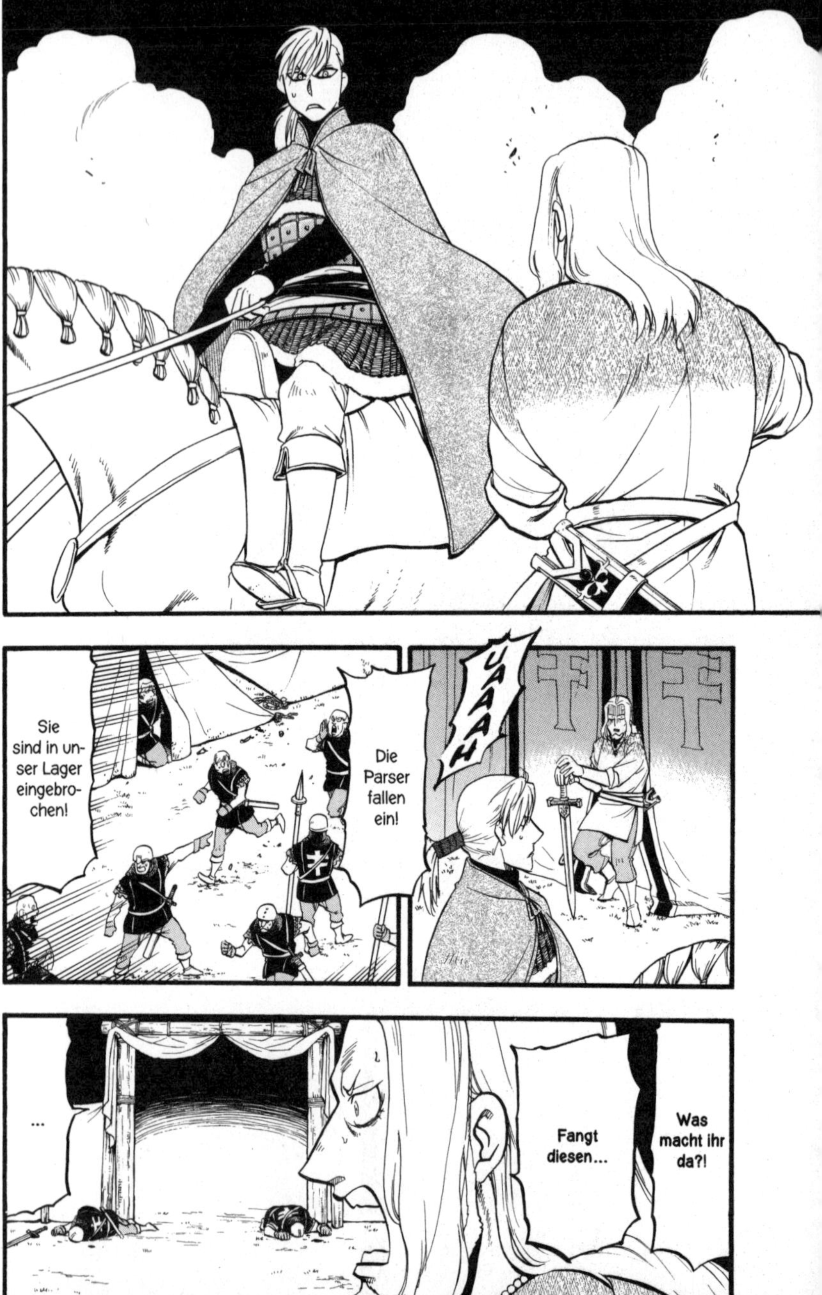
UAAAH
Die Parser fallen ein!
Sie sind in unser Lager eingebrochen!
Was macht ihr da?!
Fangt diesen...
...

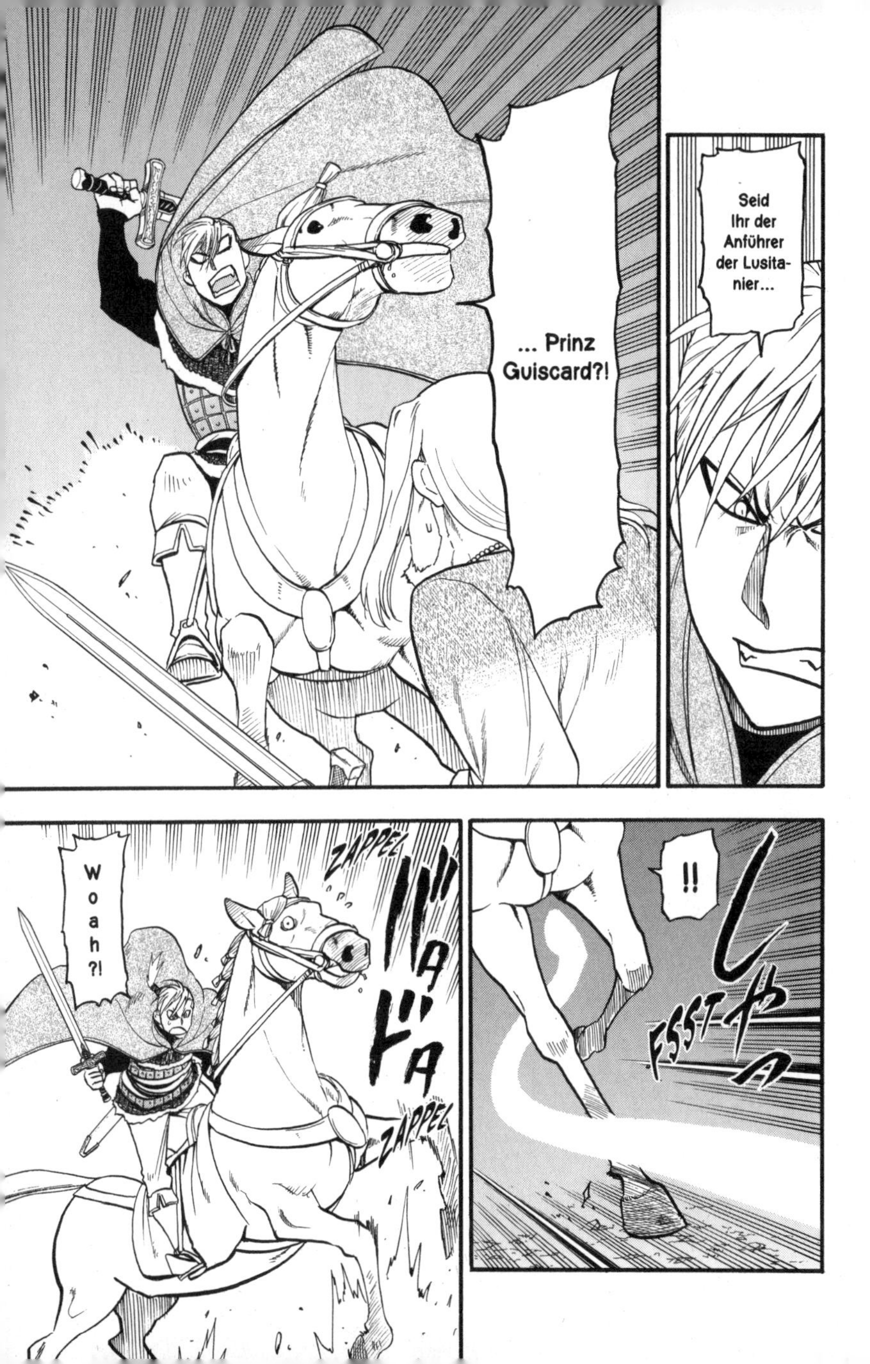
Seid Ihr der Anführer der Lusitanier...
... Prinz Guiscard?!
!!
FSST
Woah?!
ZAPPEL
ZAPPEL

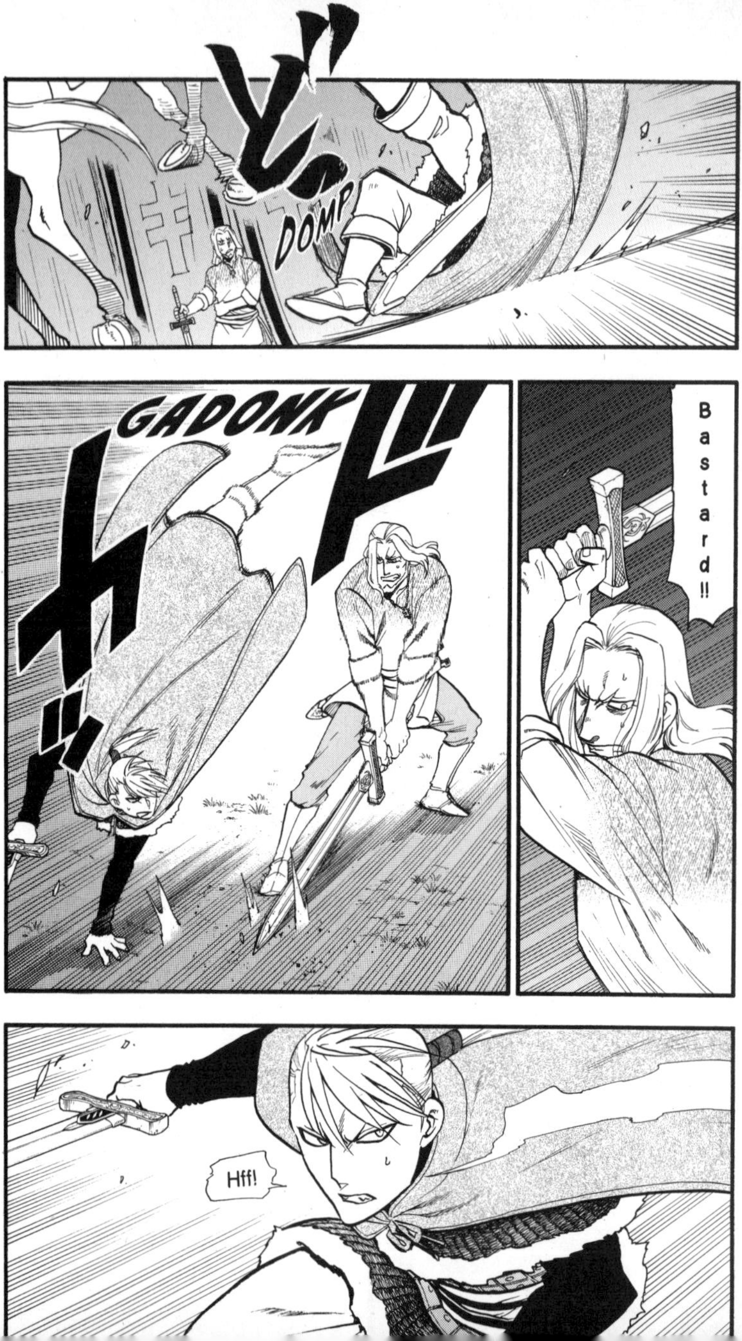
DOMP
GADONK
Bastard!!
Hff!

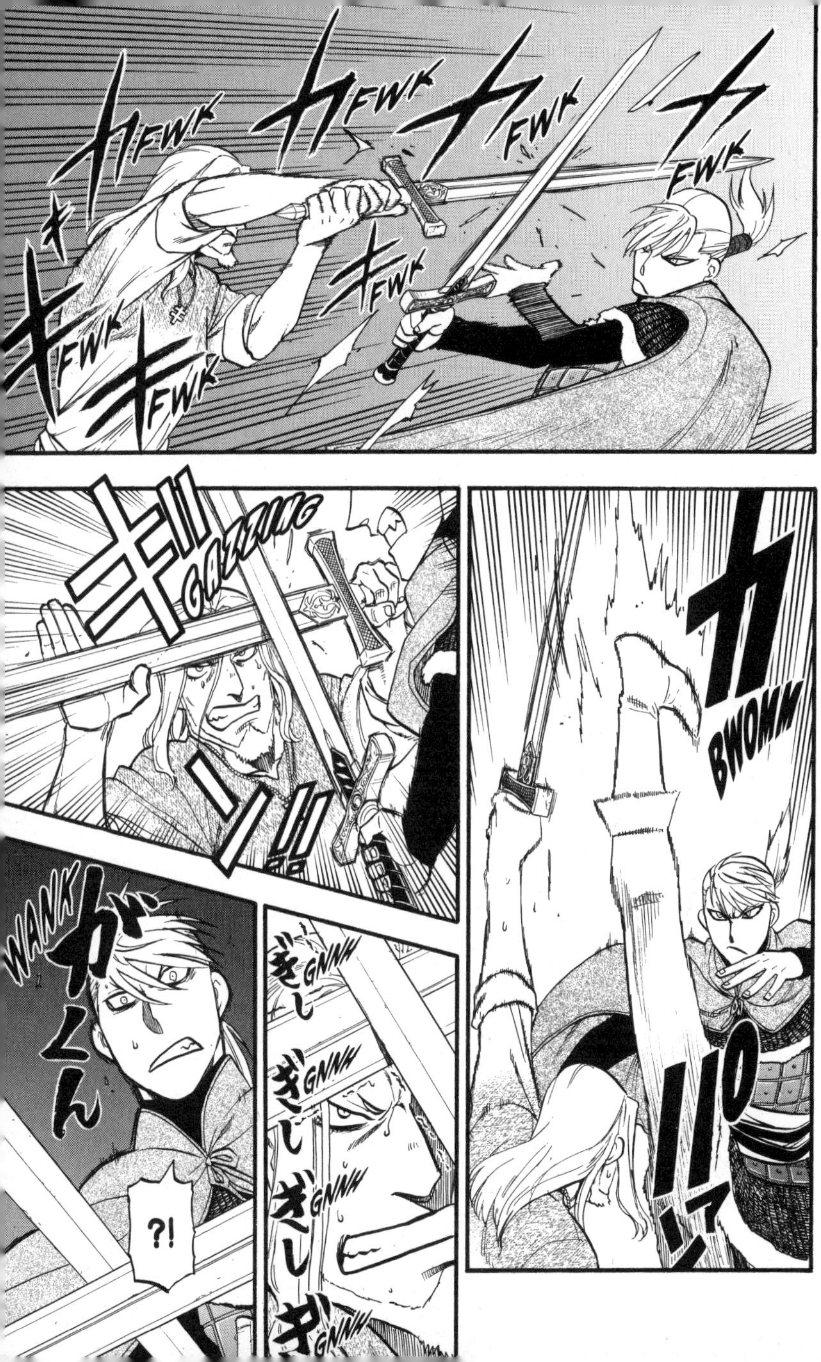

FWK
FWK
FWK
FWK
FWK
FWK
FWK
FWK
BWOMM
GAZZING
WANK
?!
GNNH
GNNH
GNNH
GNNH

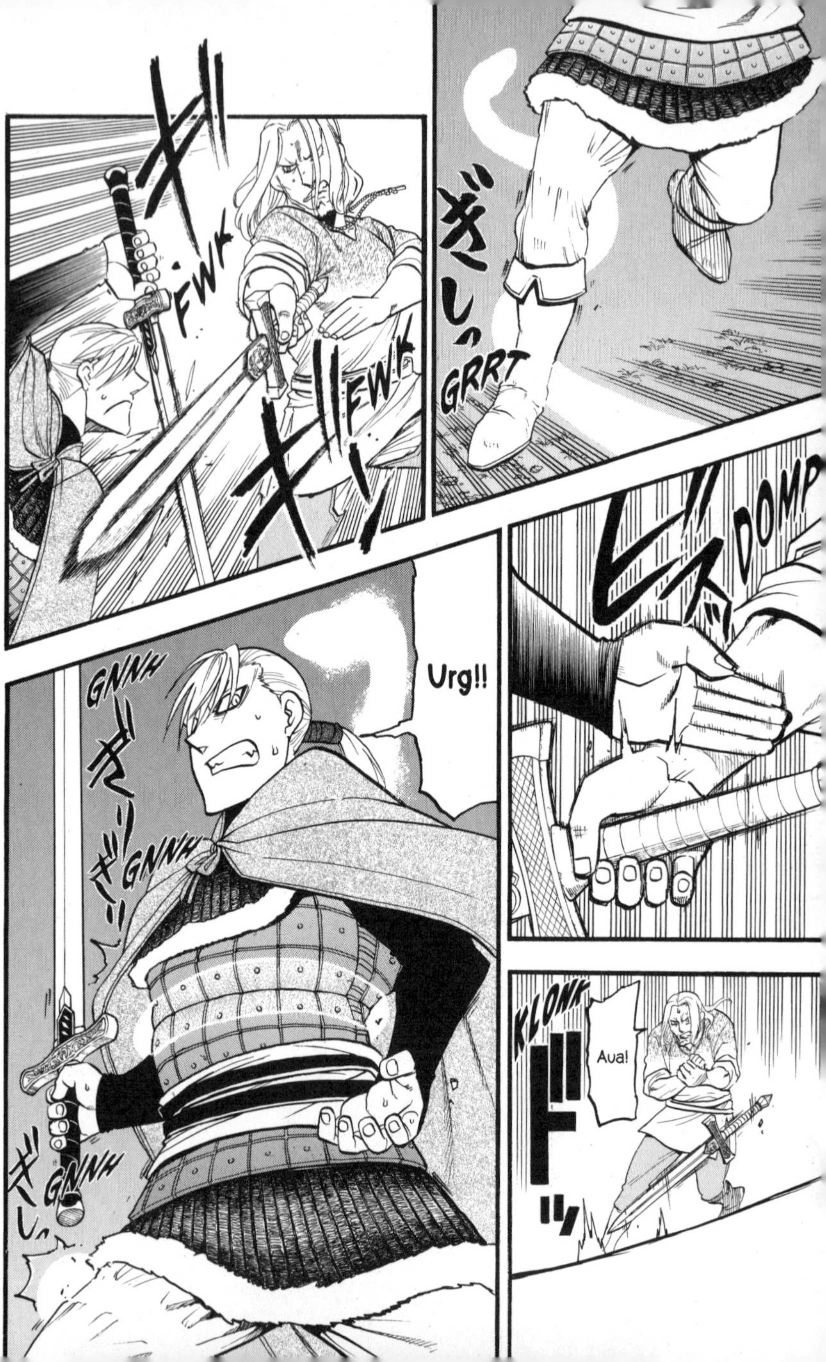

ぎしっ
GRRT
FWK
FWK
DOMP
Urg!!
GNNH
GNNH
GNNH
KLONK
Aua!

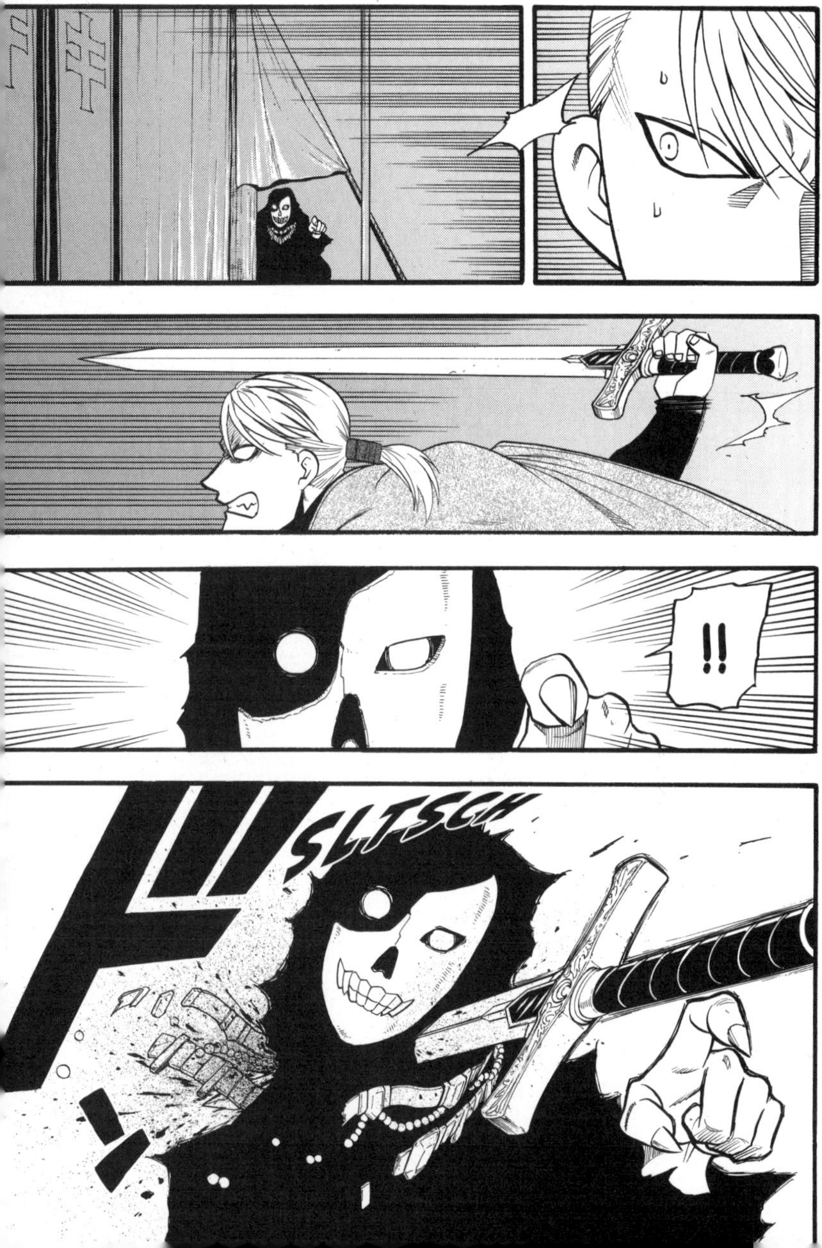
!!
SLITSCH

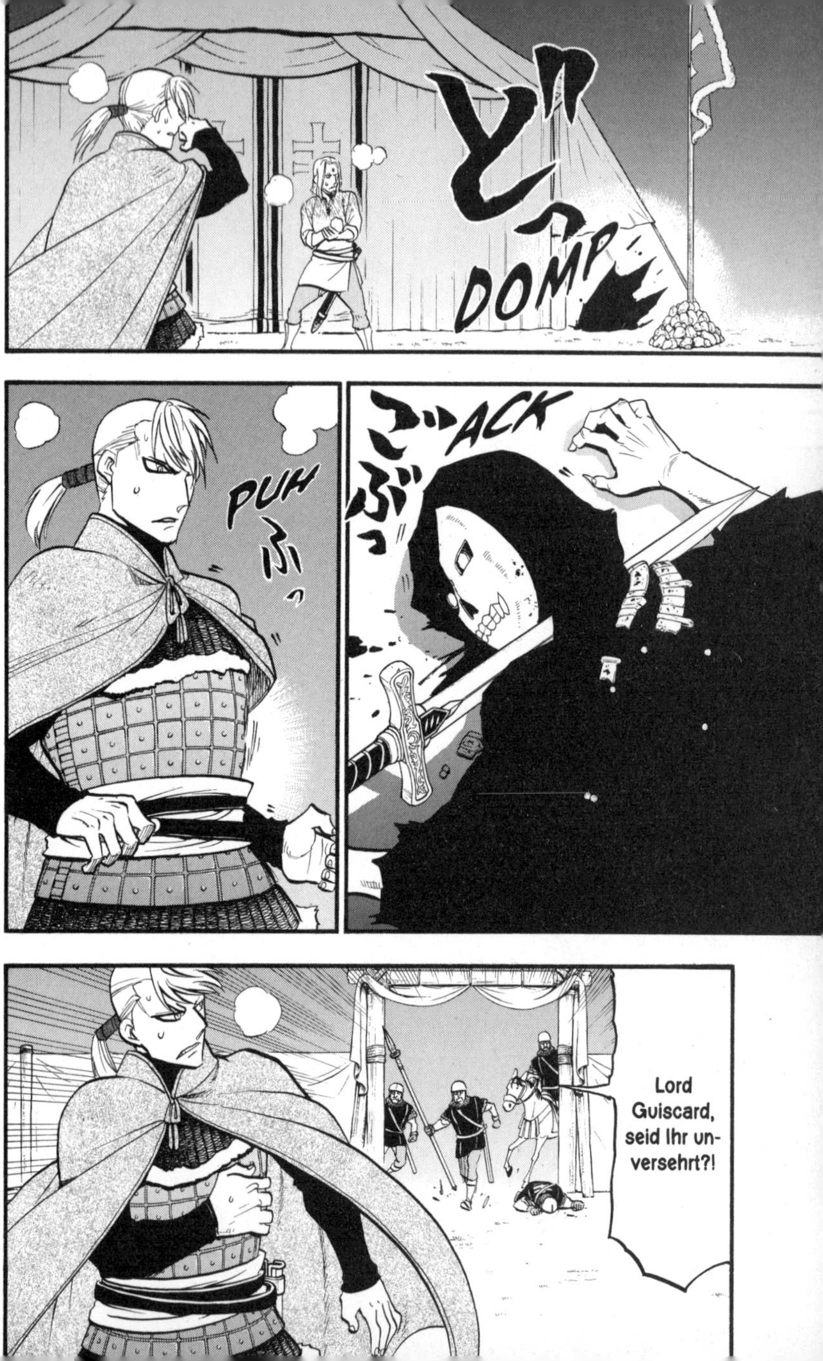
どっ
DOMP
ふっ
PUH
ごぶっ
ACK
Lord Guiscard, seid Ihr unversehrt?!

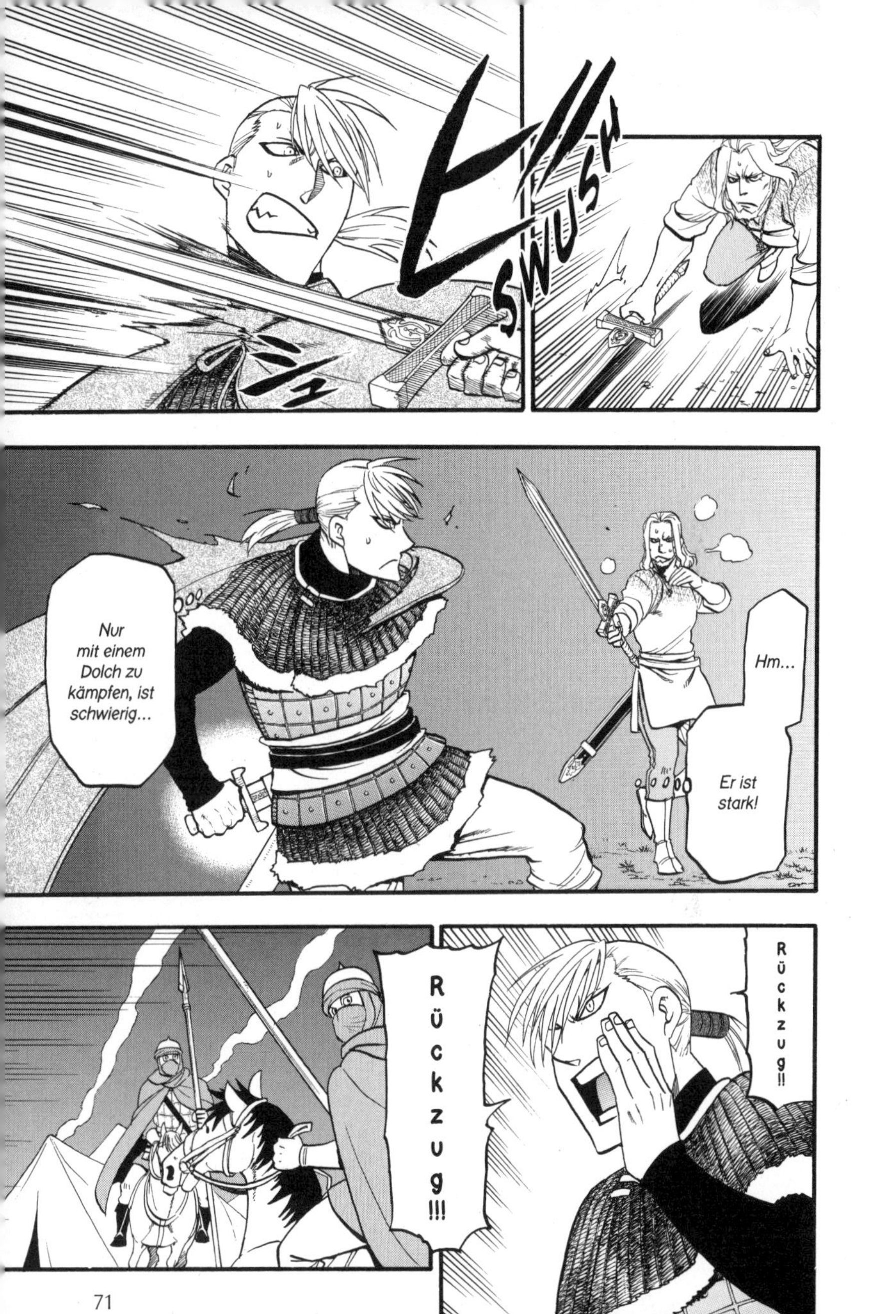
SWUSH
Nur mit einem Dolch zu kämpfen, ist schwierig...
Hm...
Er ist stark!
Rückzug!!
Rückzug!!!

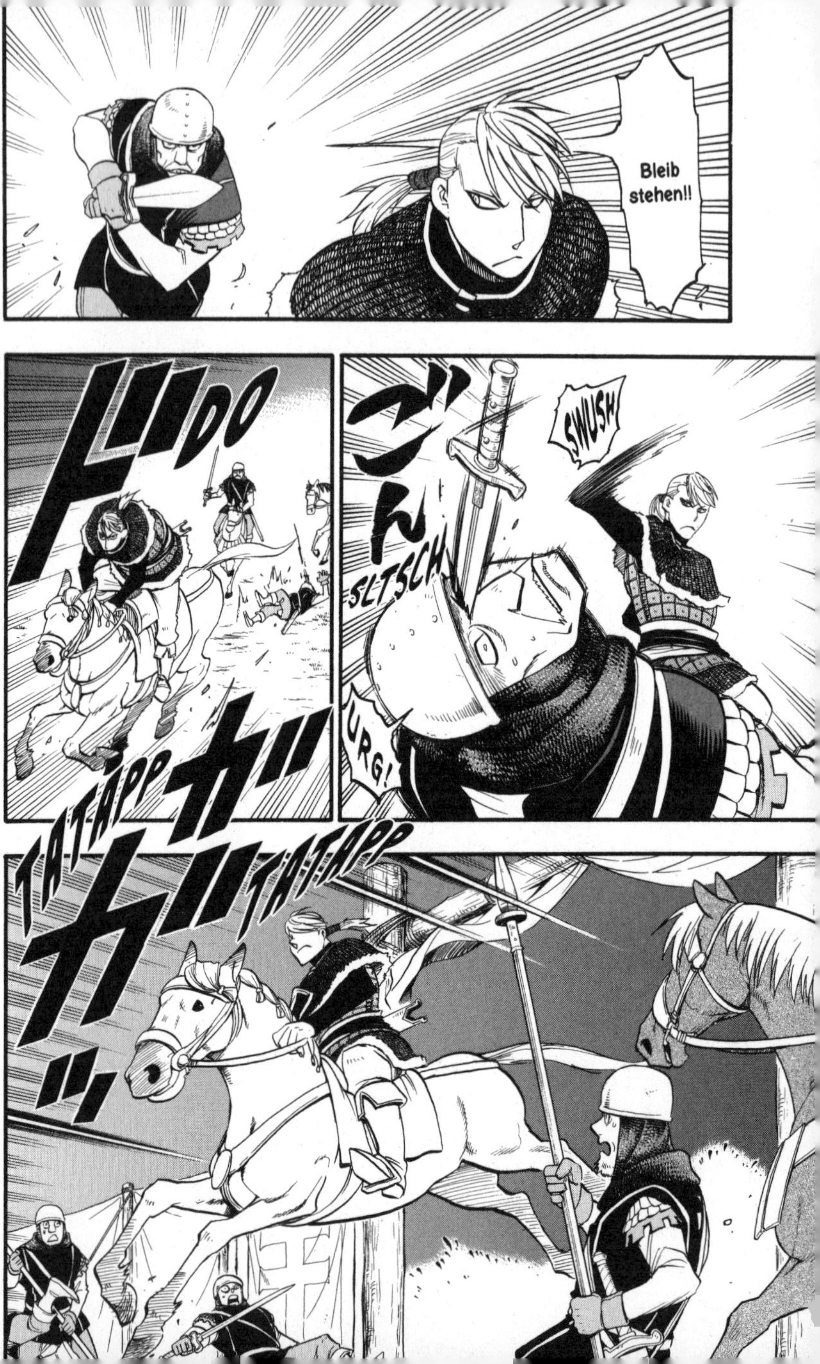
Bleib stehen!!
SWUSH
SLTSCH
URG!
DO
TATAPP
TATATAPP

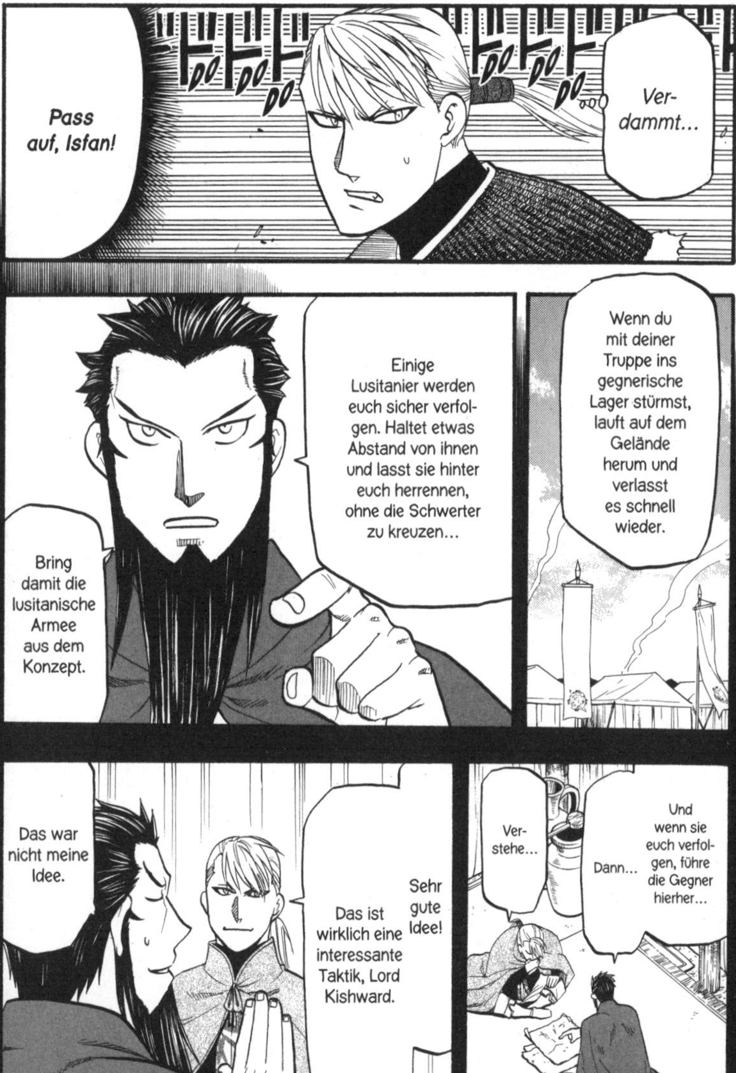
DO DO DO DO DO DO
Ver-dammt...
Pass auf, Isfan!
Wenn du mit deiner Truppe ins gegnerische Lager stürmst, lauft auf dem Gelände herum und verlasst es schnell wieder.
Einige Lusitanier werden euch sicher verfolgen. Haltet etwas Abstand von ihnen und lasst sie hinter euch herrennen, ohne die Schwerter zu kreuzen...
Bring damit die lusitanische Armee aus dem Konzept.
Und wenn sie euch verfolgen, führe die Gegner hierher...
Dann...
Verstehe...
Sehr gute Idee!
Das ist wirklich eine interessante Taktik, Lord Kishward.
Das war nicht meine Idee.

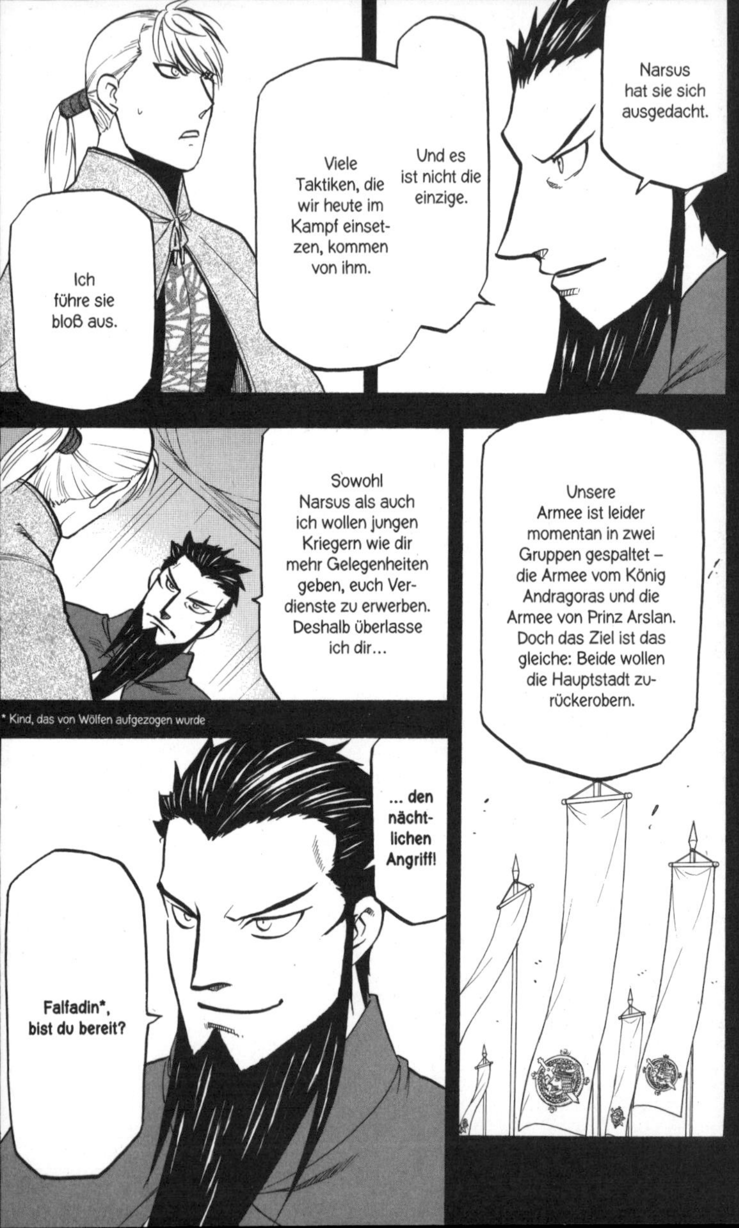

* Kind, das von Wölfen aufgezogen wurde

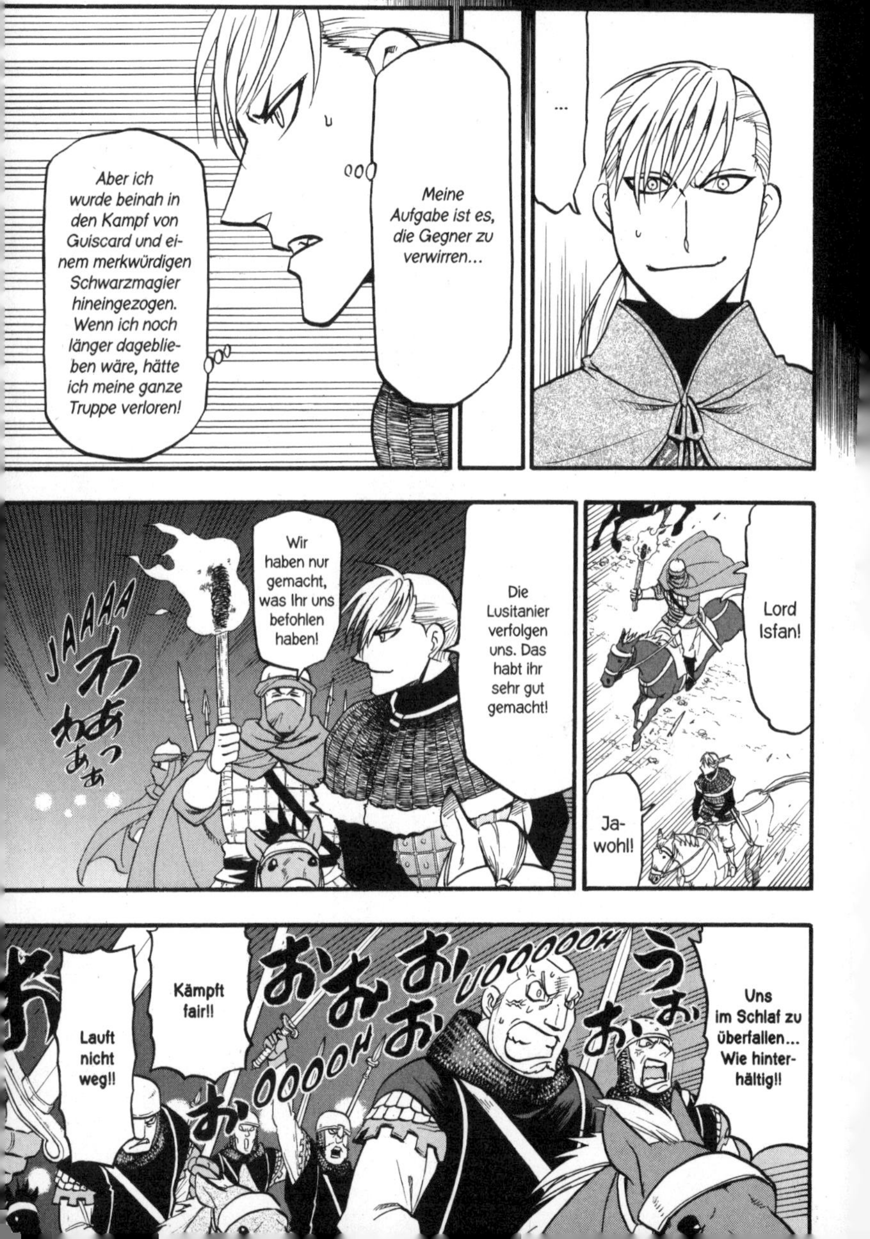
...
Meine Aufgabe ist es, die Gegner zu verwirren...
Aber ich wurde beinah in den Kampf von Guiscard und einem merkwürdigen Schwarzmagier hineingezogen. Wenn ich noch länger dageblieben wäre, hätte ich meine ganze Truppe verloren!
Lord Isfan!
Ja-wohl!
Die Lusitanier verfolgen uns. Das habt ihr sehr gut gemacht!
Wir haben nur gemacht, was Ihr uns befohlen haben!
JAAAAA
わあっわああ
Uns im Schlaf zu überfallen... Wie hinterhältig!!
UOOOOOOH
OOOOOH
Kämpft fair!!
Lauft nicht weg!!

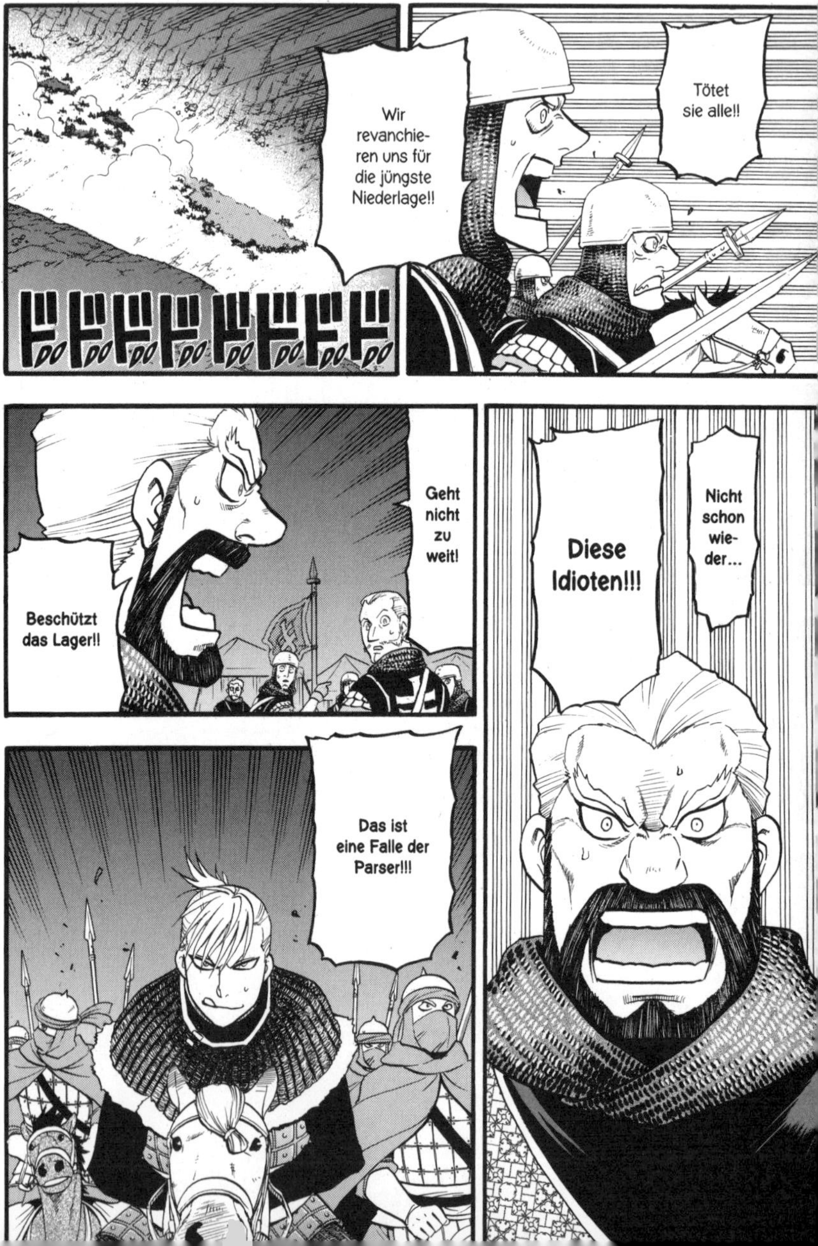
Tötet sie alle!!
Wir revanchieren uns für die jüngste Niederlage!!
DO DO DO DO DO DO DO DO
Nicht schon wieder...
Diese Idioten!!!
Geht nicht zu weit!
Beschützt das Lager!!
Das ist eine Falle der Parser!!!

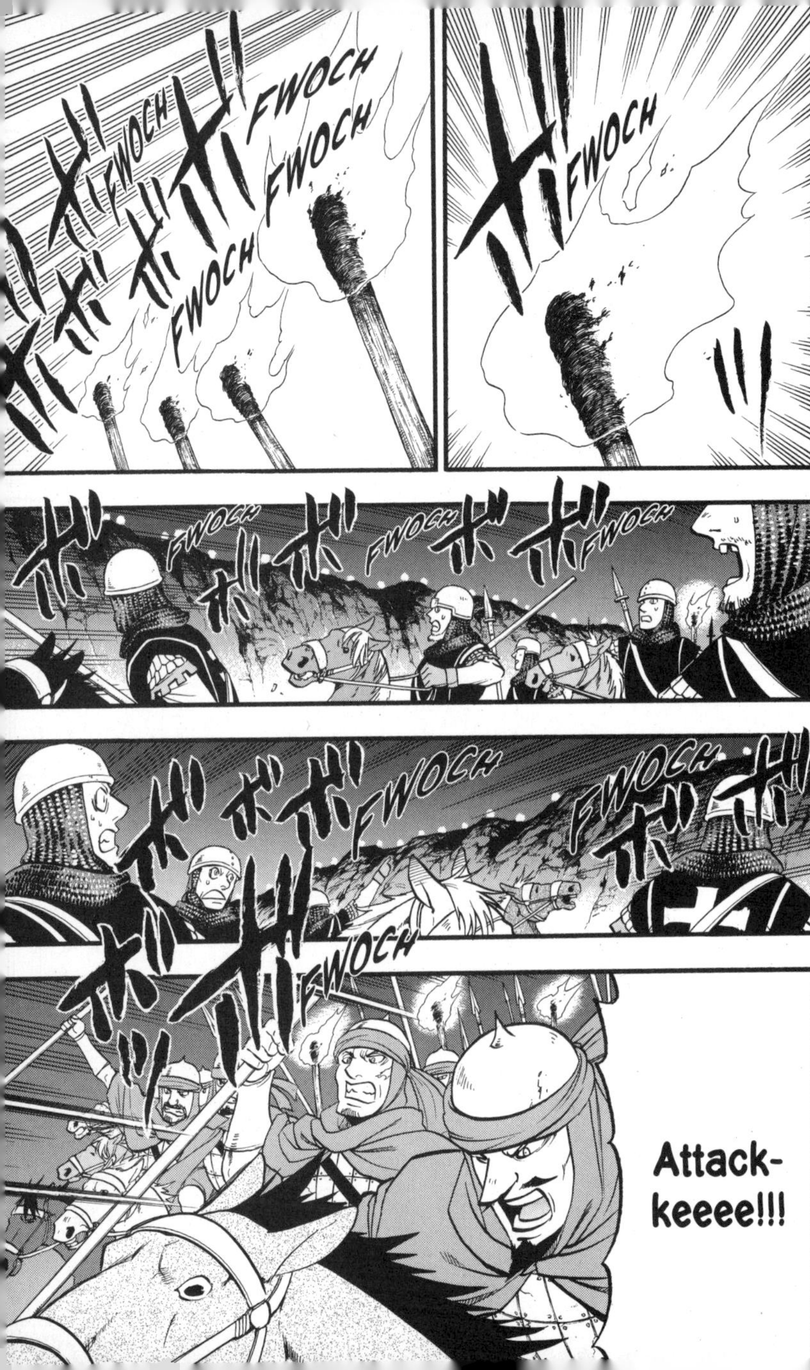

FWOCH
FWOCH
FWOCH
FWOCH
FWOCH
FWOCH
FWOCH
FWOCH
FWOCH
FWOCH
FWOCH
Attack-
keeeee!!!

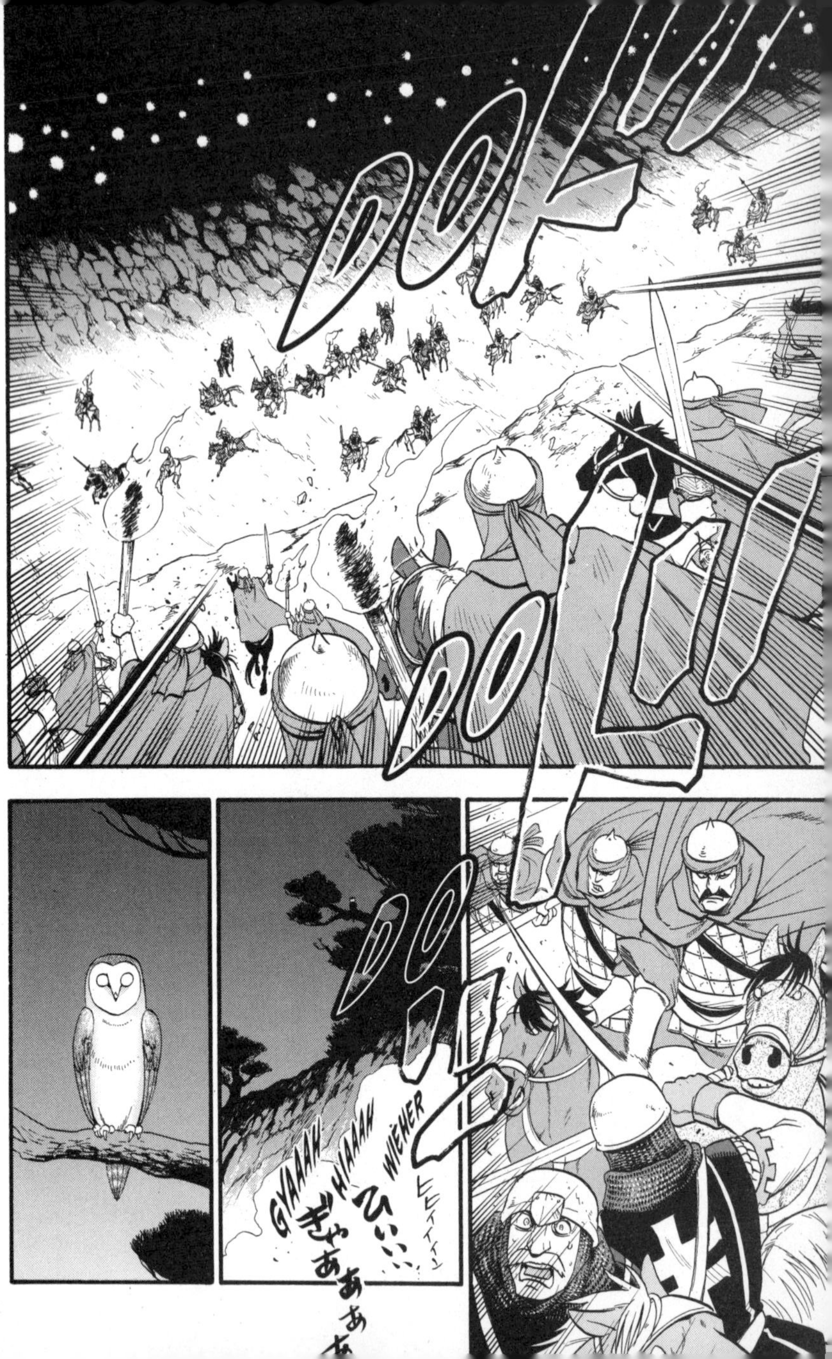
WIEHER
ヒヒイイン
HIAAAH
ひいい
GYAAAH
ぎゃあああ

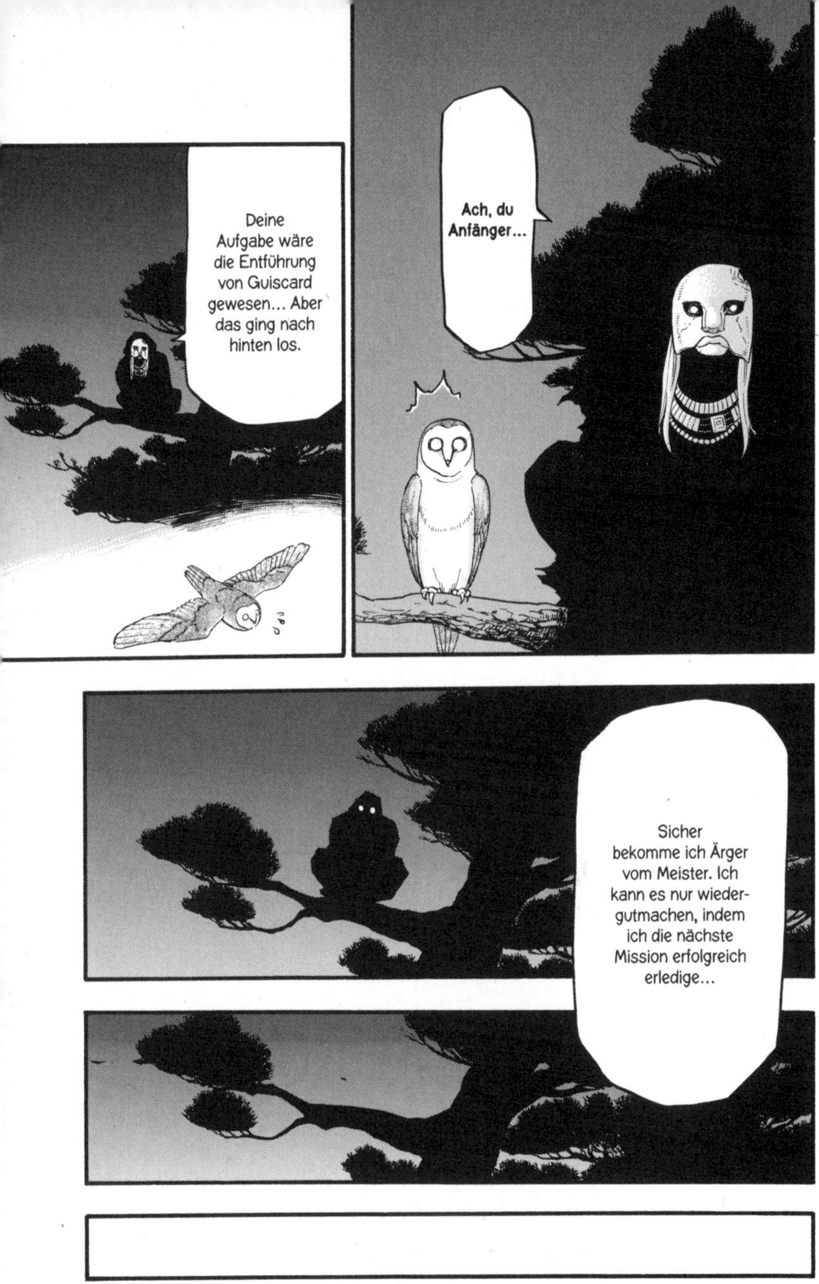
Ach, du Anfänger…
Deine Aufgabe wäre die Entführung von Guiscard gewesen… Aber das ging nach hinten los.
Sicher bekomme ich Ärger vom Meister. Ich kann es nur wieder-gutmachen, indem ich die nächste Mission erfolgreich erledige…

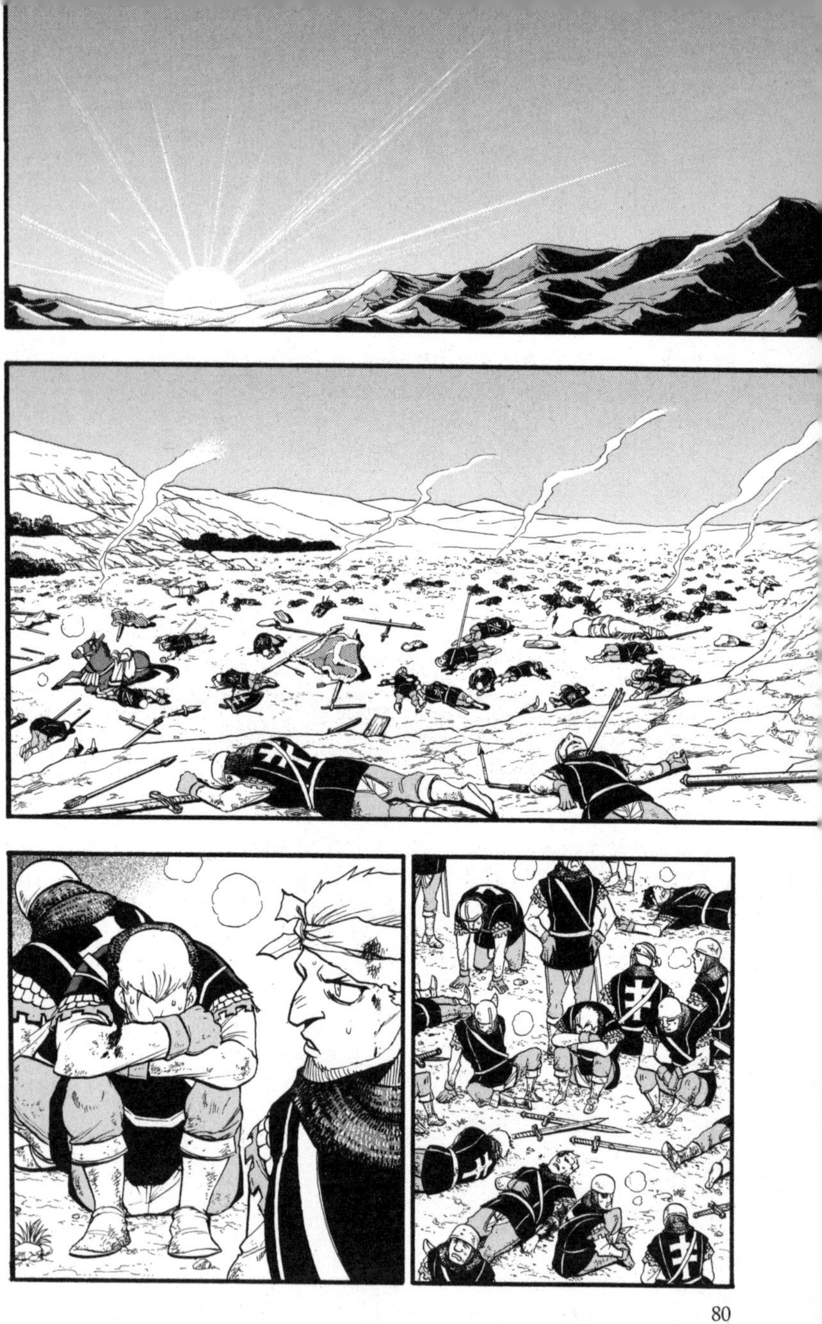

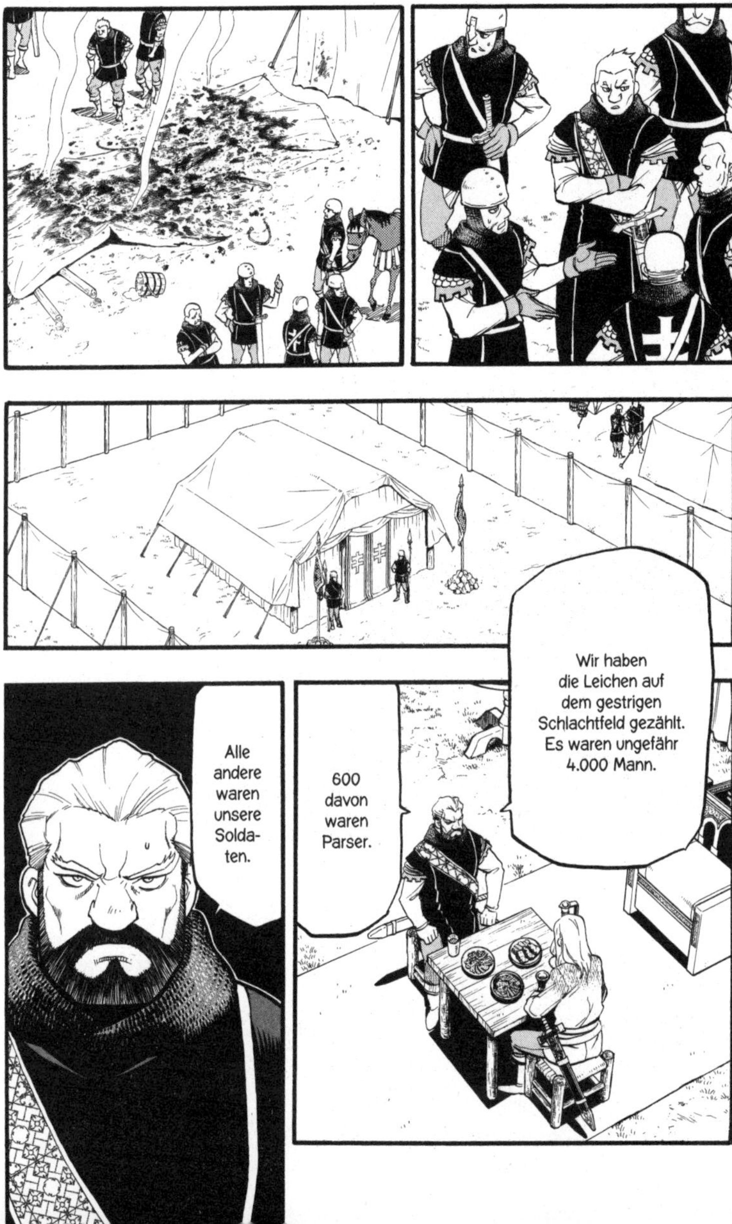
Wir haben die Leichen auf dem gestrigen Schlachtfeld gezählt. Es waren ungefähr 4.000 Mann.
600 davon waren Parser.
Alle andere waren unsere Solda-ten.

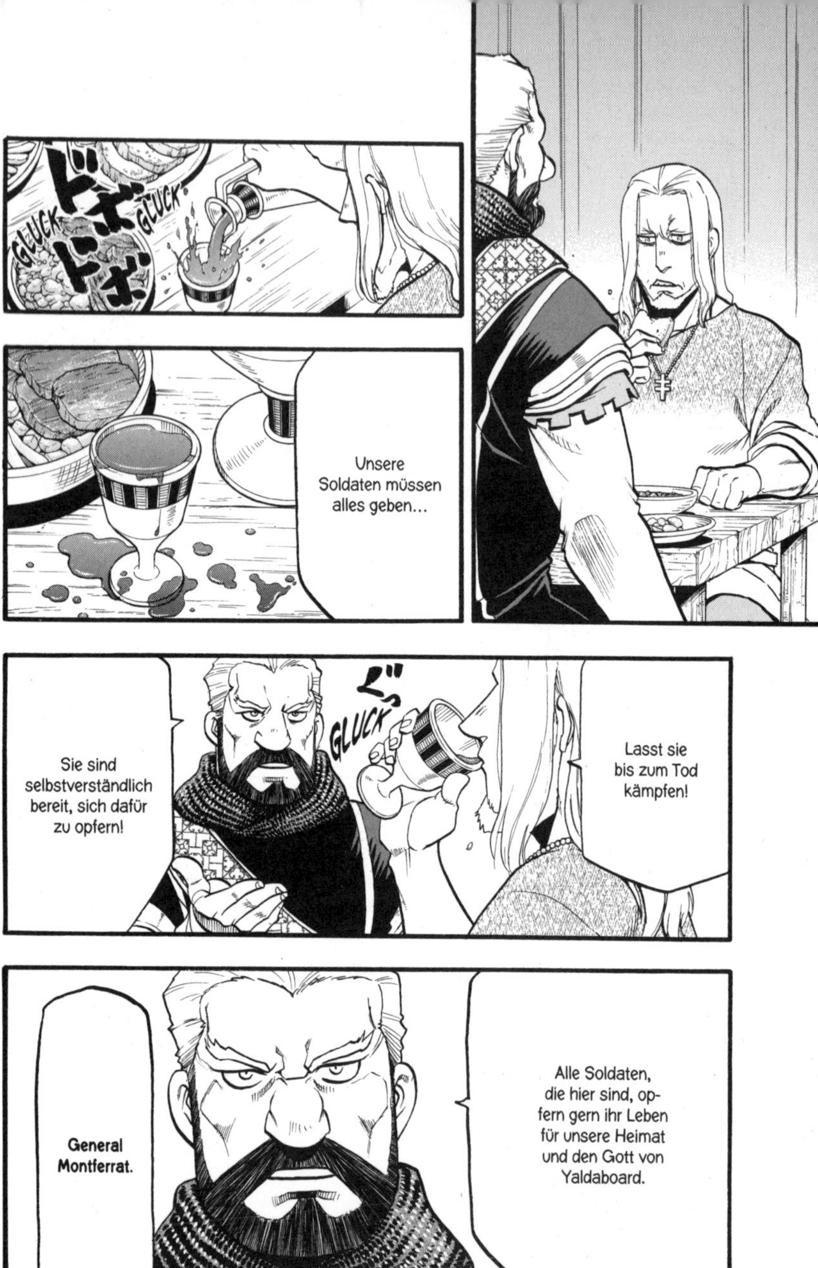
GLUCK
GLUCK
Unsere Soldaten müssen alles geben...
Lasst sie bis zum Tod kämpfen!
GLUCK
Sie sind selbstverständlich bereit, sich dafür zu opfern!
Alle Soldaten, die hier sind, opfern gern ihr Leben für unsere Heimat und den Gott von Yaldaboard.
General Montferrat.

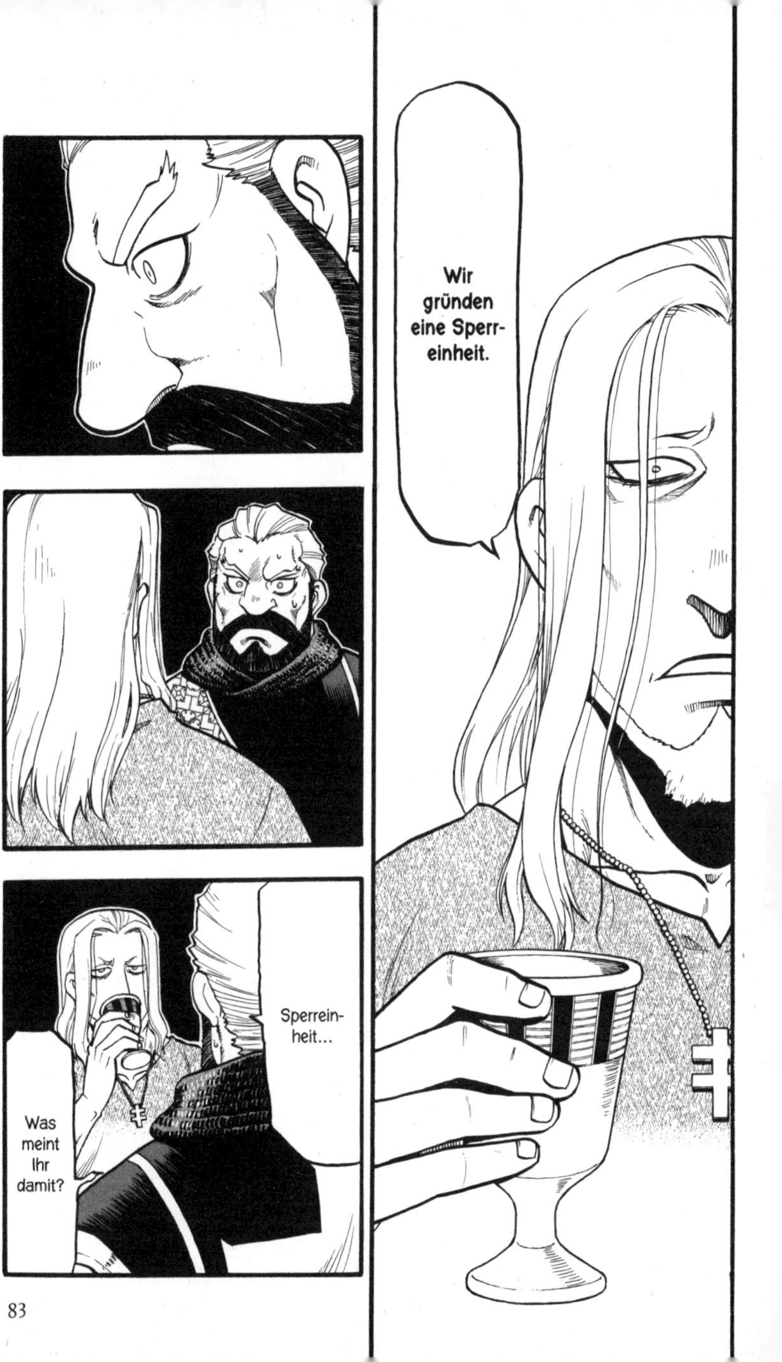
Wir gründen eine Sperr-einheit.
Sperrein-heit…
Was meint Ihr damit?

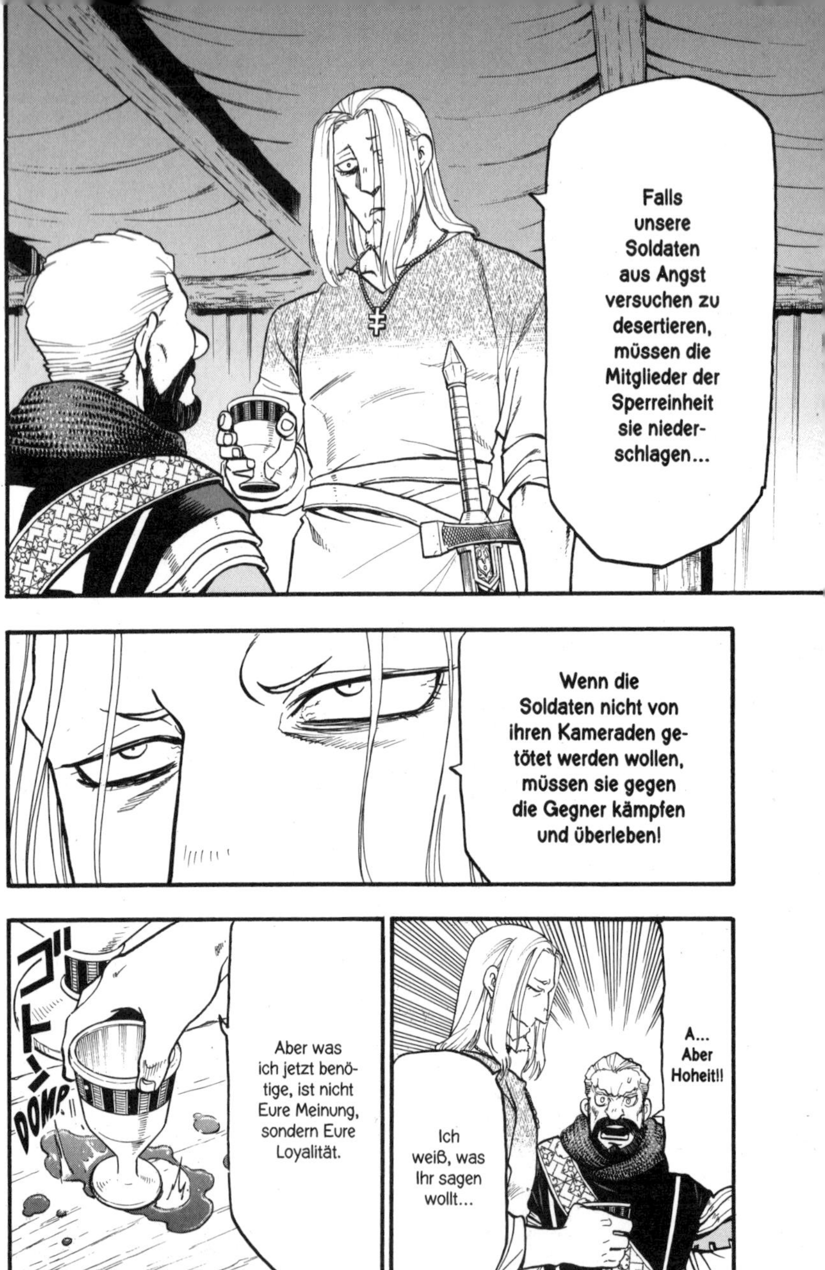

Falls unsere Soldaten aus Angst versuchen zu desertieren, müssen die Mitglieder der Sperreinheit sie nieder-schlagen...
Wenn die Soldaten nicht von ihren Kameraden ge-tötet werden wollen, müssen sie gegen die Gegner kämpfen und überleben!
A... Aber Hoheit!!
Ich weiß, was Ihr sagen wollt...
Aber was ich jetzt benö-tige, ist nicht Eure Meinung, sondern Eure Loyalität.
DOMP

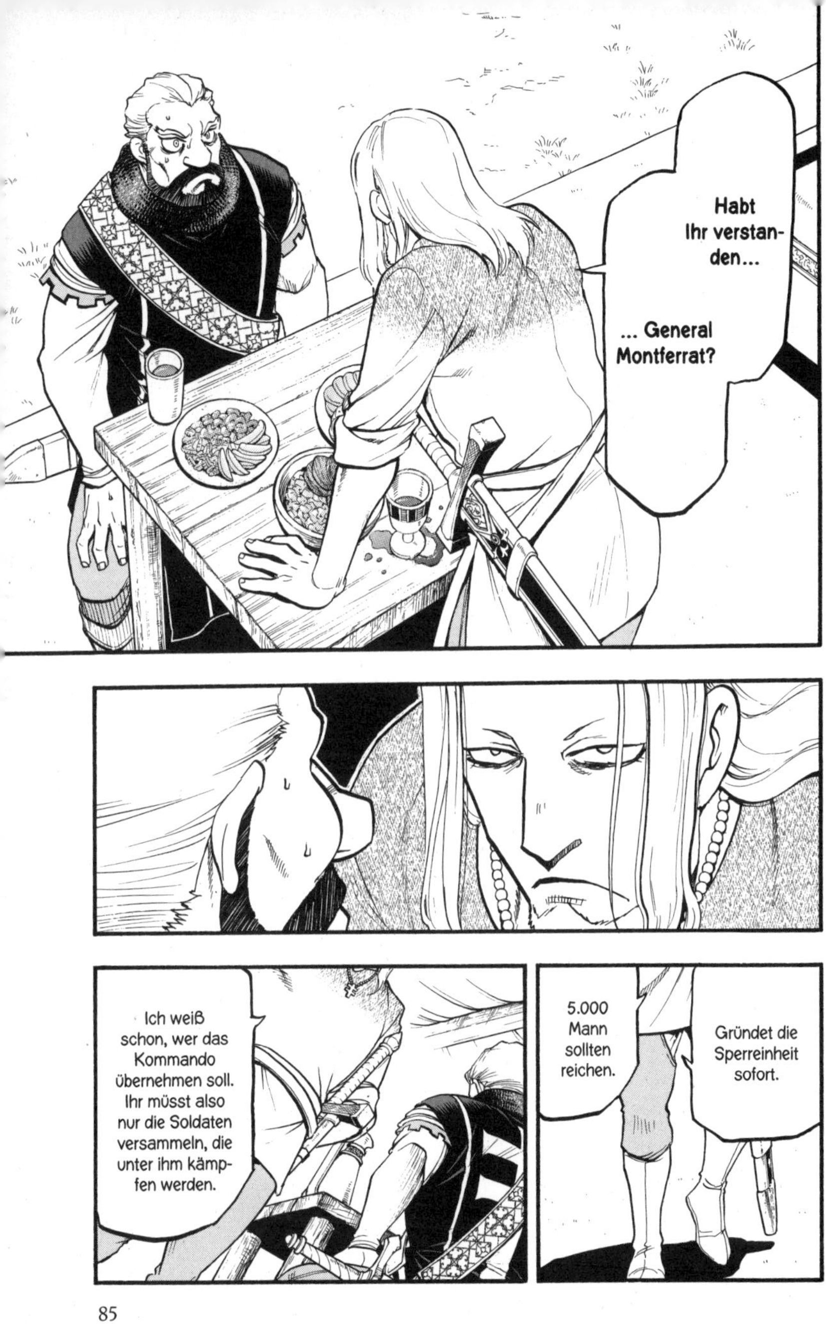

Habt Ihr verstanden...
... General Montferrat?
5.000 Mann sollten reichen.
Gründet die Sperreinheit sofort.
Ich weiß schon, wer das Kommando übernehmen soll. Ihr müsst also nur die Soldaten versammeln, die unter ihm kämpfen werden.

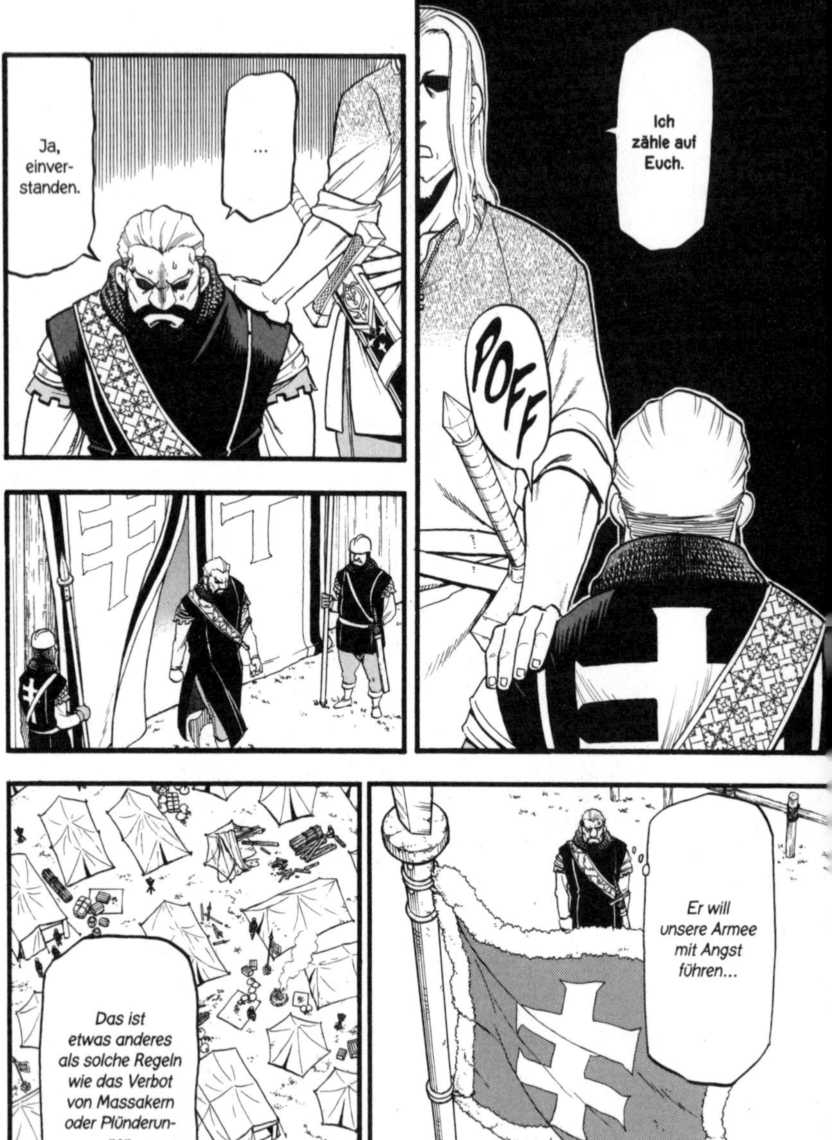
Ich zähle auf Euch.
POFF
…
Ja, einverstanden.
Er will unsere Armee mit Angst führen…
Das ist etwas anderes als solche Regeln wie das Verbot von Massakern oder Plünderungen.

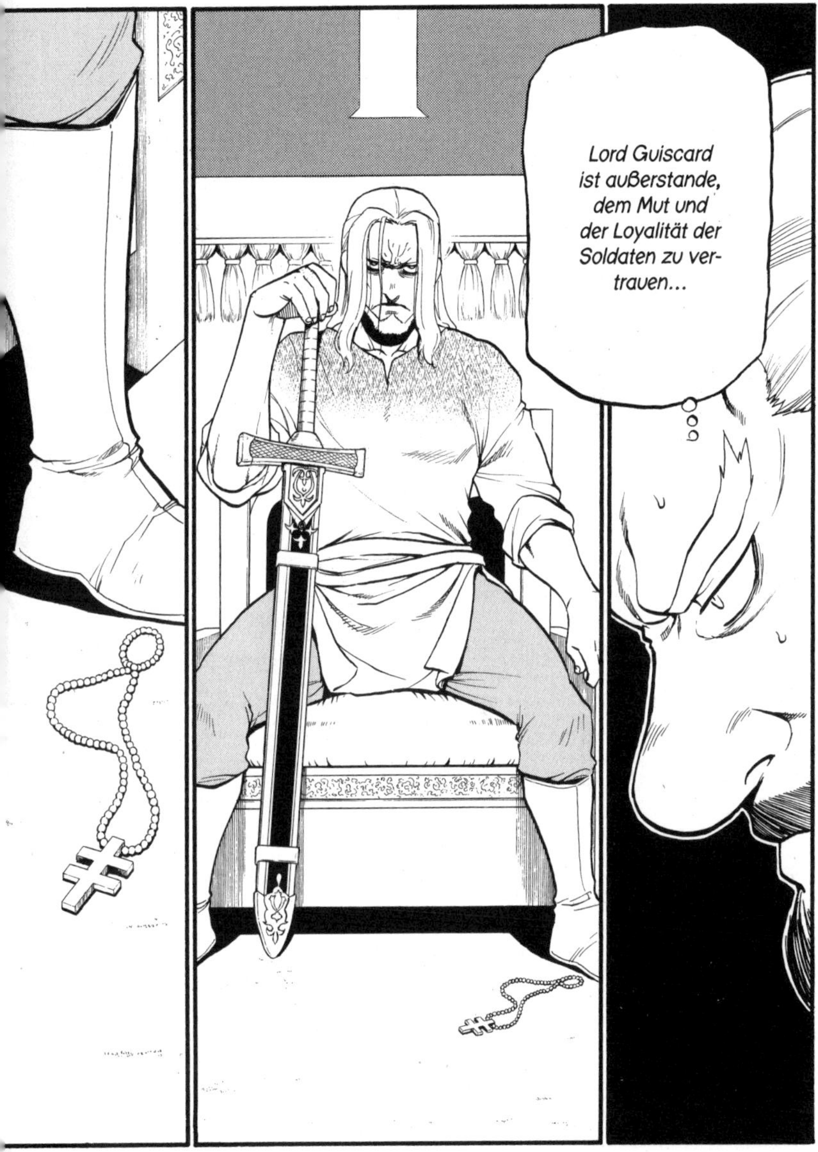
Lord Guiscard ist außerstande, dem Mut und der Loyalität der Soldaten zu vertrauen...

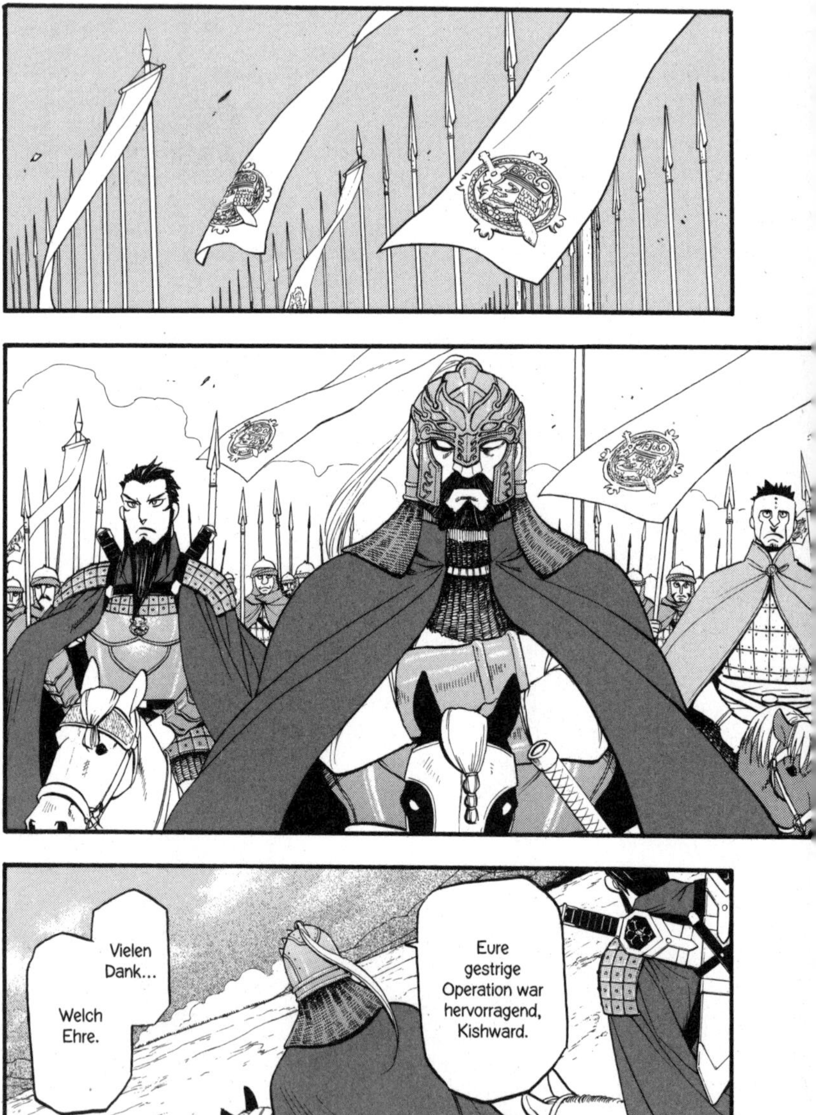
Eure gestrige Operation war hervorragend, Kishward.
Vielen Dank...
Welch Ehre.

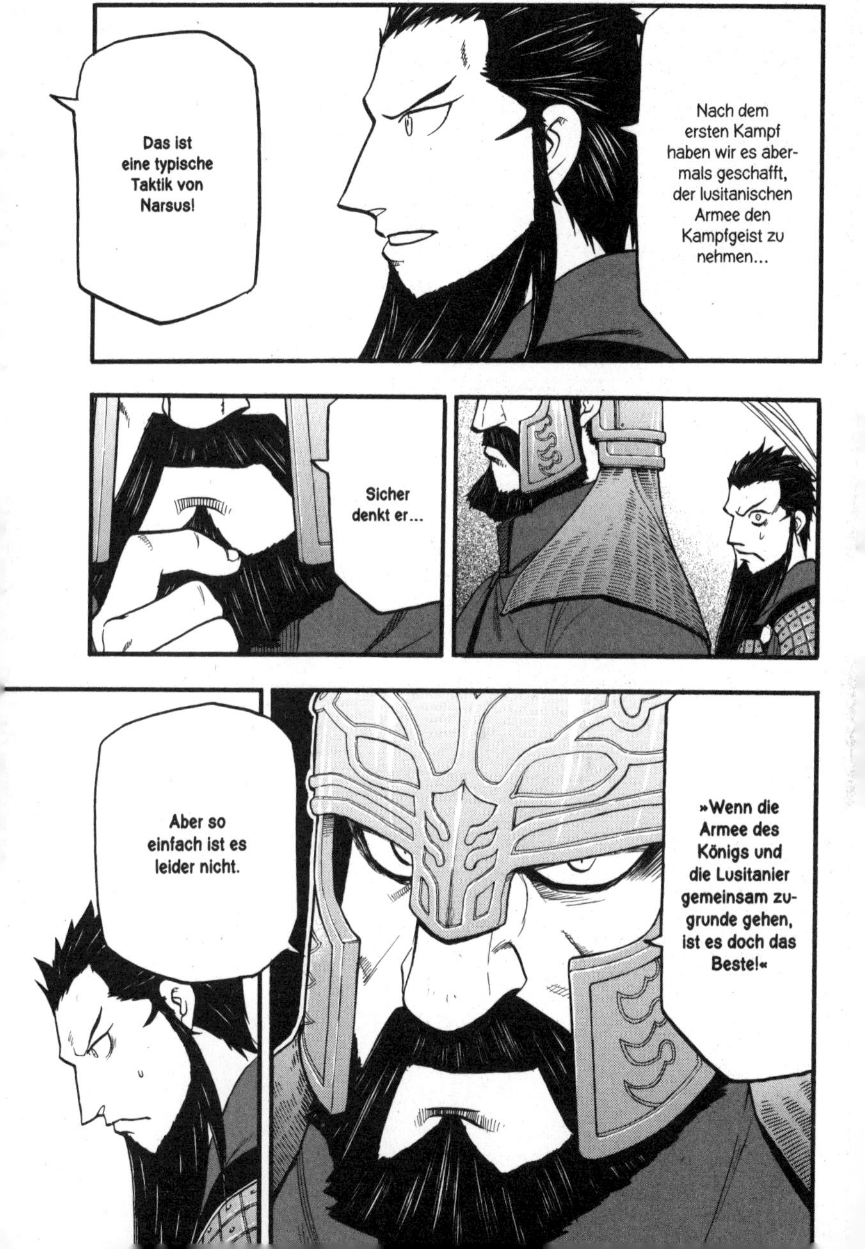

Nach dem ersten Kampf haben wir es abermals geschafft, der lusitanischen Armee den Kampfgeist zu nehmen…
Das ist eine typische Taktik von Narsus!
Sicher denkt er…
»Wenn die Armee des Königs und die Lusitanier gemeinsam zugrunde gehen, ist es doch das Beste!«
Aber so einfach ist es leider nicht.

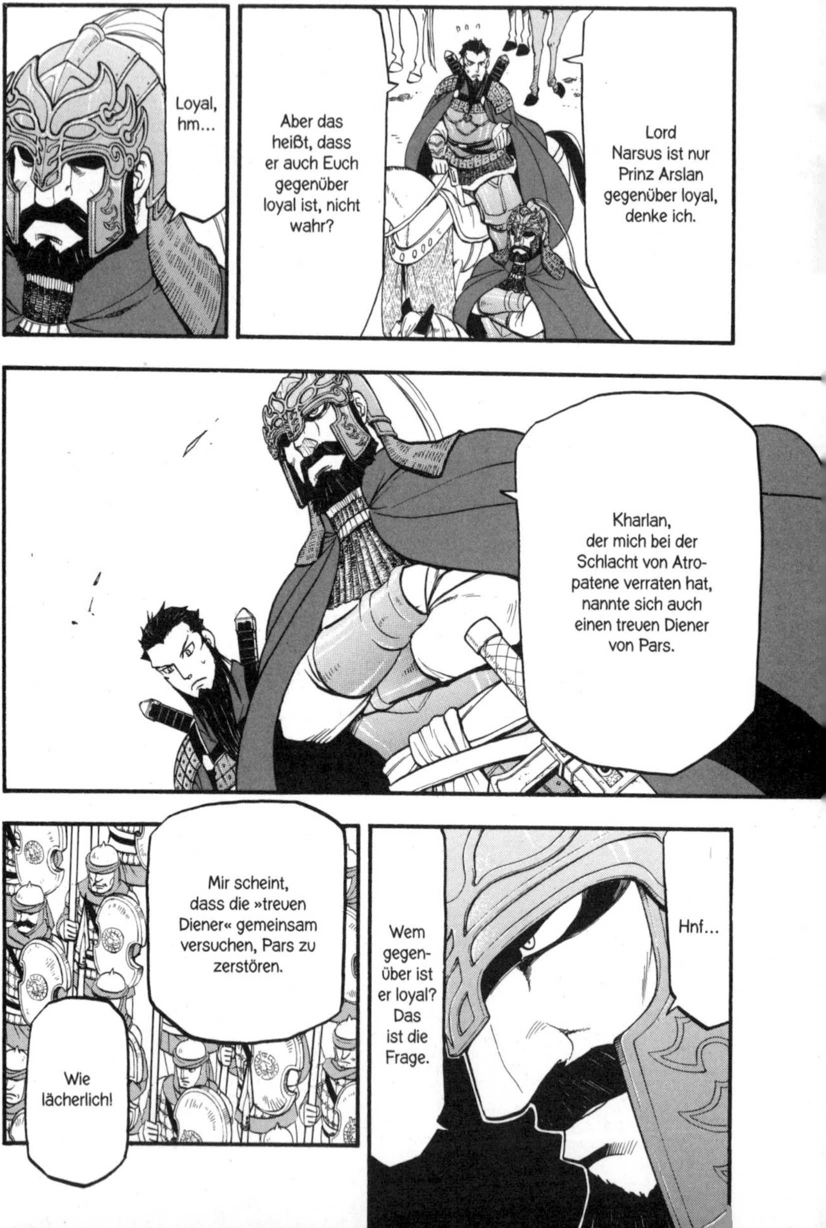
Lord Narsus ist nur Prinz Arslan gegenüber loyal, denke ich.
Aber das heißt, dass er auch Euch gegenüber loyal ist, nicht wahr?
Loyal, hm...
Kharlan, der mich bei der Schlacht von Atropatene verraten hat, nannte sich auch einen treuen Diener von Pars.
Hnf...
Wem gegenüber ist er loyal? Das ist die Frage.
Mir scheint, dass die »treuen Diener« gemeinsam versuchen, Pars zu zerstören.
Wie lächerlich!

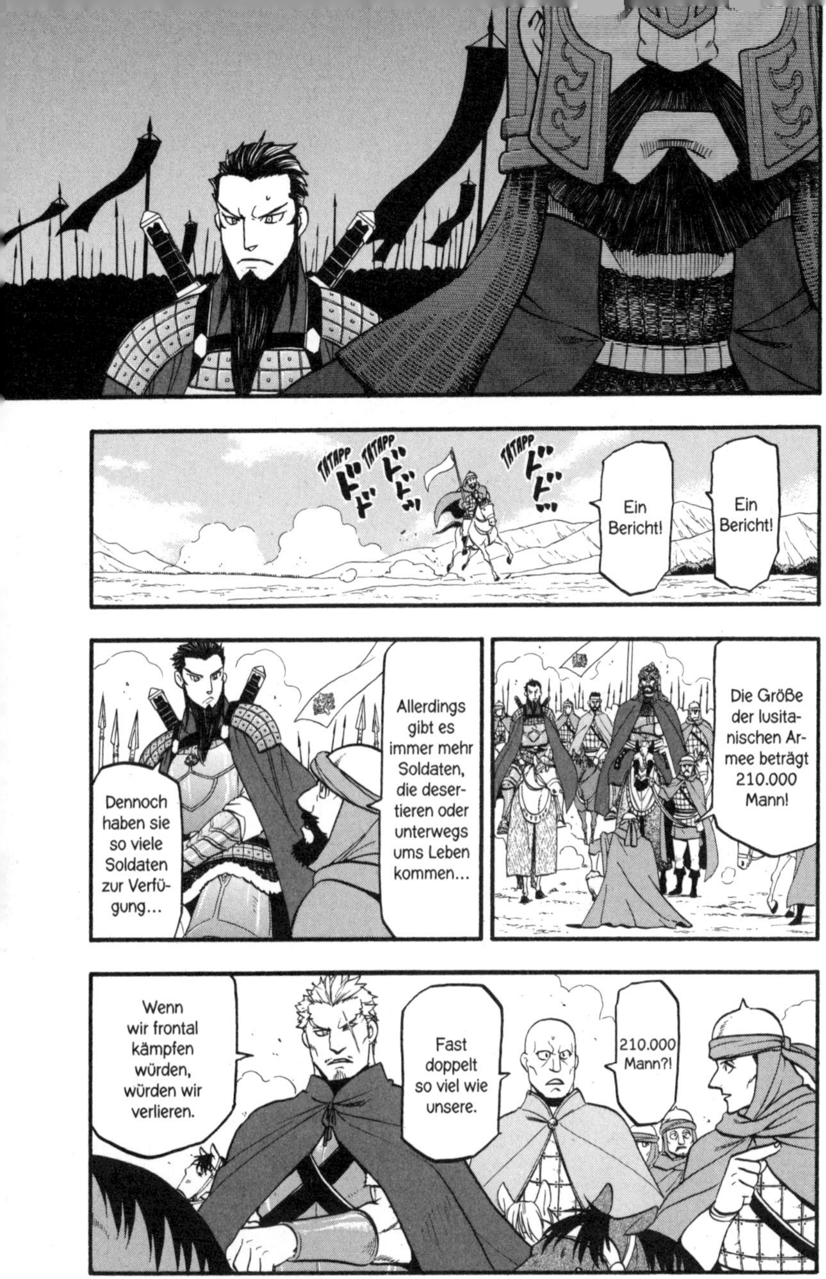
TATAPP
TATAPP
TATAPP
Ein Bericht!
Ein Bericht!
Die Größe der lusitanischen Armee beträgt 210.000 Mann!
Allerdings gibt es immer mehr Soldaten, die desertieren oder unterwegs ums Leben kommen…
Dennoch haben sie so viele Soldaten zur Verfügung…
210.000 Mann?!
Fast doppelt so viel wie unsere.
Wenn wir frontal kämpfen würden, würden wir verlieren.

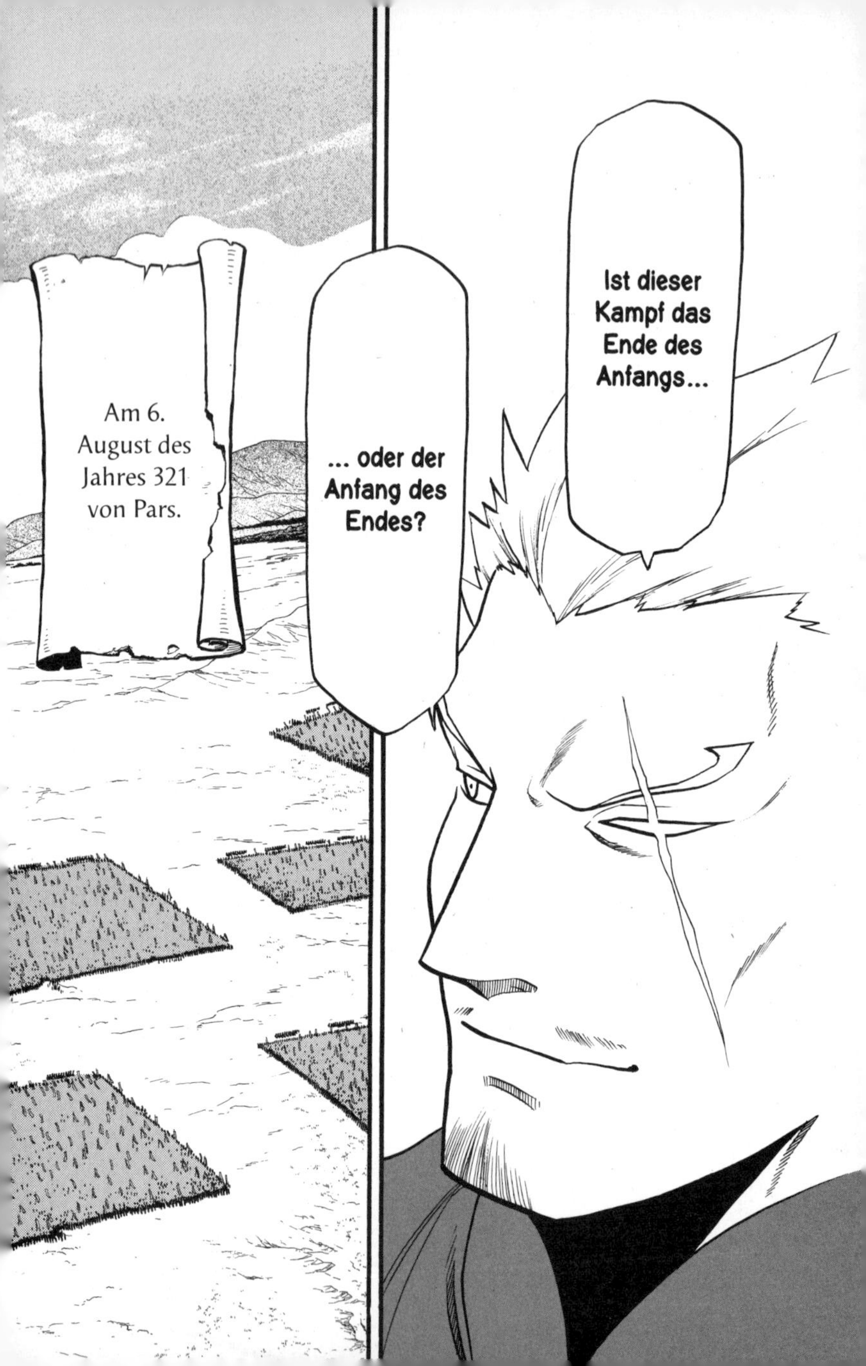
Ist dieser Kampf das Ende des Anfangs...
... oder der Anfang des Endes?
Am 6. August des Jahres 321 von Pars.

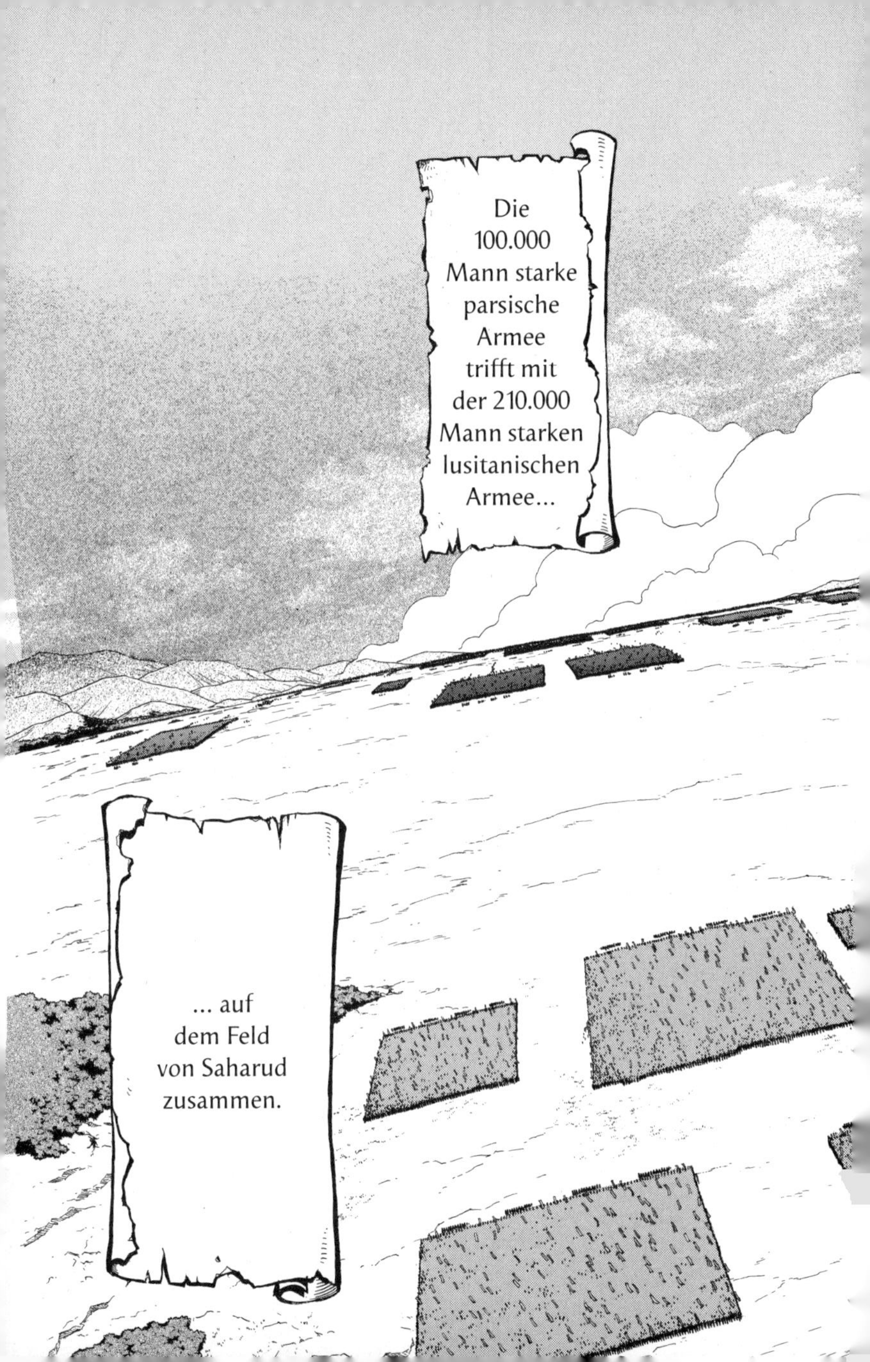
Die 100.000 Mann starke parsische Armee trifft mit der 210.000 Mann starken lusitanischen Armee...
... auf dem Feld von Saharud zusammen.

THE HEROIC LEGEND OF
ARSLAN

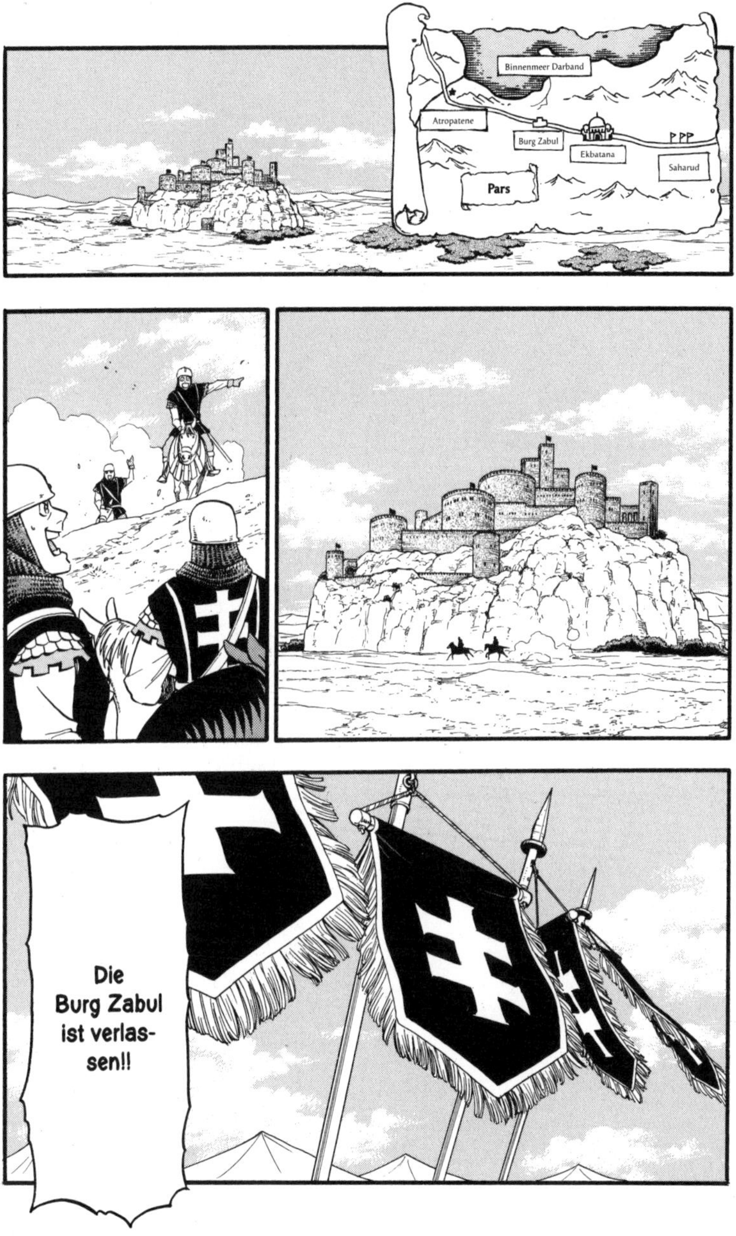
Binnenmeer Darband
Atropatene
Burg Zabul
Ekbatana
Saharud
Pars
Die Burg Zabul ist verlas-sen!!

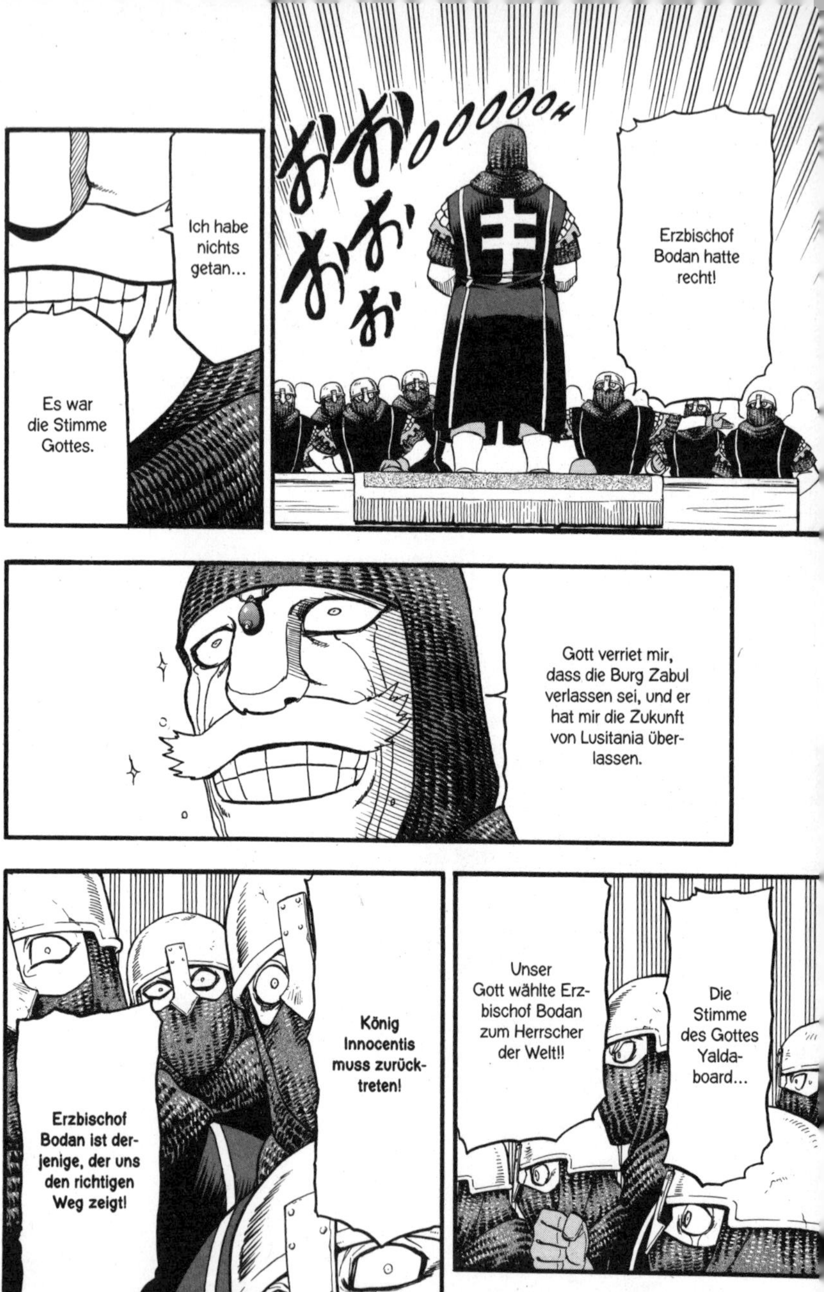
おおOOOOOOH
おおお
Erzbischof Bodan hatte recht!
Ich habe nichts getan…
Es war die Stimme Gottes.
Gott verriet mir, dass die Burg Zabul verlassen sei, und er hat mir die Zukunft von Lusitania überlassen.
Die Stimme des Gottes Yaldaboard…
Unser Gott wählte Erzbischof Bodan zum Herrscher der Welt!!
König Innocentis muss zurücktreten!
Erzbischof Bodan ist derjenige, der uns den richtigen Weg zeigt!

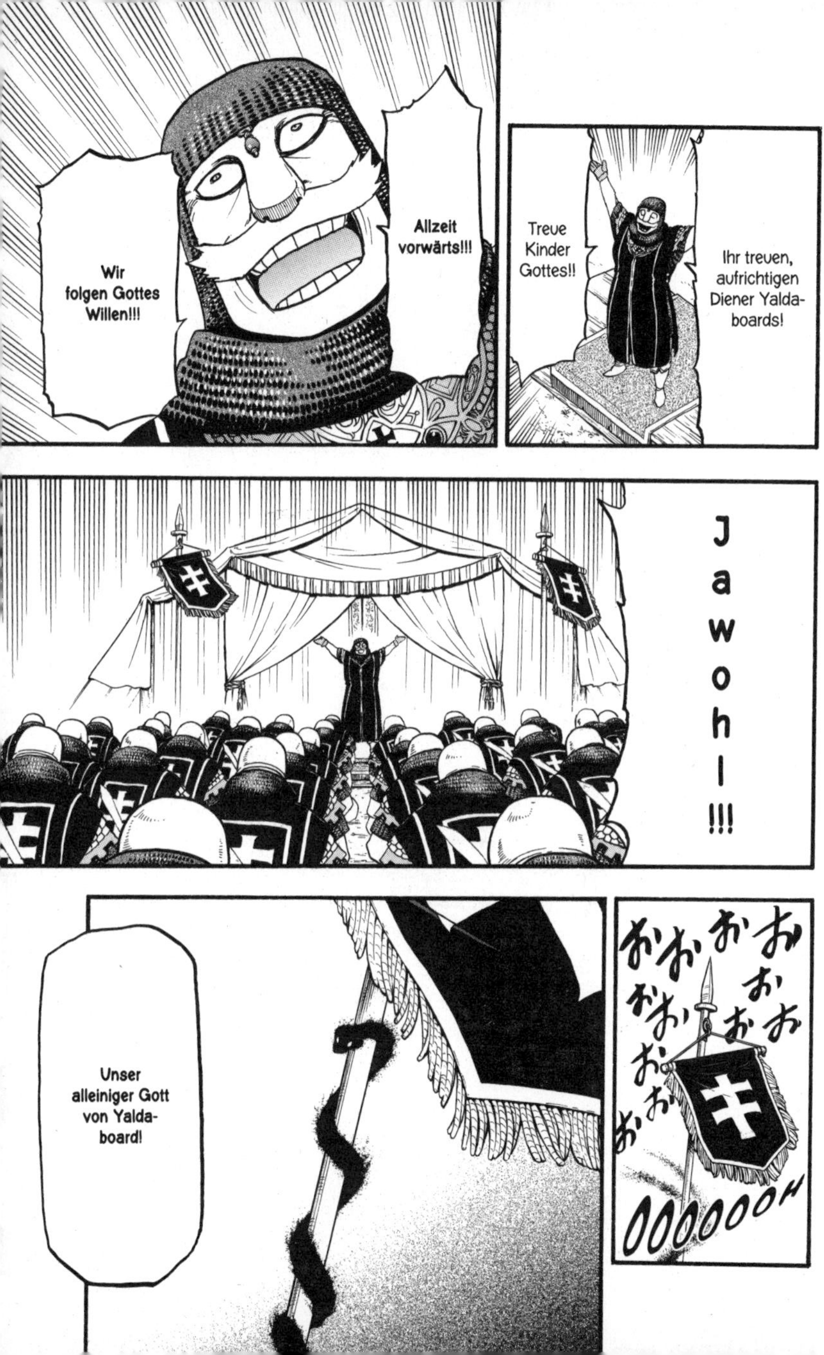
Ihr treuen, aufrichtigen Diener Yalda-boards!
Treue Kinder Gottes!!
Allzeit vorwärts!!!
Wir folgen Gottes Willen!!!
Jawohl!!!
おおおおおおおおおおおお
OOOOOOOH
Unser alleiniger Gott von Yalda-board!

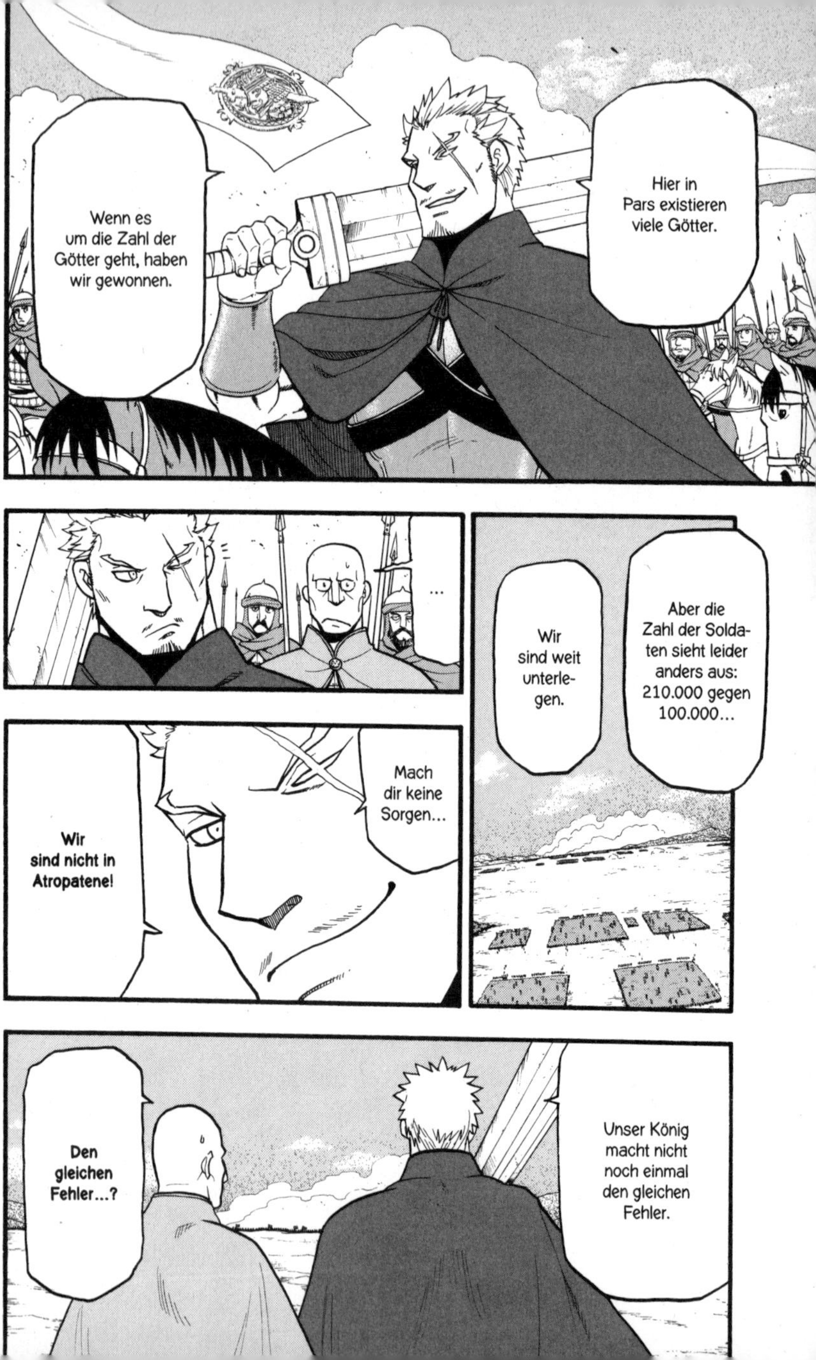

Hier in Pars existieren viele Götter.
Wenn es um die Zahl der Götter geht, haben wir gewonnen.
Aber die Zahl der Solda-ten sieht leider anders aus: 210.000 gegen 100.000…
Wir sind weit unterle-gen.
…
Mach dir keine Sorgen…
Wir sind nicht in Atropatene!
Unser König macht nicht noch einmal den gleichen Fehler.
Den gleichen Fehler…?

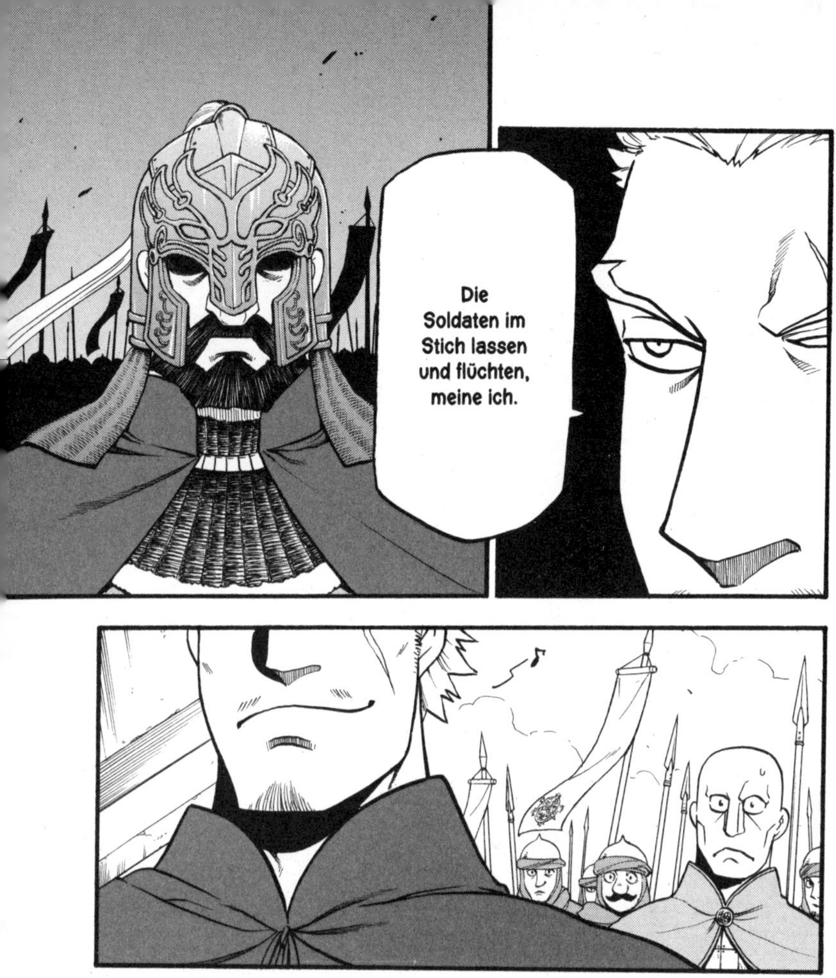

Kapitel 110: Die Stimme Gottes

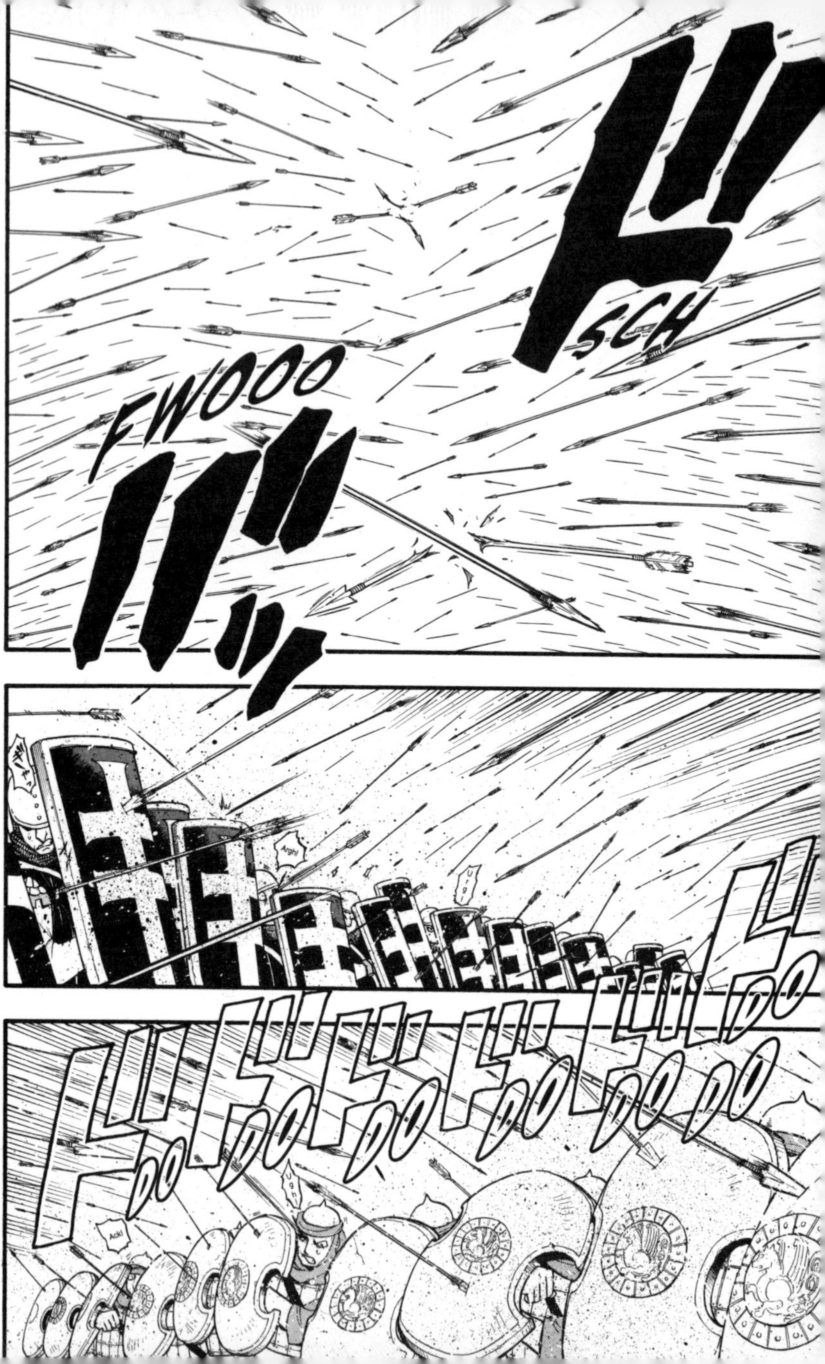
SCH
FWOOO
Argh!
Urg!
DO DO DO DO DO DO DO DO DO DO
Ugh!
Ack!

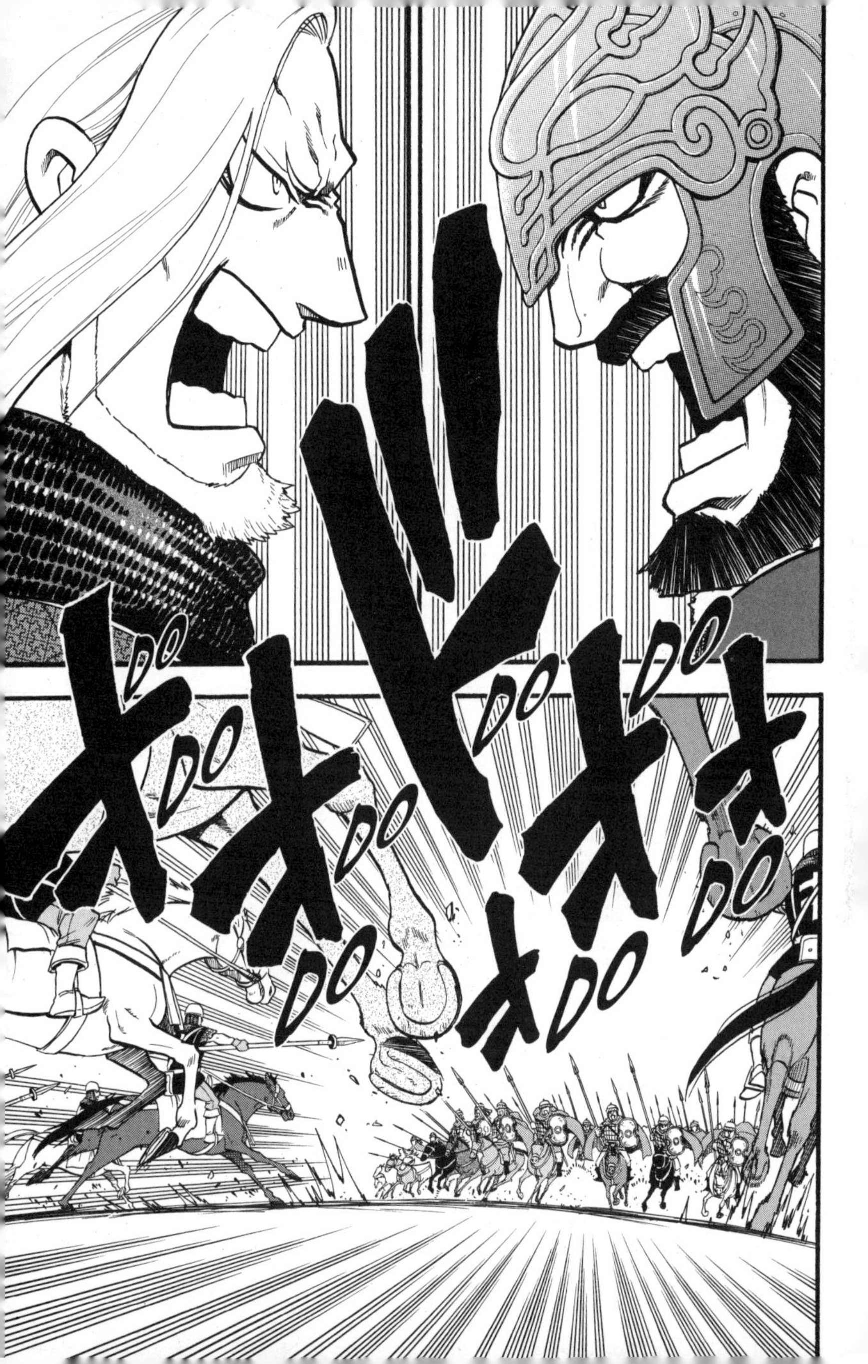
DO DO DO DO DO
DO DO DO DO DO

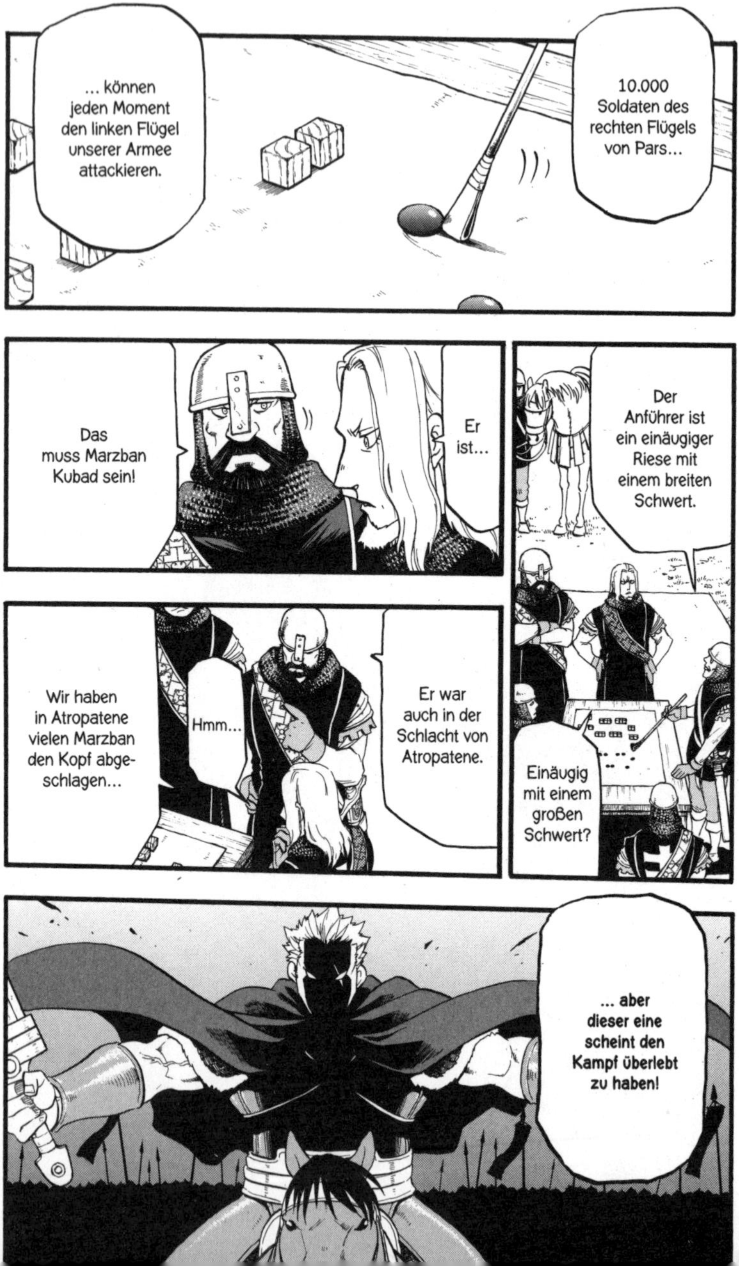
10.000 Soldaten des rechten Flügels von Pars...
... können jeden Moment den linken Flügel unserer Armee attackieren.
Der Anführer ist ein einäugiger Riese mit einem breiten Schwert.
Einäugig mit einem großen Schwert?
Er ist...
Das muss Marzban Kubad sein!
Er war auch in der Schlacht von Atropatene.
Hmm...
Wir haben in Atropatene vielen Marzban den Kopf abgeschlagen...
... aber dieser eine scheint den Kampf überlebt zu haben!

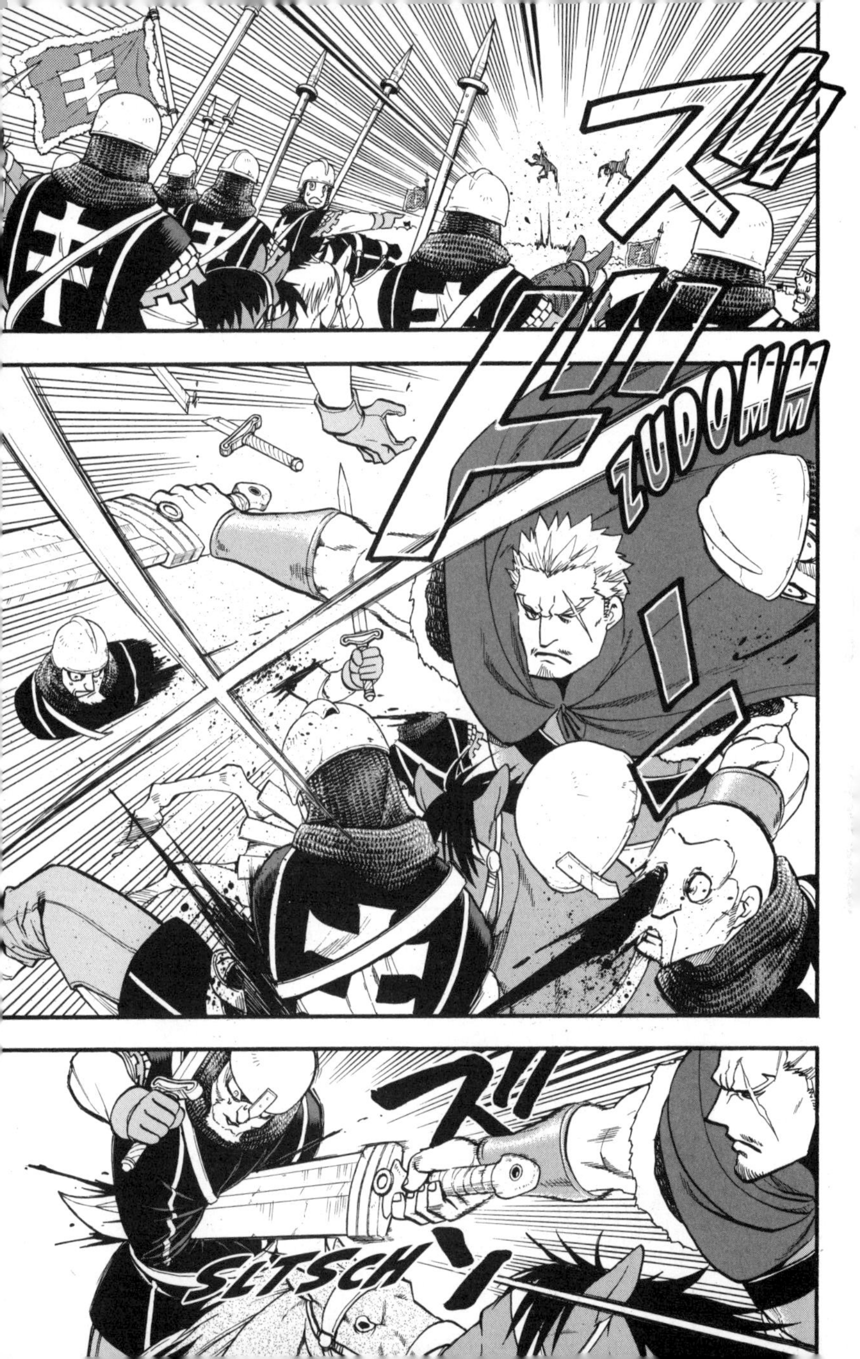
ZUDOMM
SLTSCH

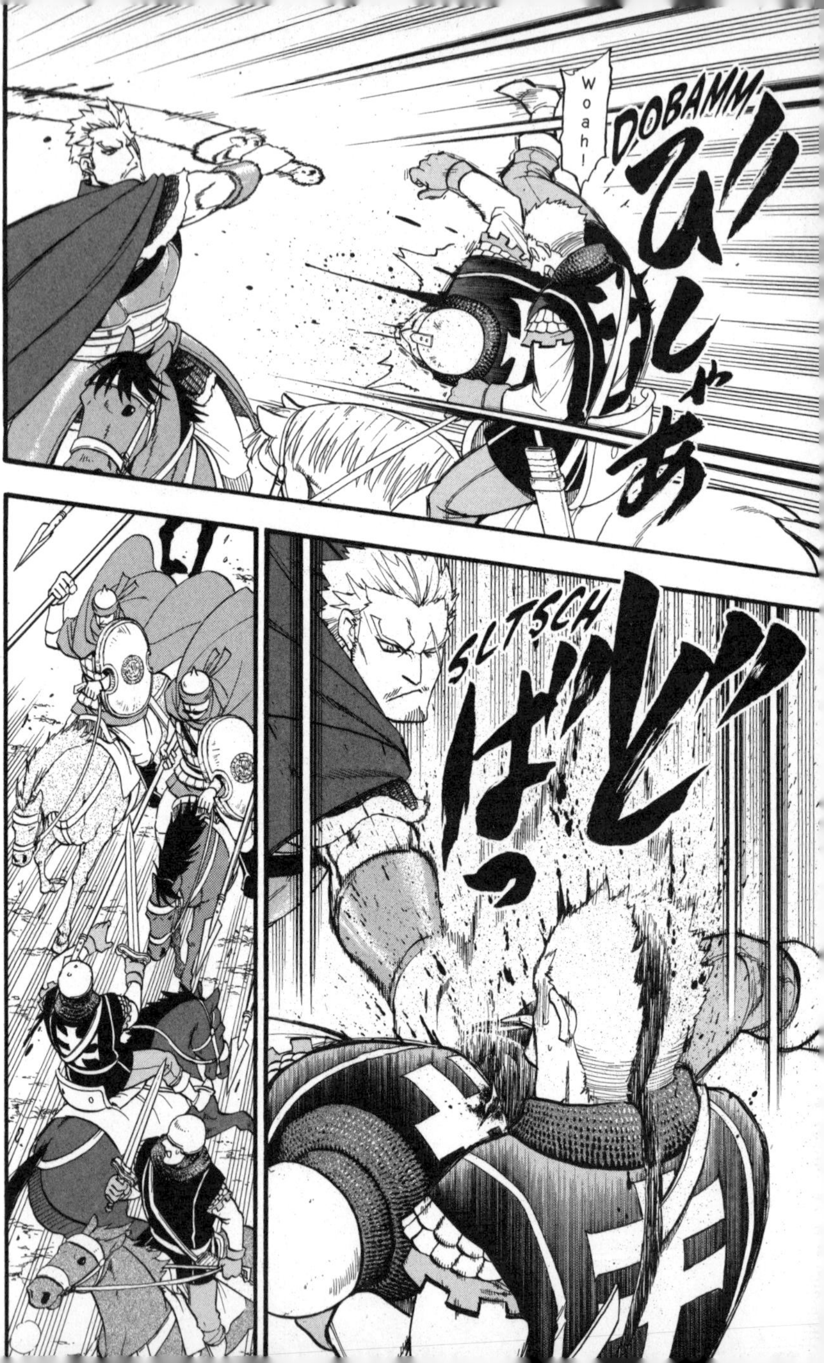

DOBAMM
Woah!
SLTSCH

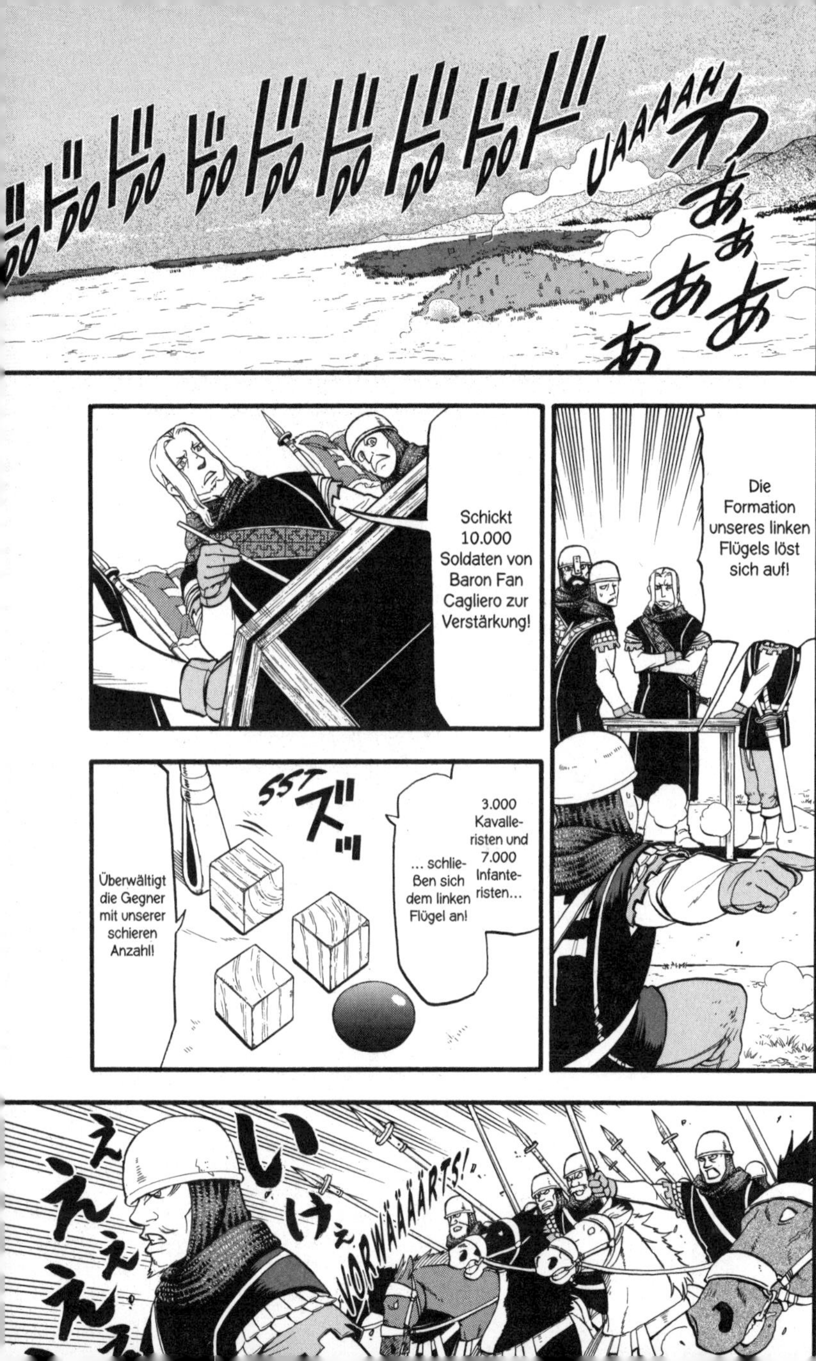
DO DO DO DO DO DO DO DO
UAAAAAH
Die Formation unseres linken Flügels löst sich auf!
Schickt 10.000 Soldaten von Baron Fan Cagliero zur Verstärkung!
3.000 Kavalleristen und 7.000 Infanteristen…
… schließen sich dem linken Flügel an!
SST
Überwältigt die Gegner mit unserer schieren Anzahl!
VORWÄÄÄRTS!

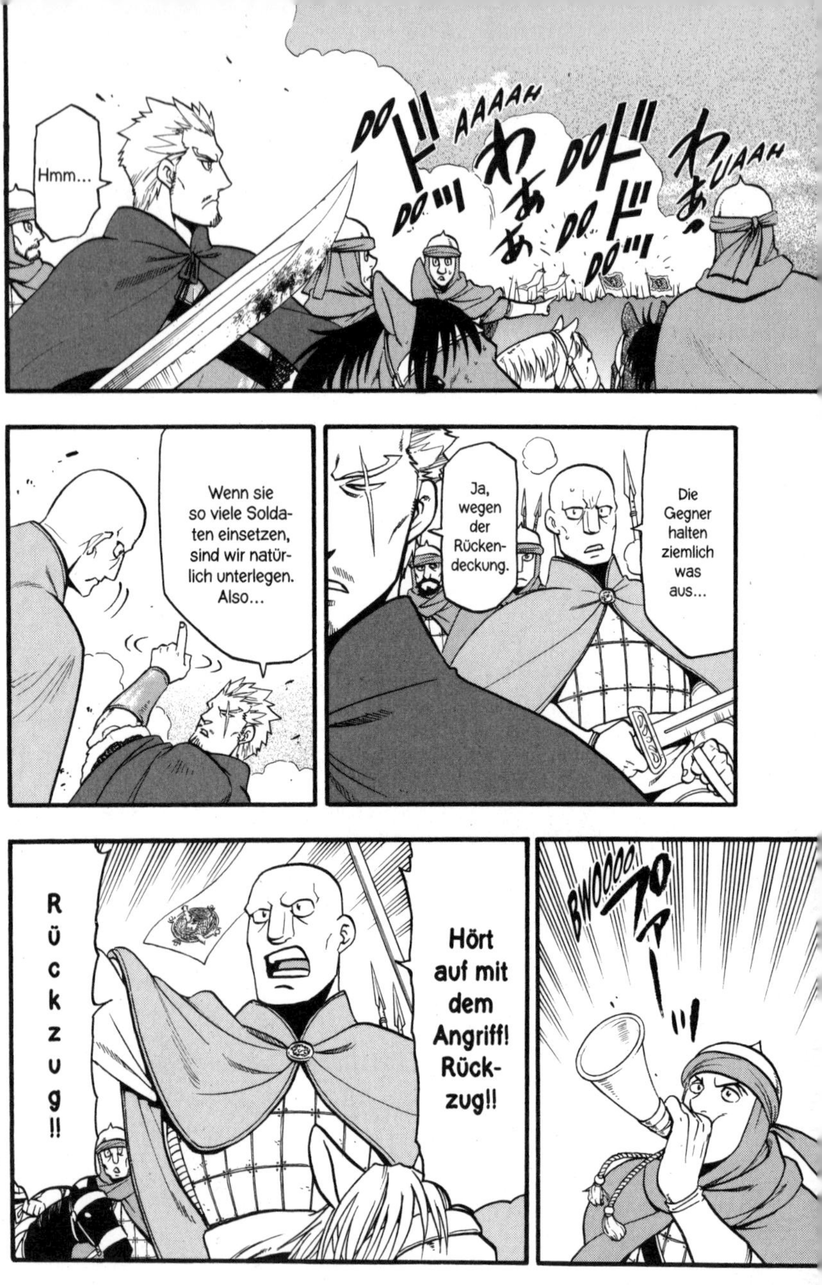
DO DO
AAAAH
DO DO
UAAAH
Hmm...
Die Gegner halten ziemlich was aus...
Ja, wegen der Rückendeckung.
Wenn sie so viele Soldaten einsetzen, sind wir natürlich unterlegen. Also...
BWOOOO
Hört auf mit dem Angriff! Rückzug!!
Rückzug!!

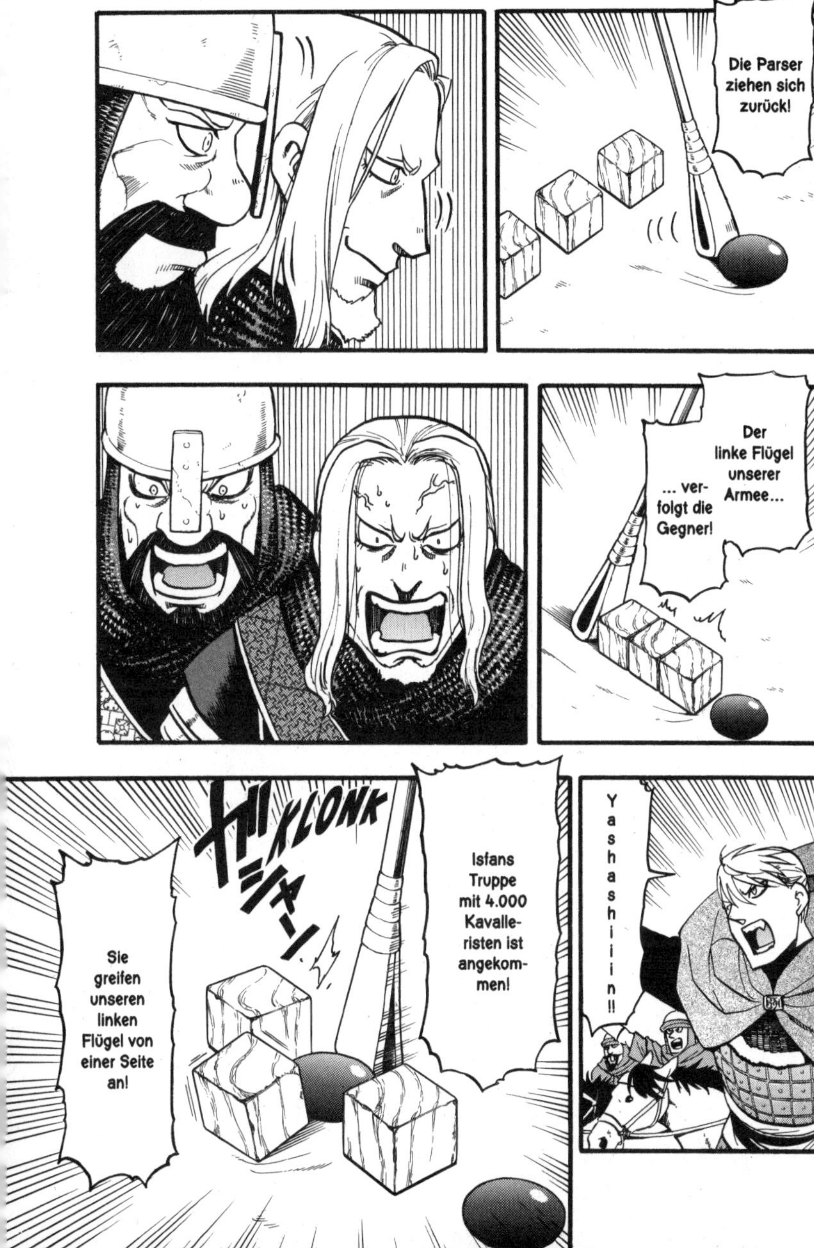
Die Parser ziehen sich zurück!
Der linke Flügel unserer Armee...
... verfolgt die Gegner!
Yashashiiiin!!
Isfans Truppe mit 4.000 Kavalleristen ist angekommen!
KLONK
Sie greifen unseren linken Flügel von einer Seite an!

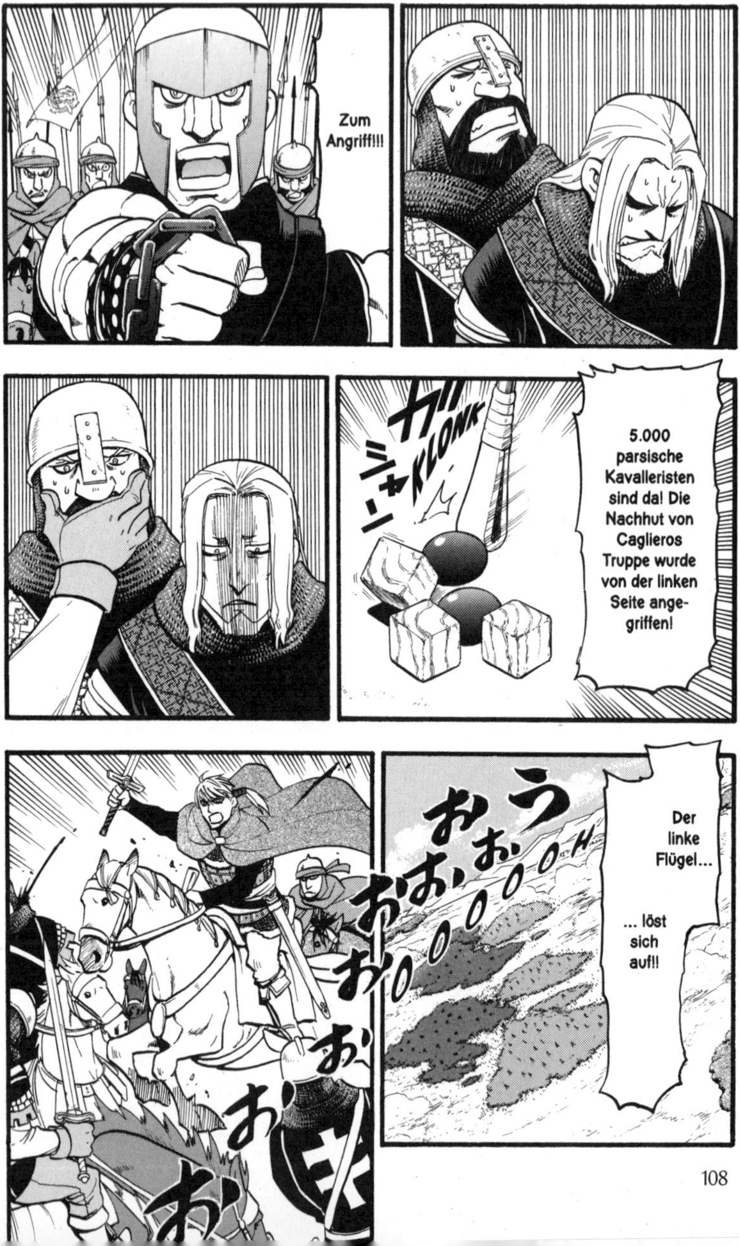
Zum Angriff!!!
KLONK
5.000 parsische Kavalleristen sind da! Die Nachhut von Caglieros Truppe wurde von der linken Seite ange-griffen!
Der linke Flügel...
... löst sich auf!!

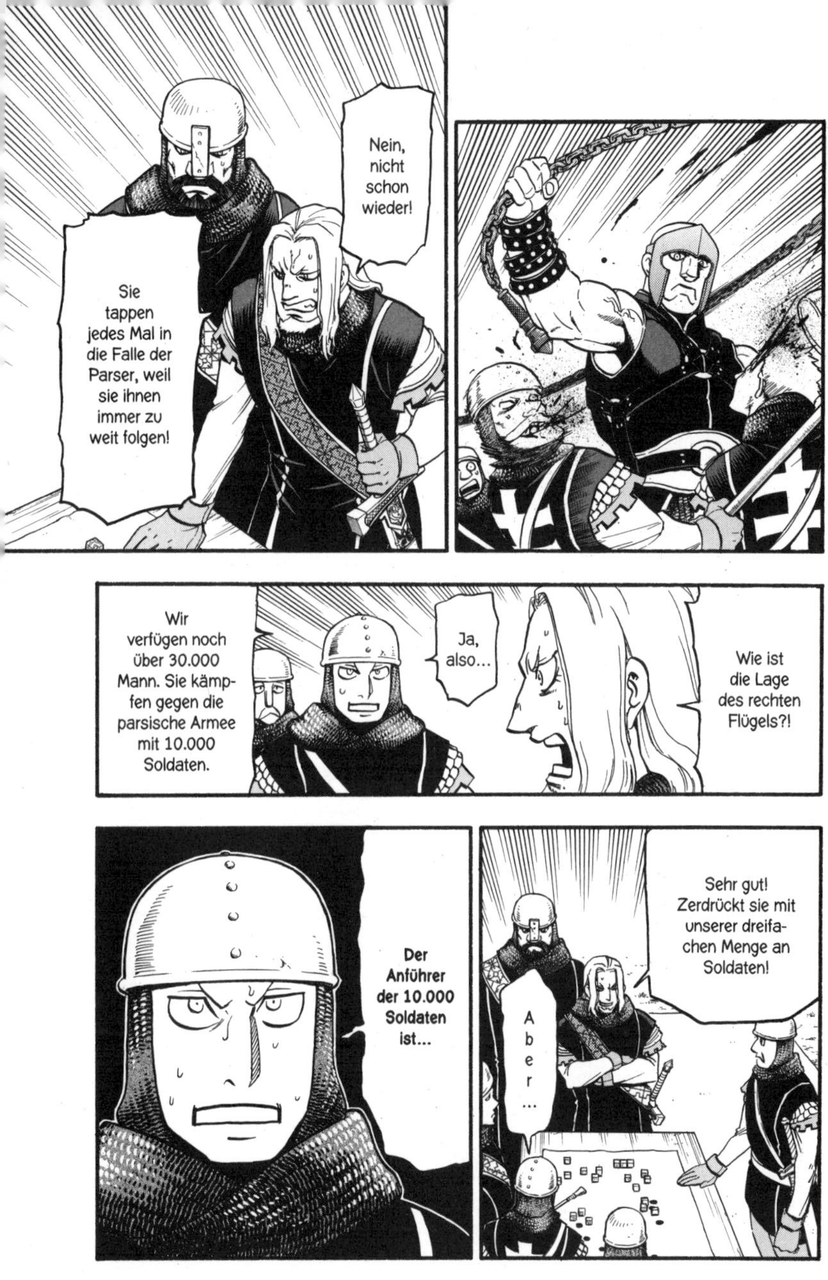
Nein, nicht schon wieder!
Sie tappen jedes Mal in die Falle der Parser, weil sie ihnen immer zu weit folgen!
Wie ist die Lage des rechten Flügels?!
Ja, also...
Wir verfügen noch über 30.000 Mann. Sie kämpfen gegen die parsische Armee mit 10.000 Soldaten.
Sehr gut! Zerdrückt sie mit unserer dreifachen Menge an Soldaten!
Aber...
Der Anführer der 10.000 Soldaten ist...

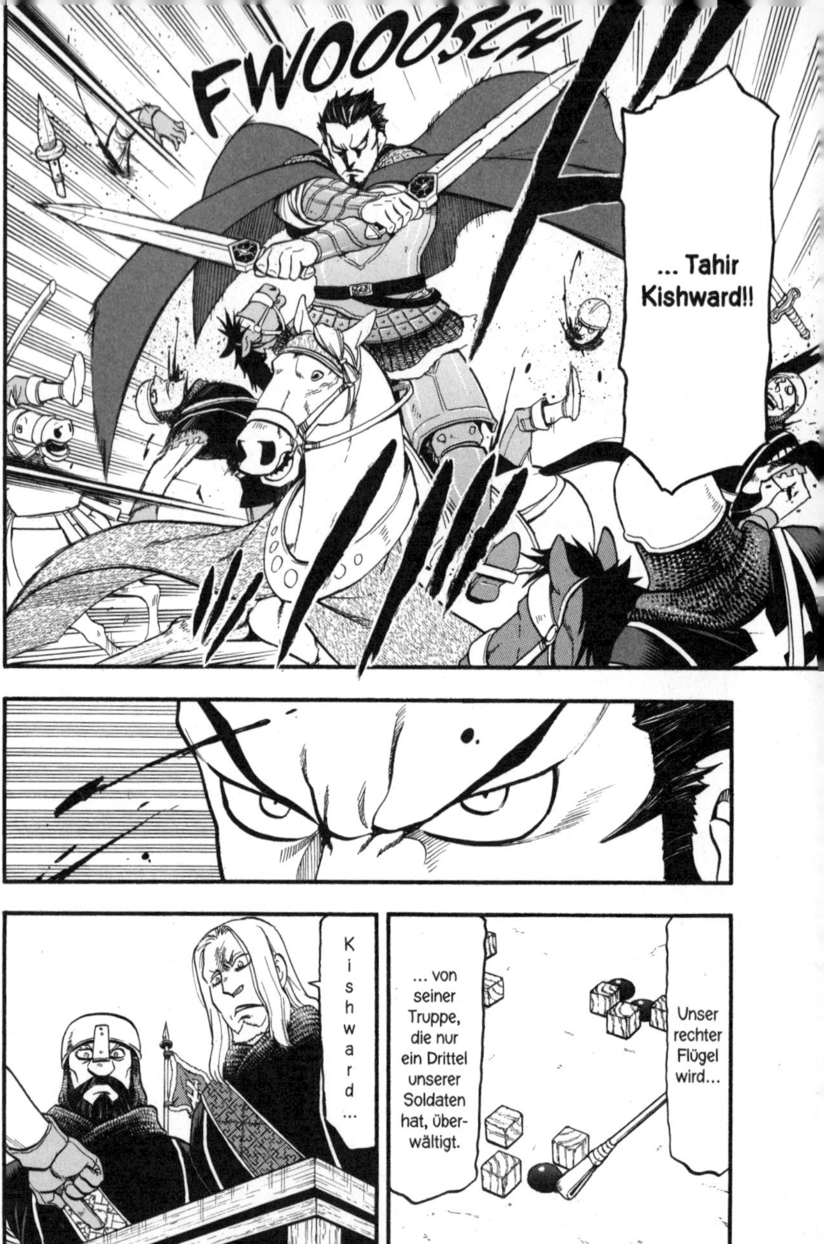
FWOOOSCH
... Tahir Kishward!!
Unser rechter Flügel wird...
... von seiner Truppe, die nur ein Drittel unserer Soldaten hat, überwältigt.
Kishward...

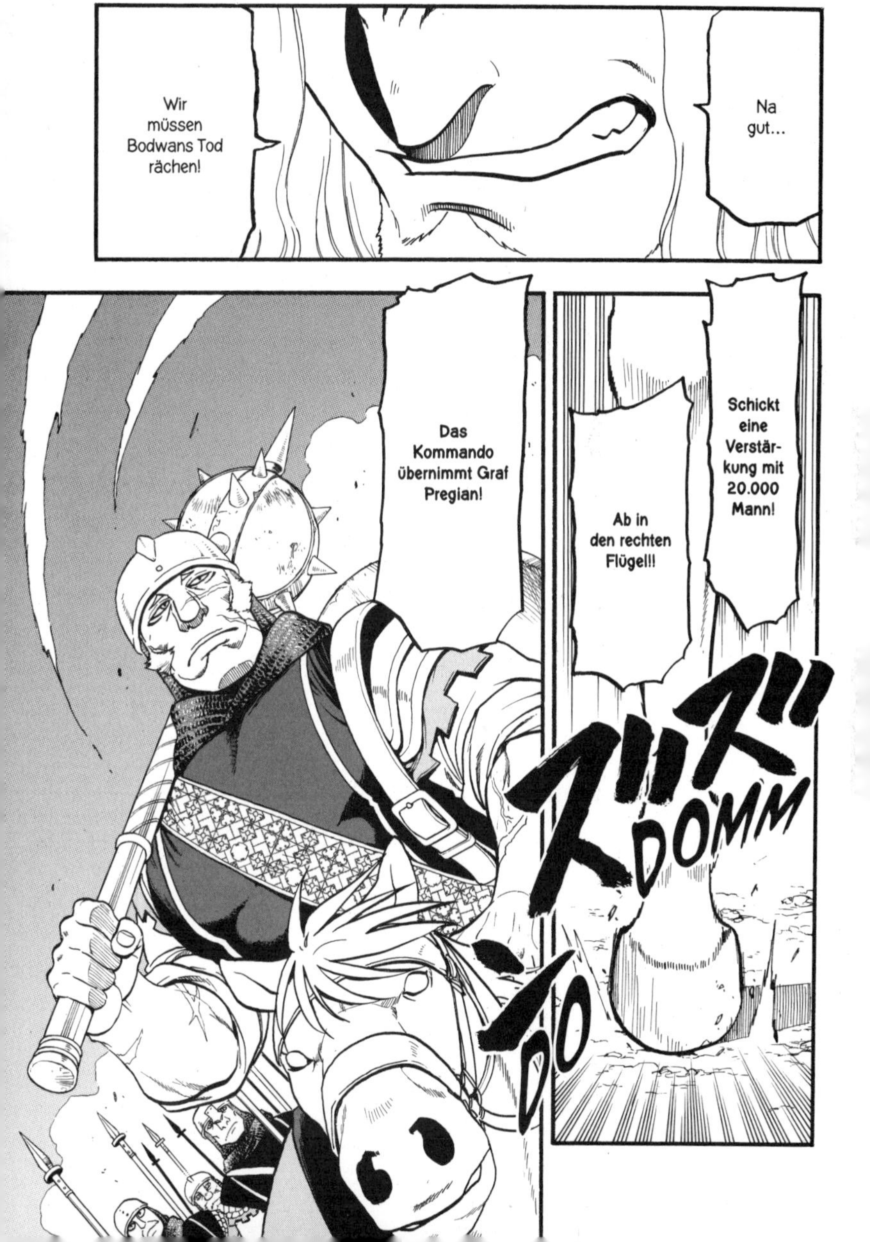
Na gut…
Wir müssen Bodwans Tod rächen!
Schickt eine Verstärkung mit 20.000 Mann!
Ab in den rechten Flügel!!
Das Kommando übernimmt Graf Pregian!
ズズ
DOMM
DO

THE HEROIC LEGEND OF ARSLAN

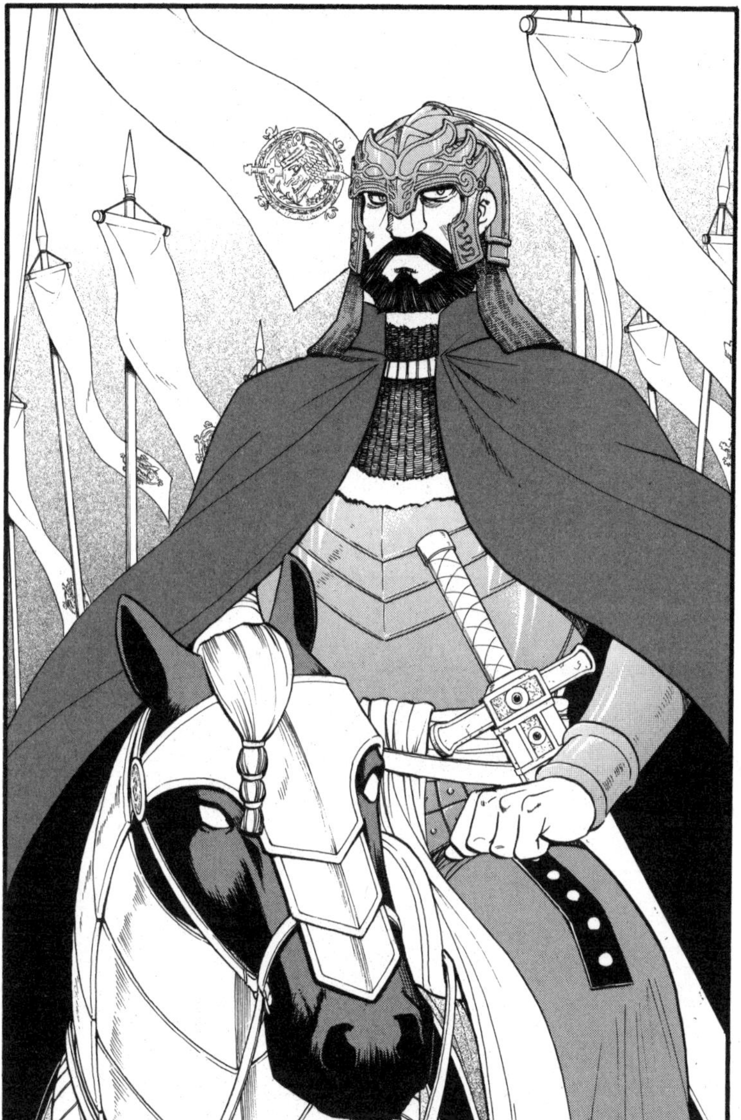

Kapitel 111: Lusitanias Gegenangriff

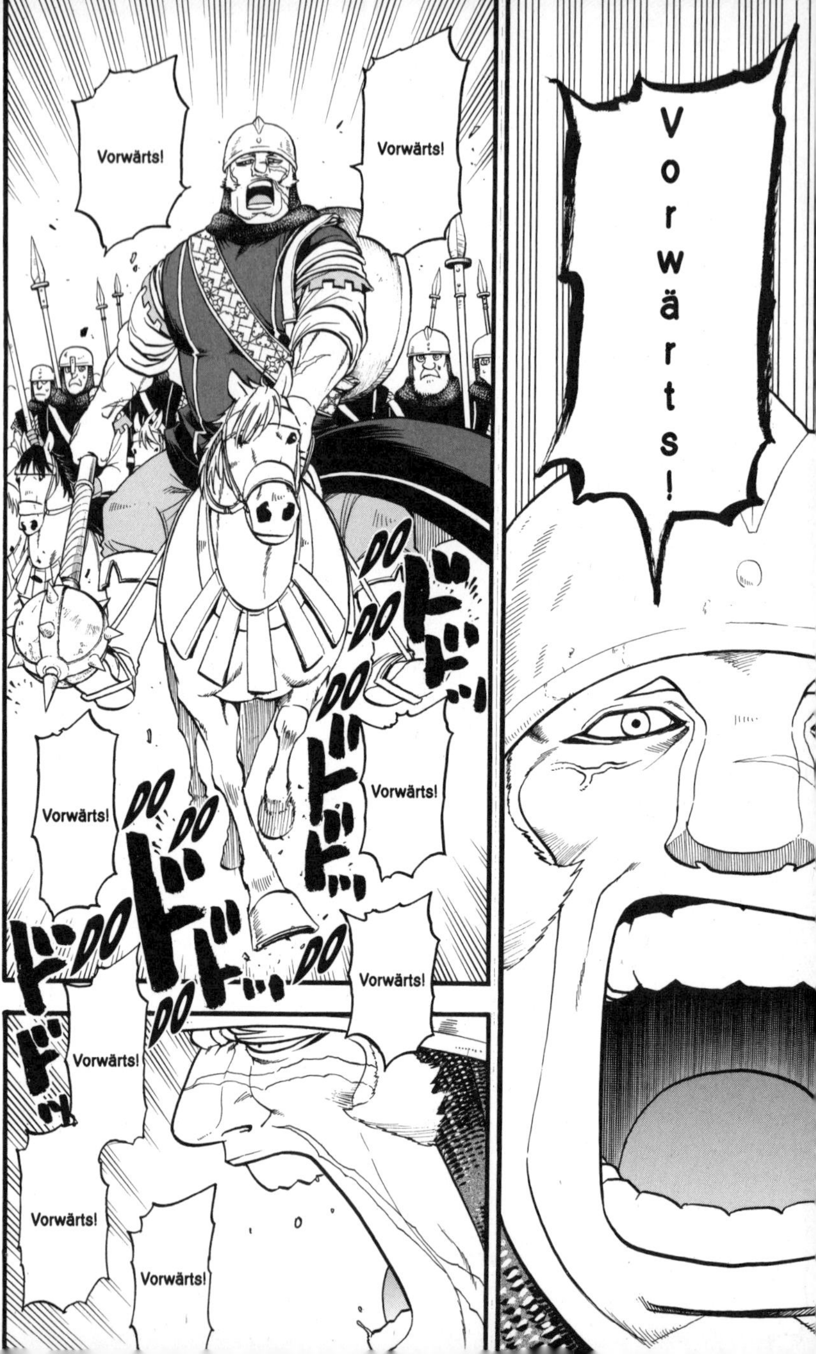
Vorwärts!
Vorwärts!
Vorwärts!
DO DO
ドドド
Vorwärts!
Vorwärts!
DO DO DO
ドドド
Vorwärts!
Vorwärts!
Vorwärts!
Vorwärts!
Vorwärts!

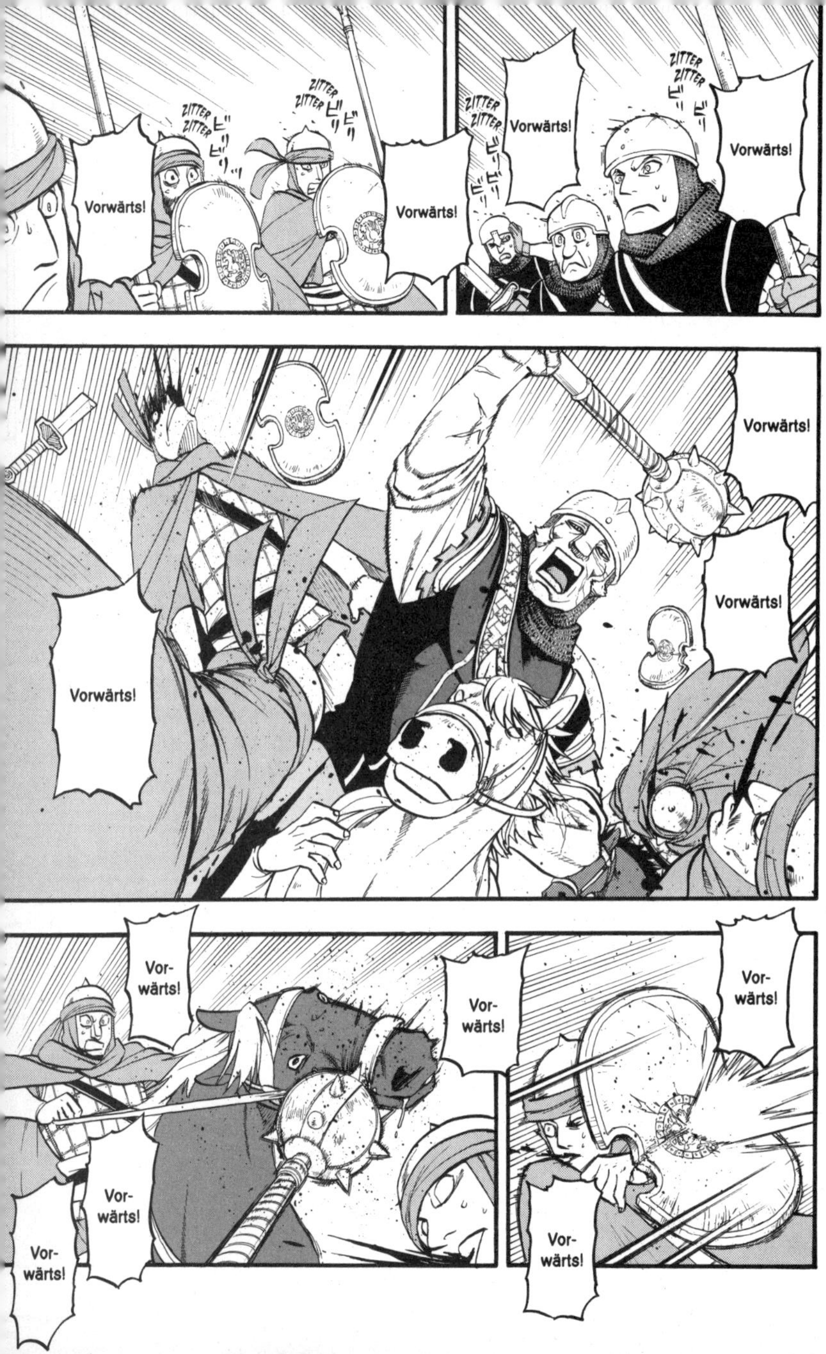

ZITTER ZITTER
Vorwärts!
ZITTER ZITTER
Vorwärts!
Vorwärts!
ZITTER ZITTER
Vorwärts!
ZITTER ZITTER
Vorwärts!
Vorwärts!
Vorwärts!
Vorwärts!
Vor-
wärts!
Vor-
wärts!
Vor-
wärts!
Vor-
wärts!
Vor-
wärts!
Vor-
wärts!

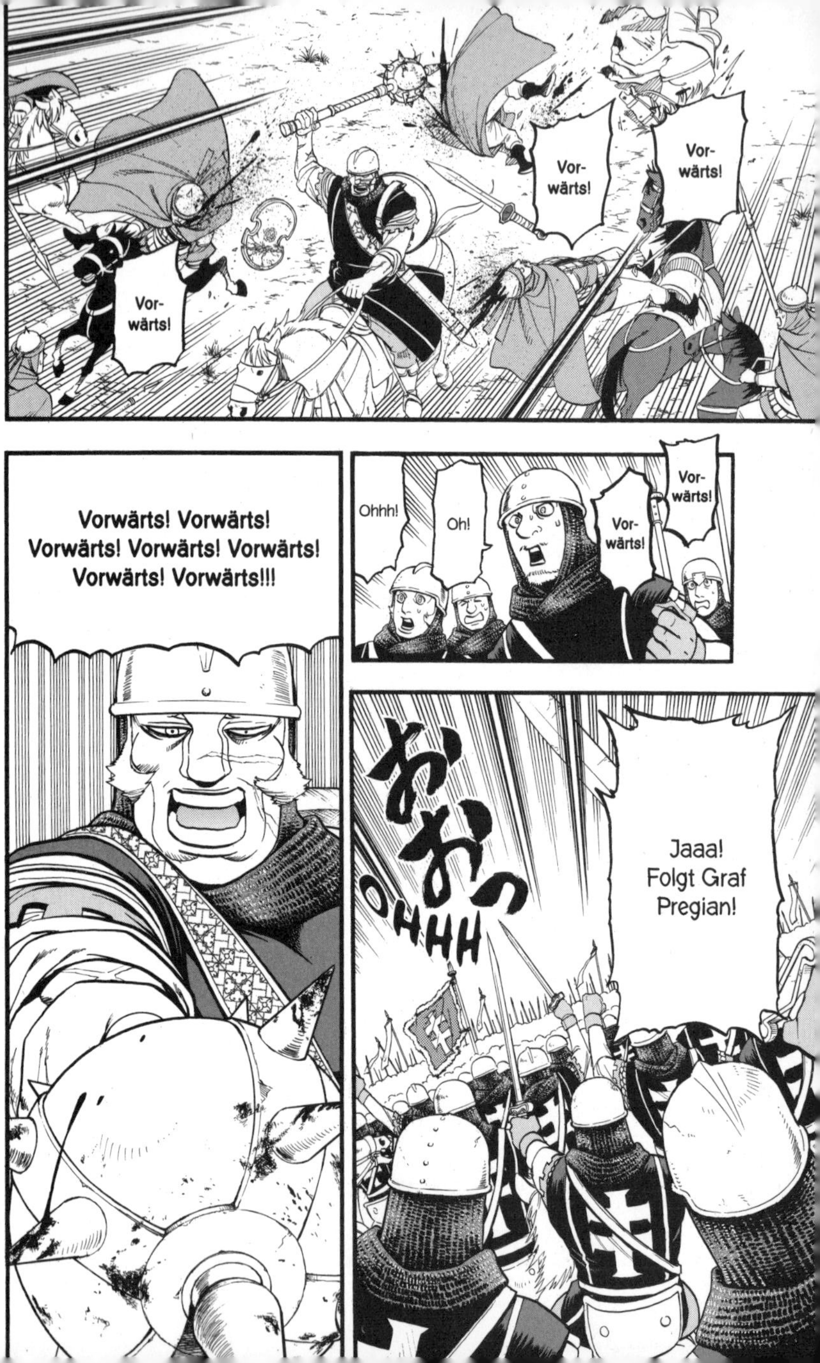
Vor-
wärts!
Vor-
wärts!
Vor-
wärts!
Vor-
wärts!
Vor-
wärts!
Oh!
Ohhh!
Vorwärts! Vorwärts!
Vorwärts! Vorwärts! Vorwärts!
Vorwärts! Vorwärts!!!
Jaaa!
Folgt Graf
Pregian!
おおっ
OHHH

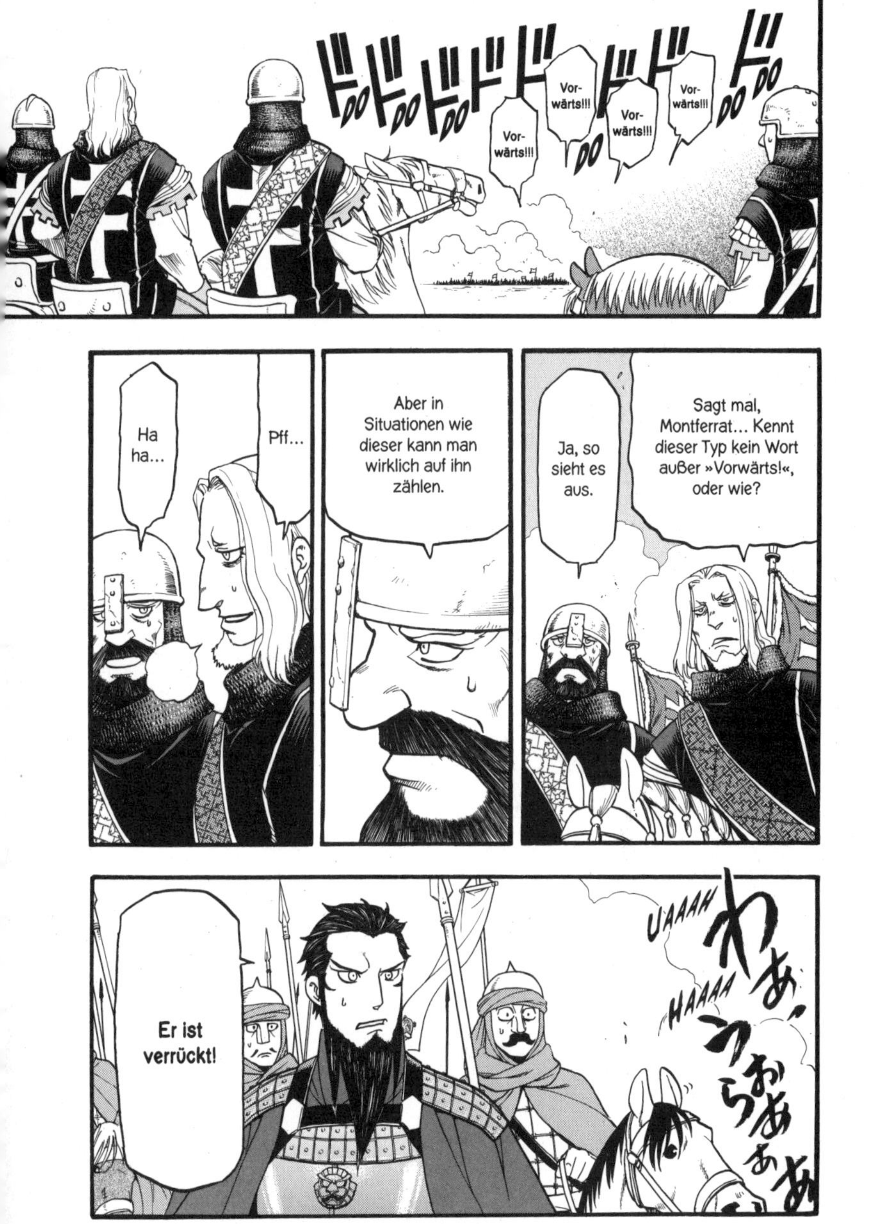
DO DO
Vorwärts!!!
Vorwärts!!!
DO
Vorwärts!!!
DO
DO
Vorwärts!!!
DO
Sagt mal, Montferrat… Kennt dieser Typ kein Wort außer »Vorwärts!«, oder wie?
Ja, so sieht es aus.
Aber in Situationen wie dieser kann man wirklich auf ihn zählen.
Pff…
Ha ha…
UAAAH
HAAAA
Er ist verrückt!

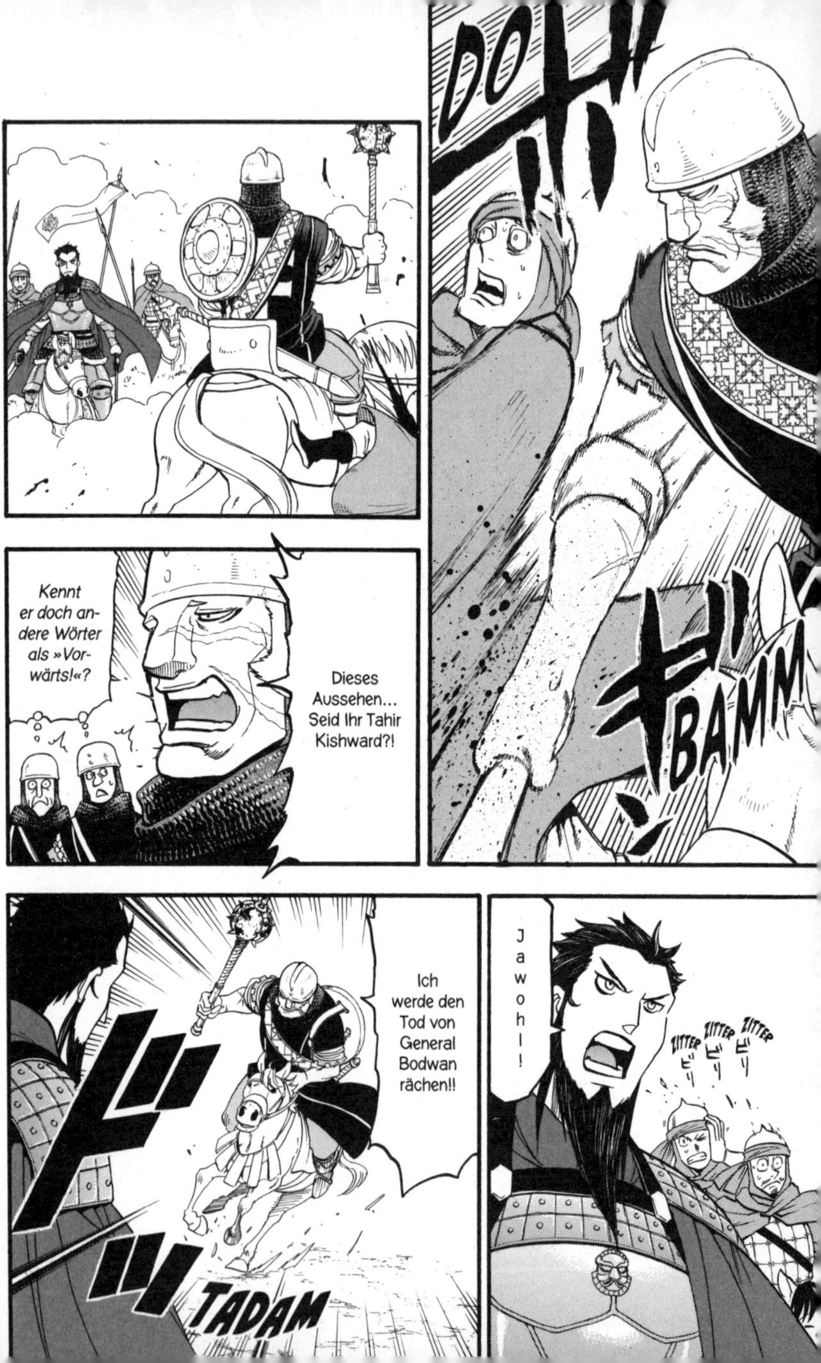
DOH
BAMM
Dieses Aussehen… Seid Ihr Tahir Kishward?!
Kennt er doch andere Wörter als »Vorwärts!«?
Jawohl!
ZITTER
ZITTER
ZITTER
Ich werde den Tod von General Bodwan rächen!!
TADAM

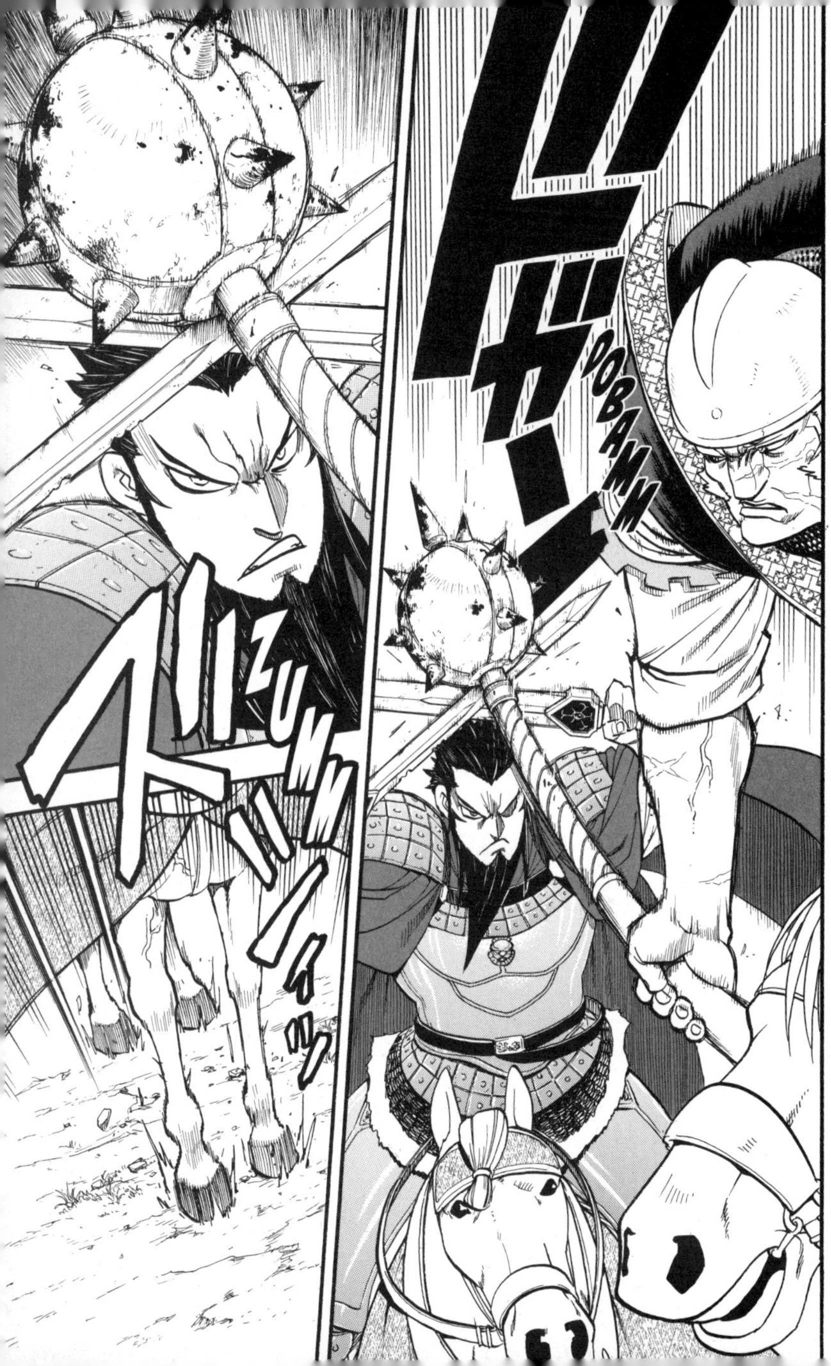
DOBAMM
ZUMM

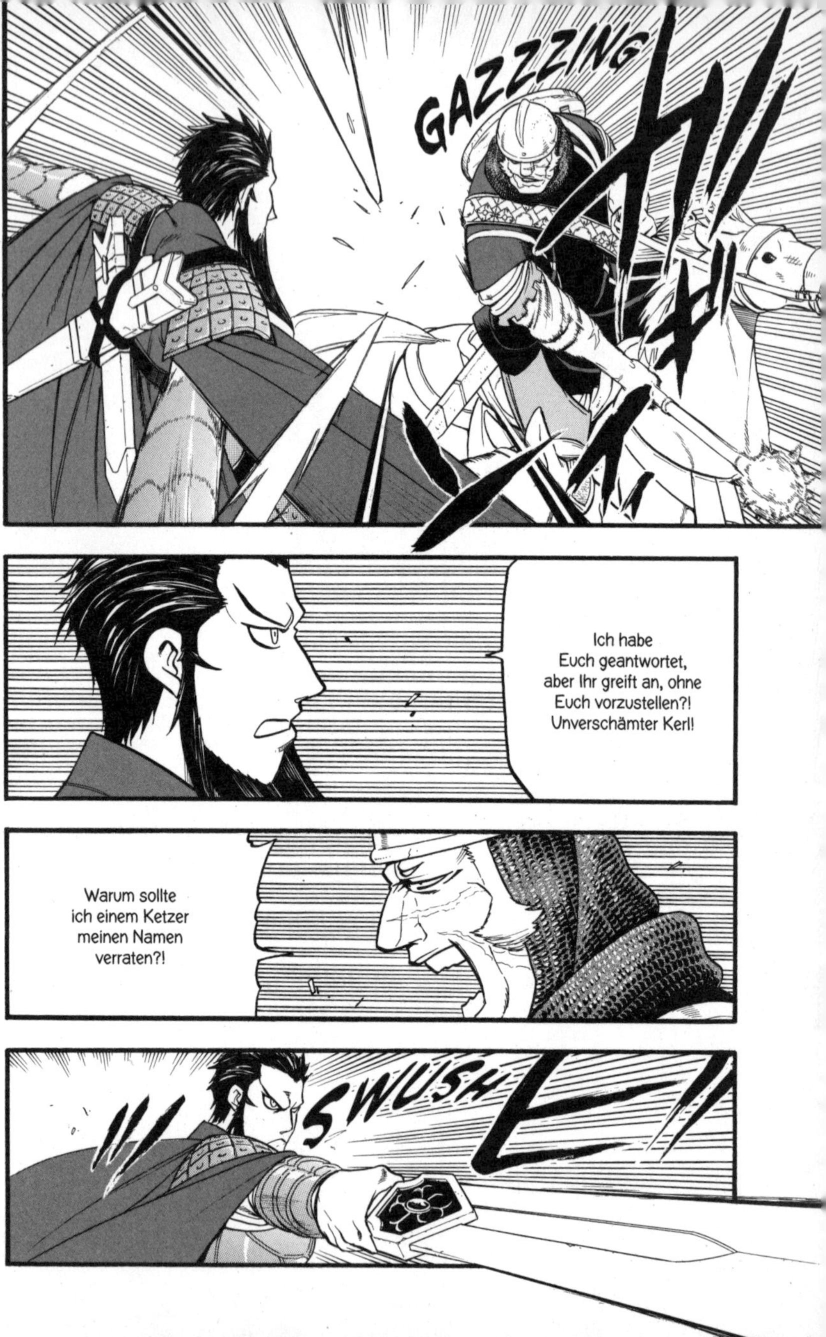
GAZZZING
Ich habe Euch geantwortet, aber Ihr greift an, ohne Euch vorzustellen?! Unverschämter Kerl!
Warum sollte ich einem Ketzer meinen Namen verraten?!
SWUSH

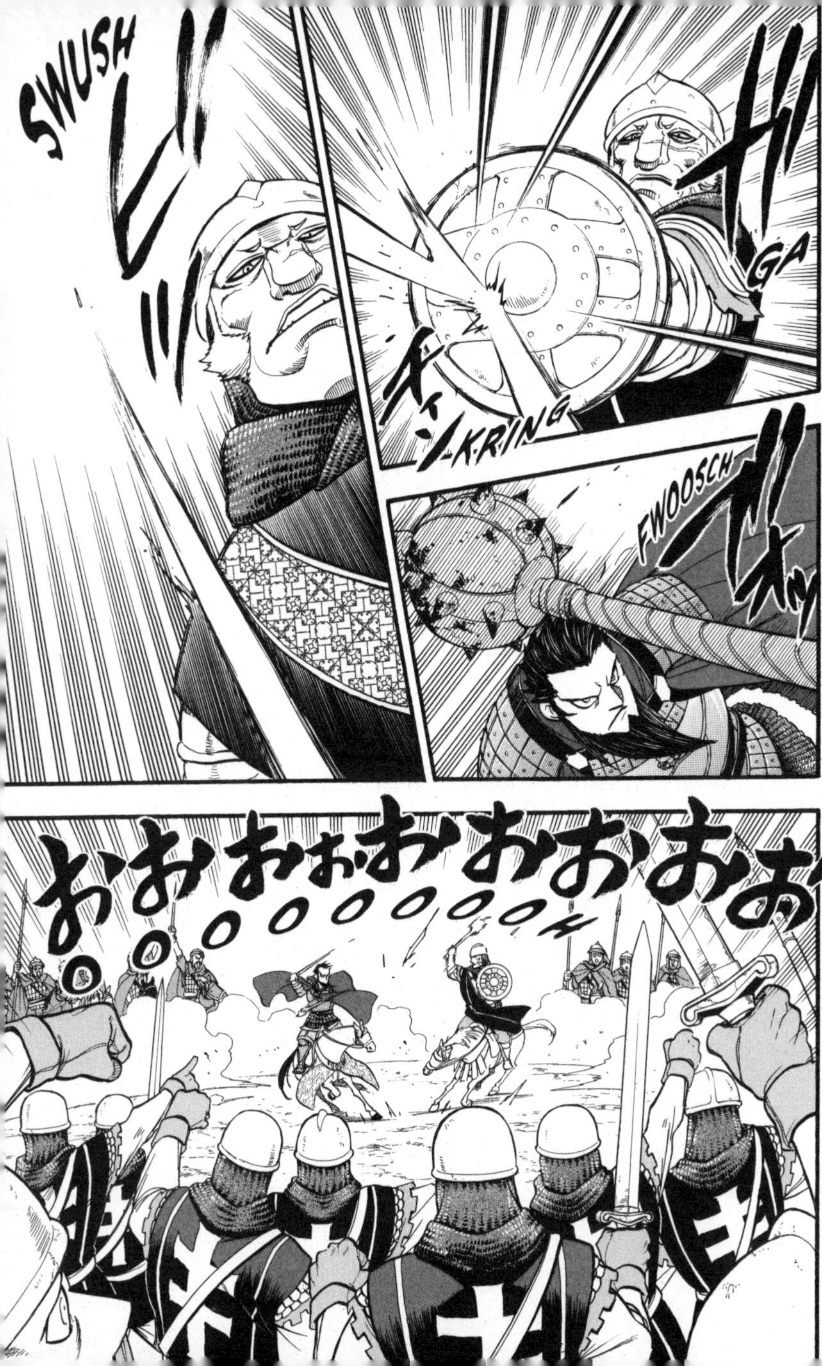
SWUSH
KRING
GA
FWOOSCH
おおおぉおおおおおお
OOOOOOOOOOH

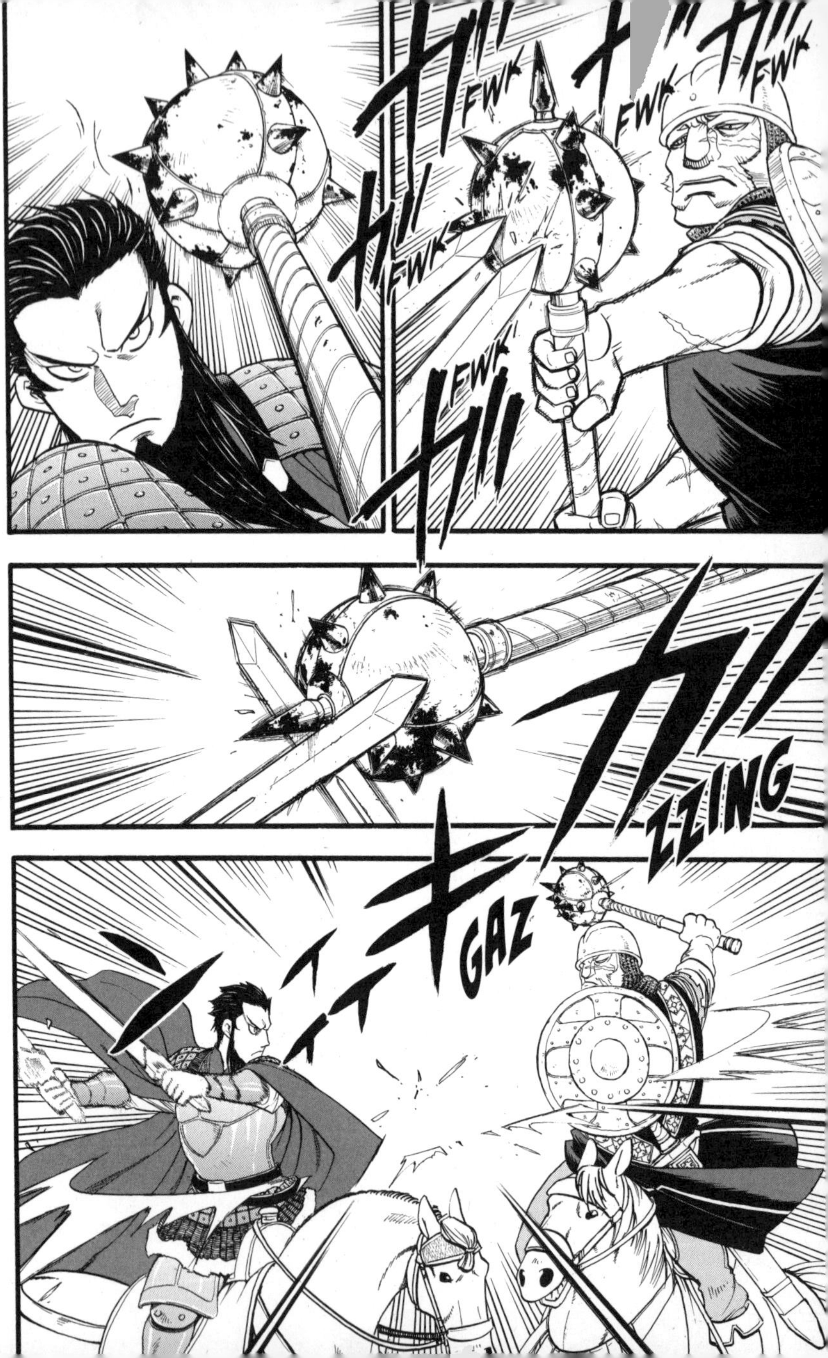
FWK
FWK
FWK
FWK
FWK
FWK
ZZING
GAZ

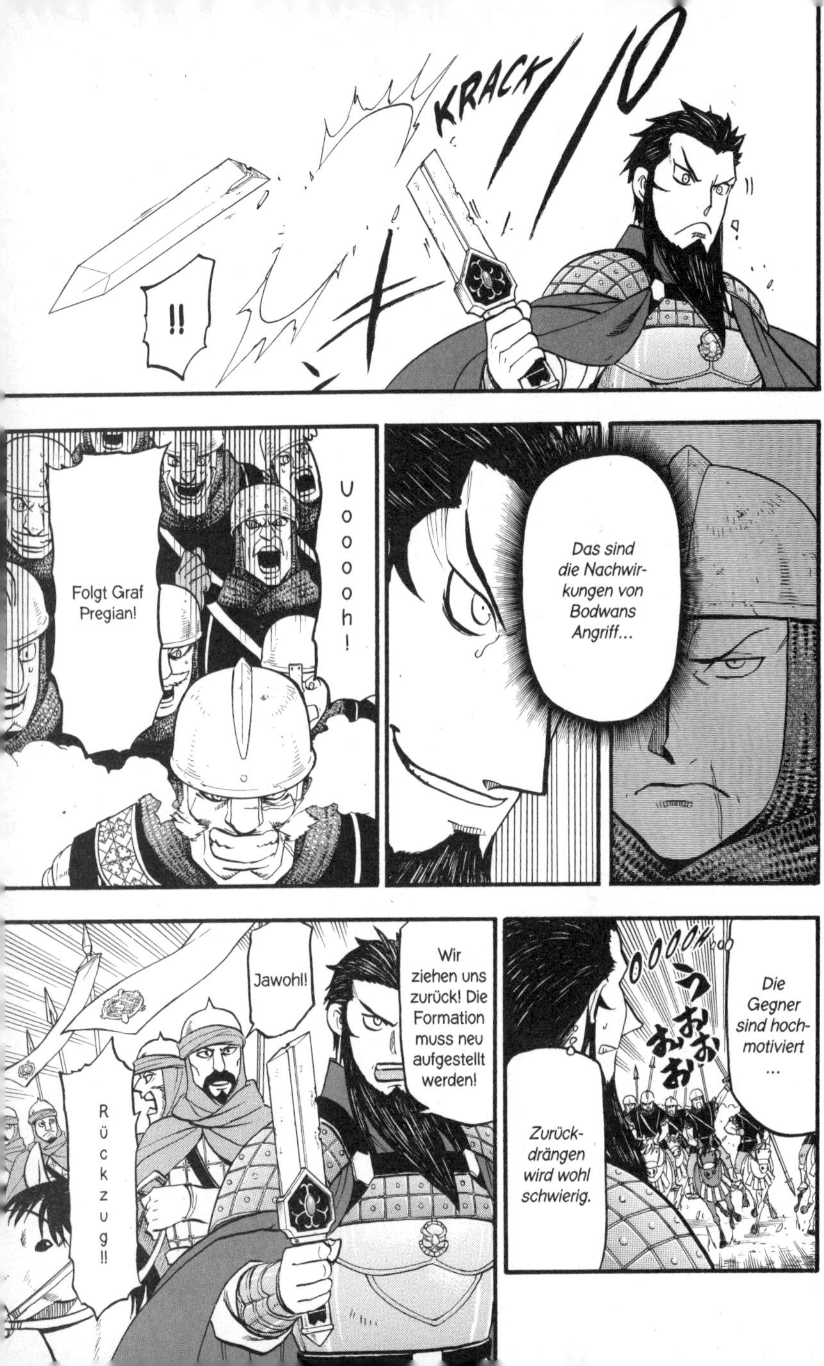

KRACK
!!
Das sind die Nachwir-kungen von Bodwans Angriff…
Uooooh!
Folgt Graf Pregian!
OOOOH…
Die Gegner sind hoch-motiviert …
Zurück-drängen wird wohl schwierig.
Wir ziehen uns zurück! Die Formation muss neu aufgestellt werden!
Jawohl!
Rückzug!!

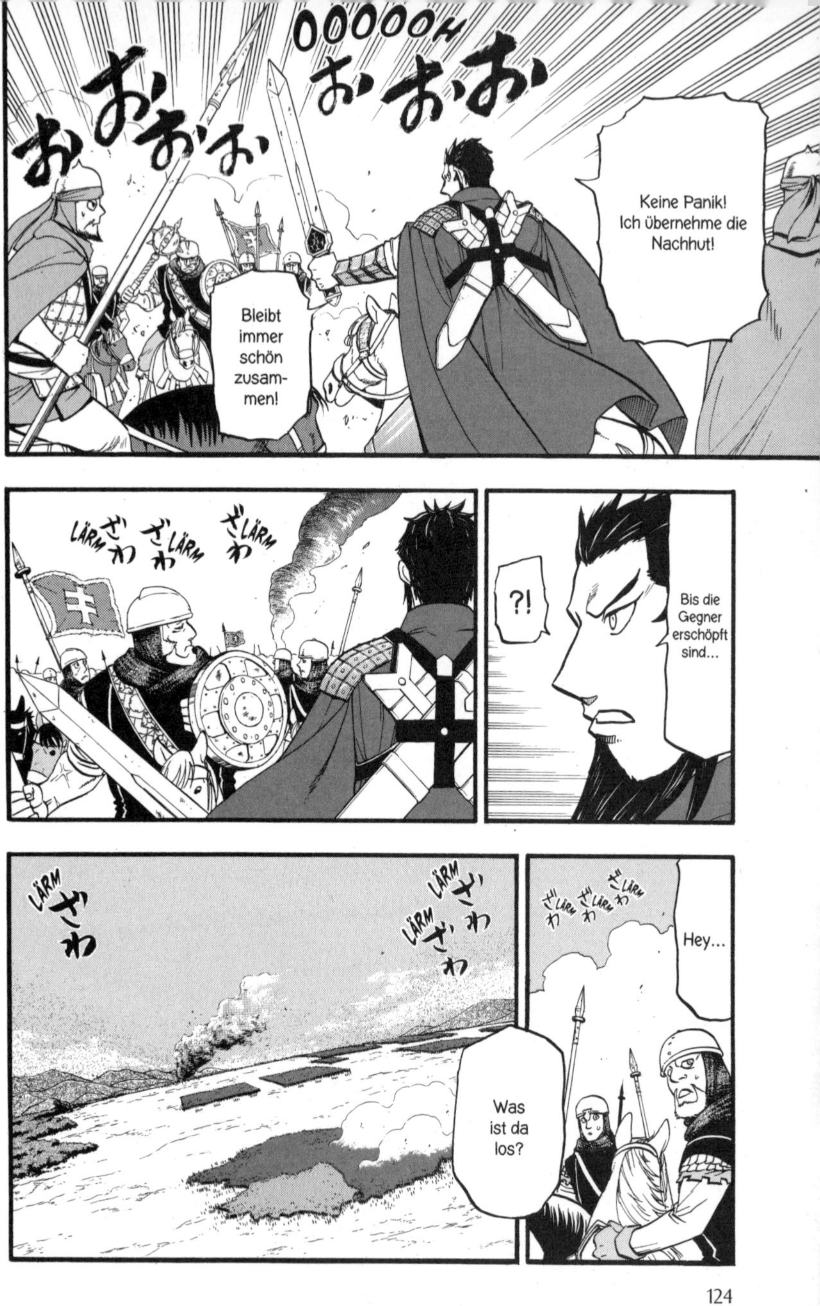
OOOOOH
おおおおおおお
Keine Panik! Ich übernehme die Nachhut!
Bleibt immer schön zusam-men!
?!
Bis die Gegner erschöpft sind...
LÄRM ざわ LÄRM ざわ LÄRM ざわ
LÄRM ざわ LÄRM ざわ LÄRM ざわ
Hey...
Was ist da los?
LÄRM ざわ LÄRM ざわ LÄRM ざわ

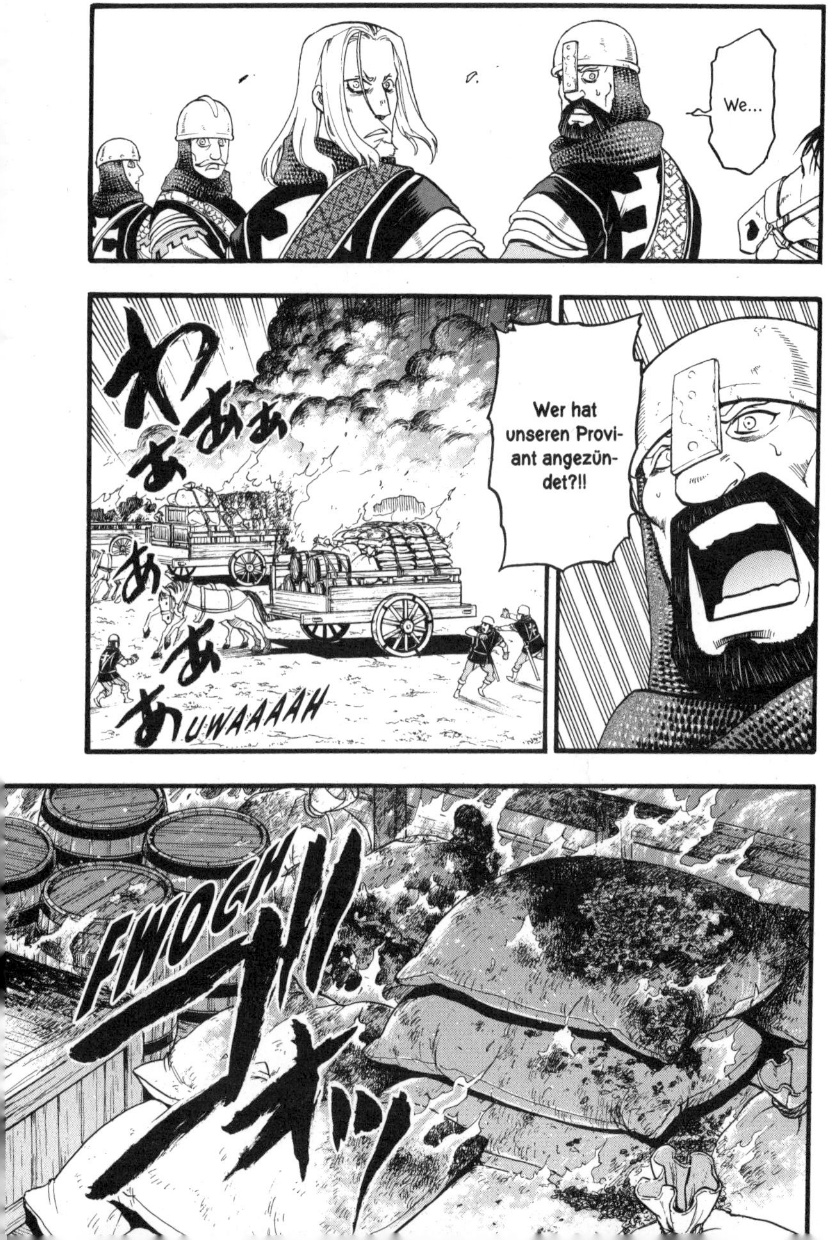

We...
わぁあぁあぁあぁあ UWAAAAH
Wer hat unseren Proviant angezündet?!!
FWOOSCH!!
ボッ

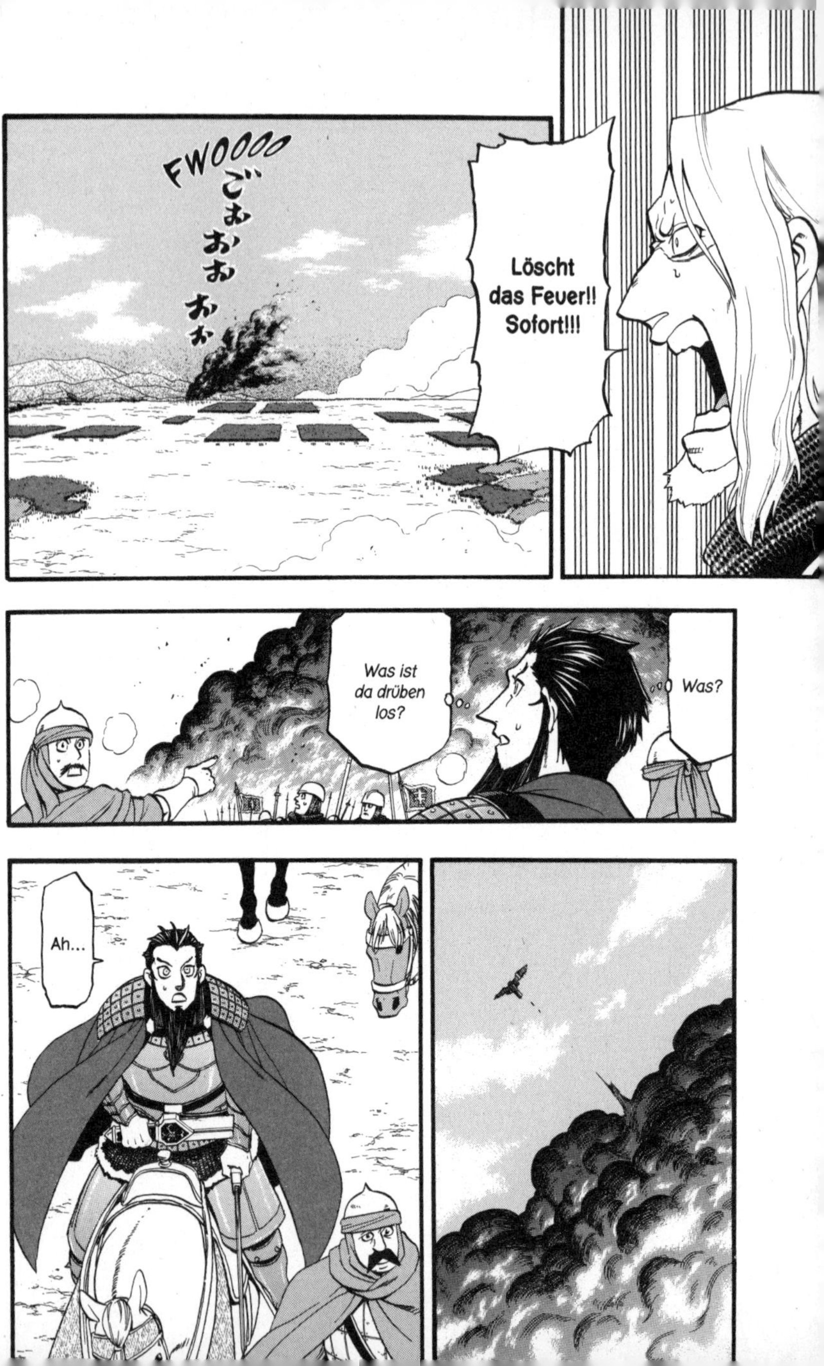
Löscht das Feuer!! Sofort!!!
FWOOOO
ごぉぉぉぉ
Was?
Was ist da drüben los?
Ah...

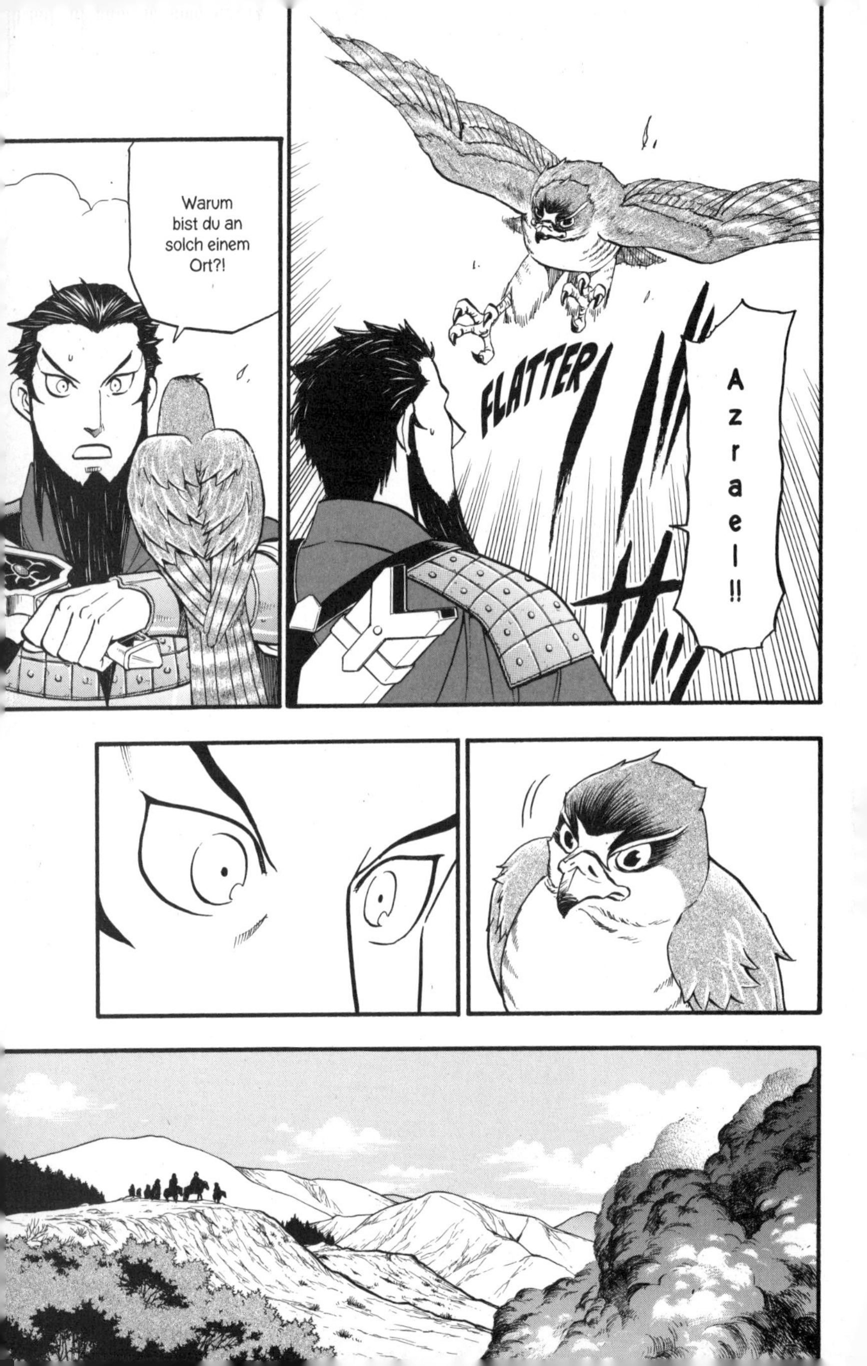
Azrael!!
FLATTER
Warum bist du an solch einem Ort?!

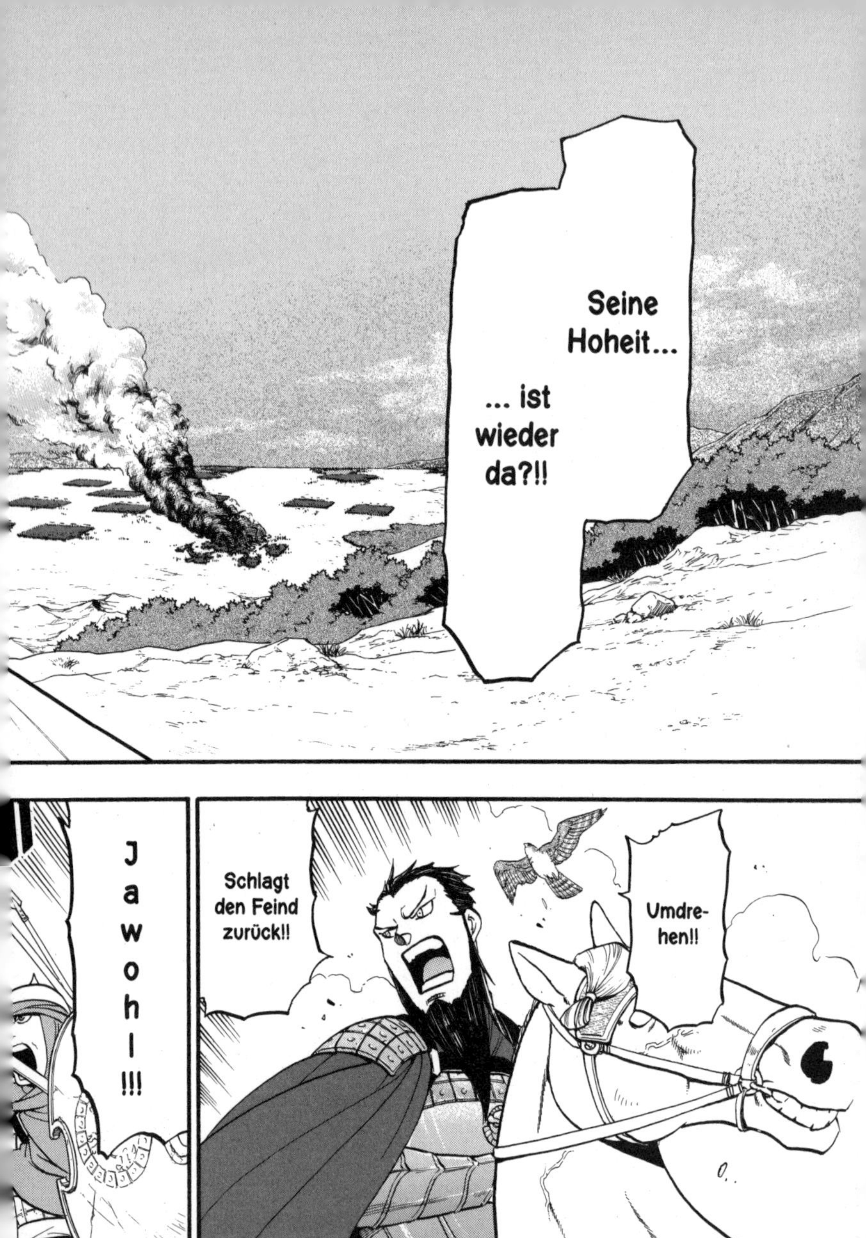
Seine Hoheit...
... ist wieder da?!!
Umdre-hen!!
Schlagt den Feind zurück!!
Jawohl!!!

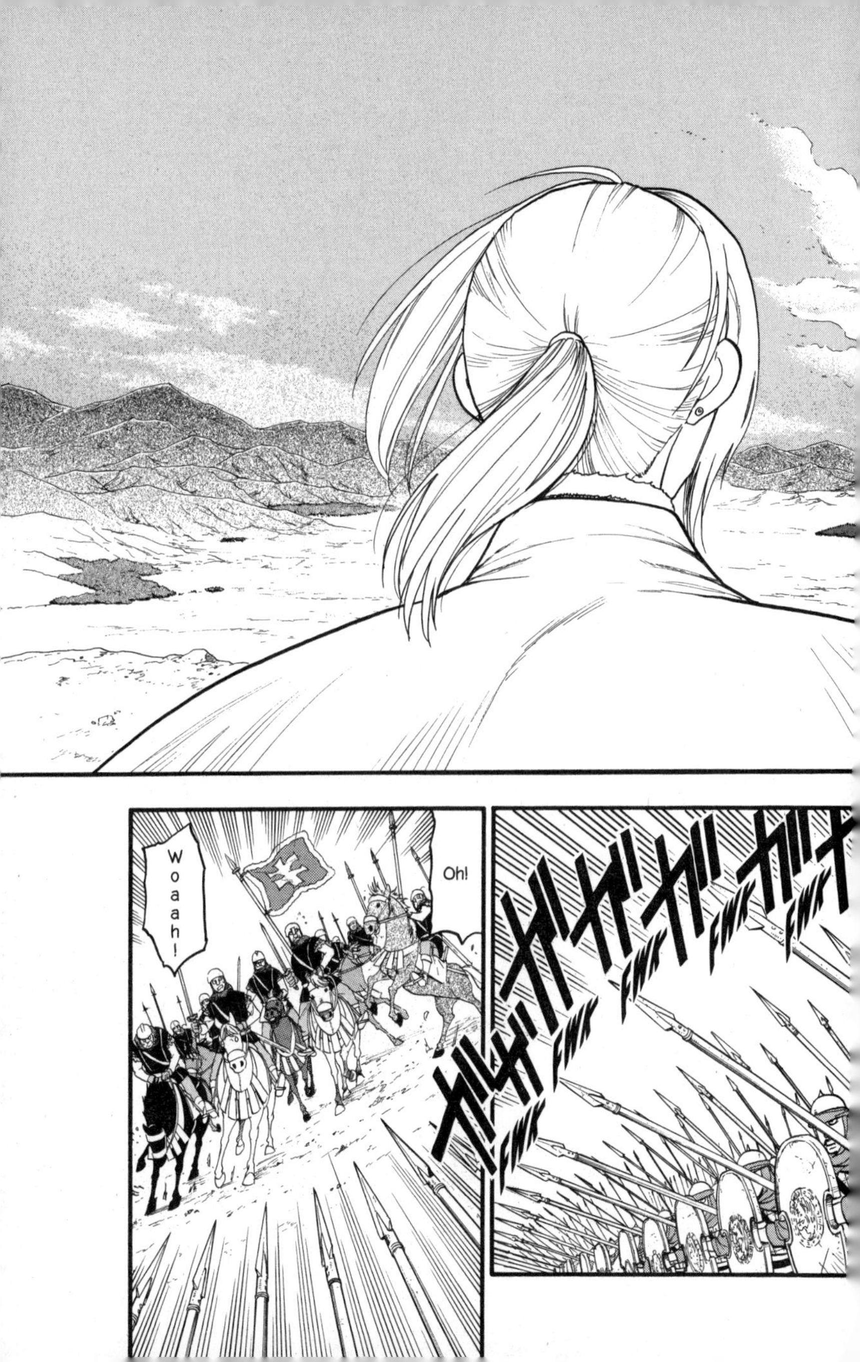
FWK
FWK
FWK
FWK
Oh!
Woaaah!

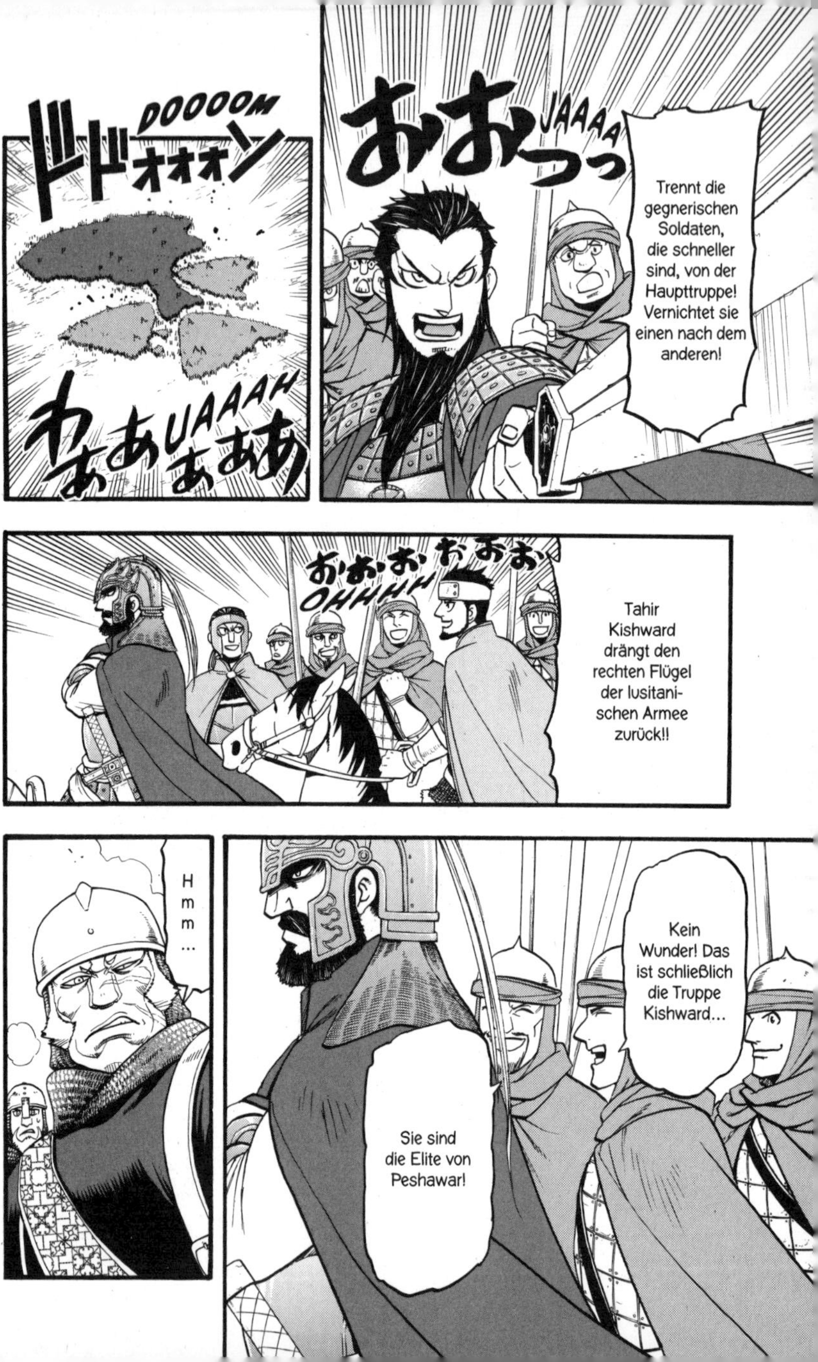

JAAAA
Trennt die gegnerischen Soldaten, die schneller sind, von der Haupttruppe! Vernichtet sie einen nach dem anderen!
ドドオオオン
DOOOOM
UAAAAH
OHHHH
Tahir Kishward drängt den rechten Flügel der lusitanischen Armee zurück!!
Kein Wunder! Das ist schließlich die Truppe Kishward…
Sie sind die Elite von Peshawar!
Hmm…

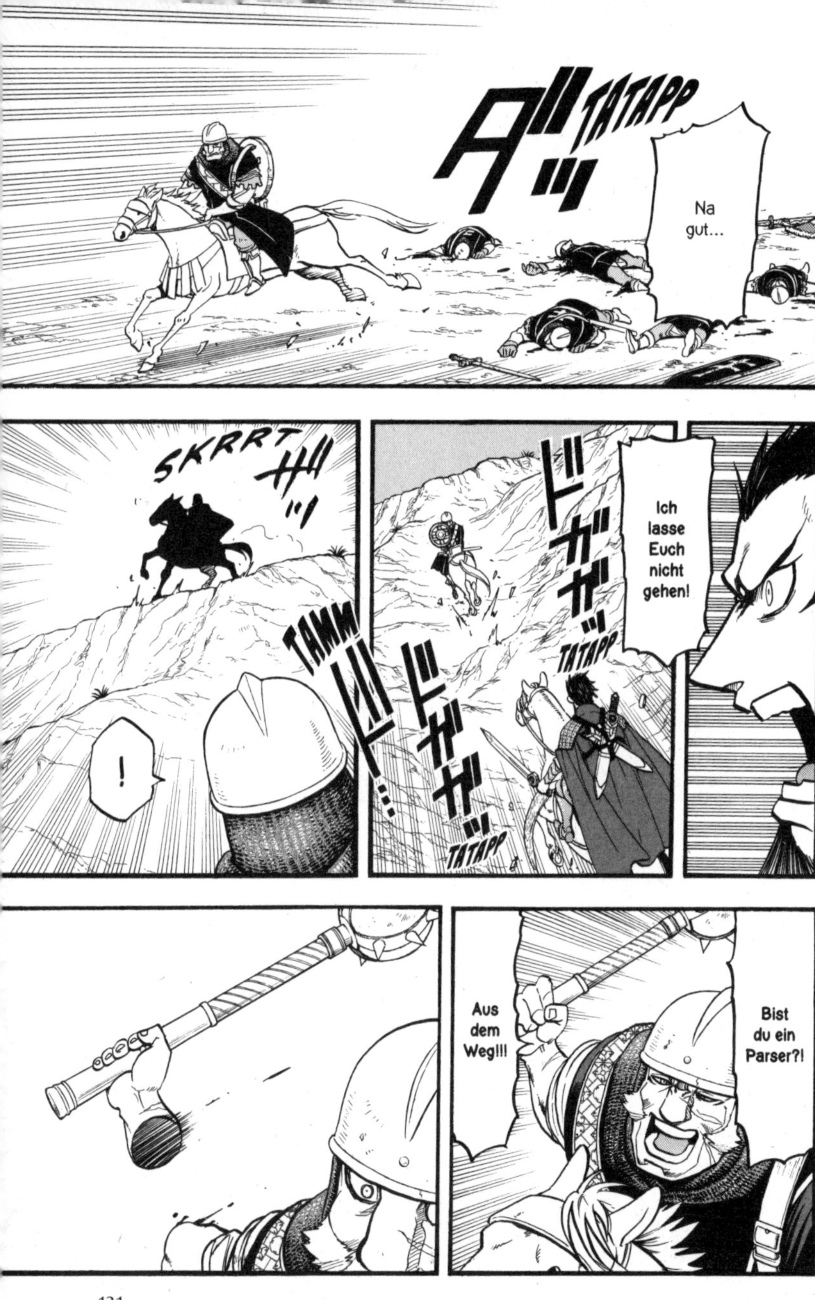

TATAPP
Na gut…
Ich lasse Euch nicht gehen!
TATAPP
TATAPP
SKRRT
TAMM
!
Bist du ein Parser?!
Aus dem Weg!!!

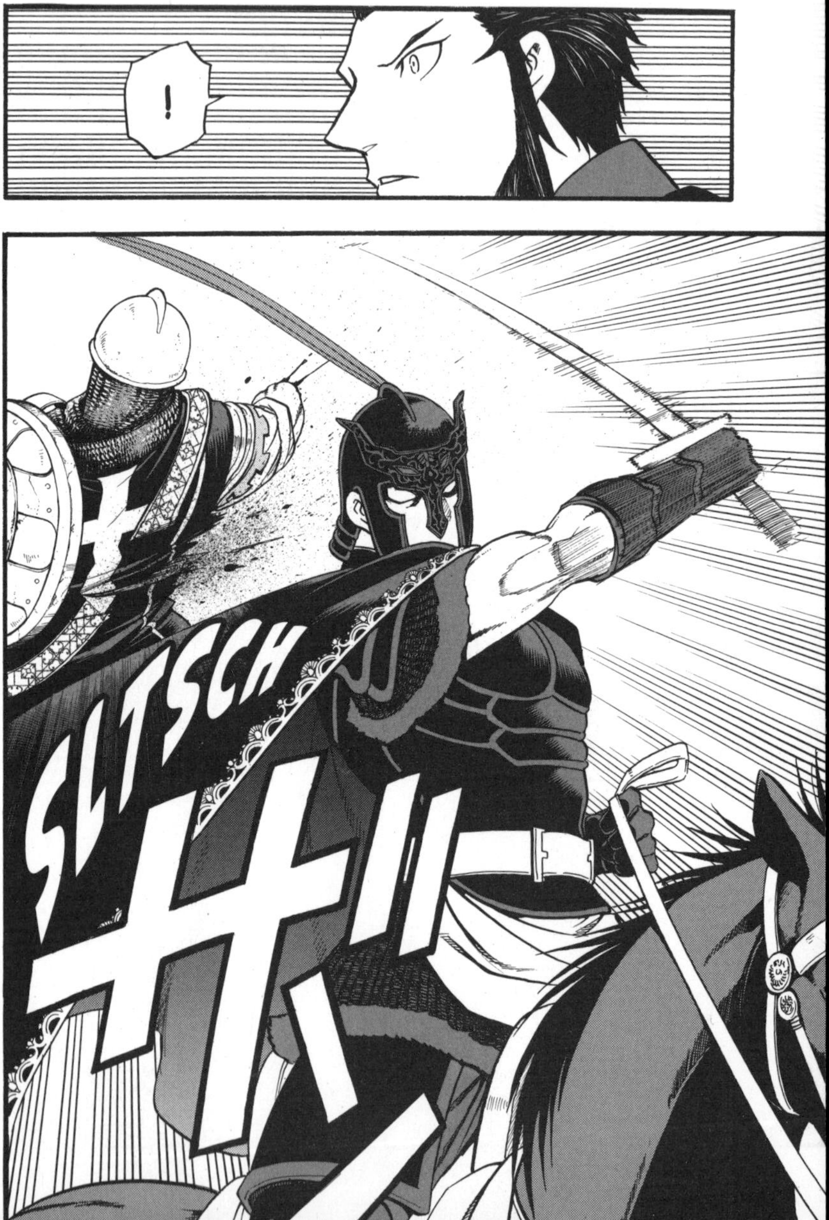
!
SLTSCH

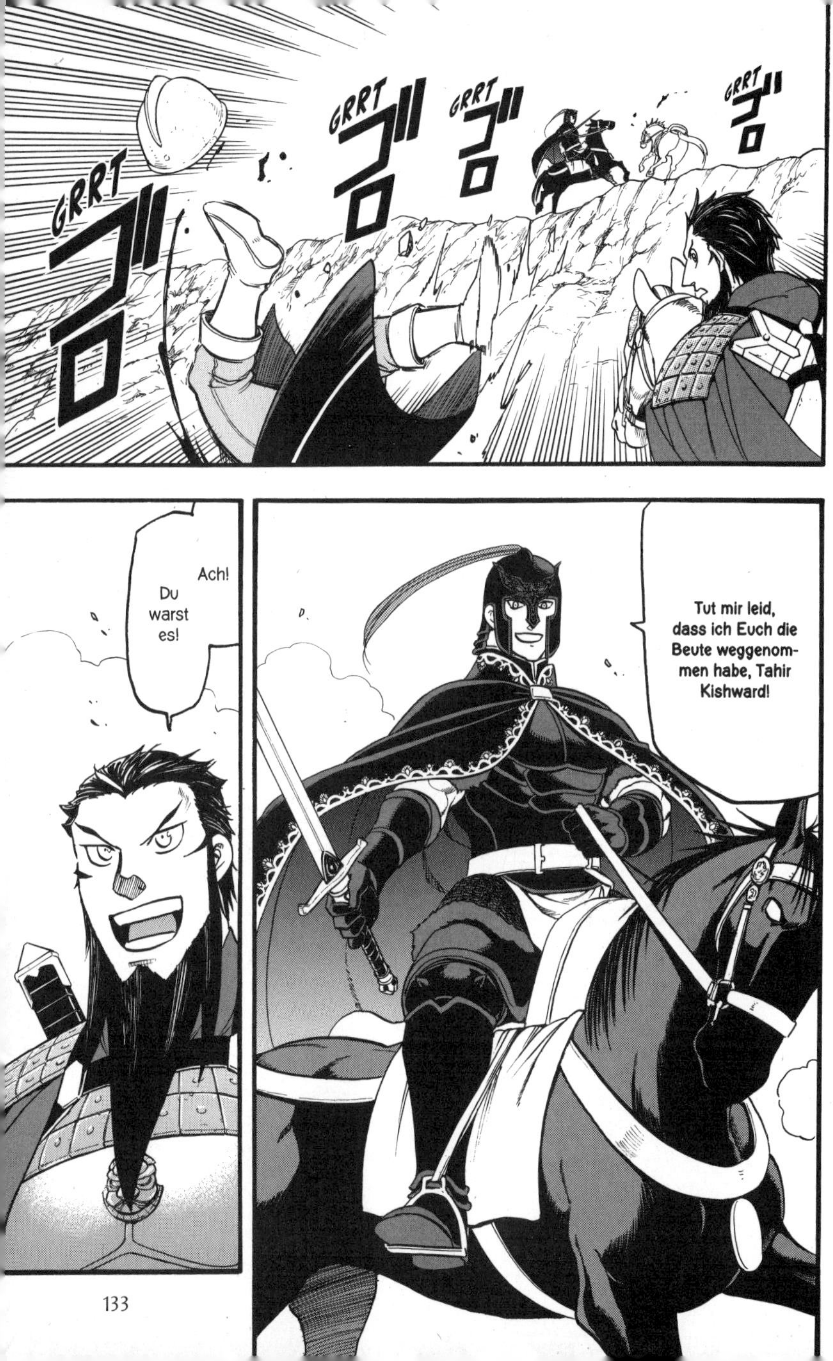
GRRT ゴロ
GRRT ゴロ
GRRT ゴロ
GRRT ゴロ
Tut mir leid, dass ich Euch die Beute weggenommen habe, Tahir Kishward!
Ach! Du warst es!

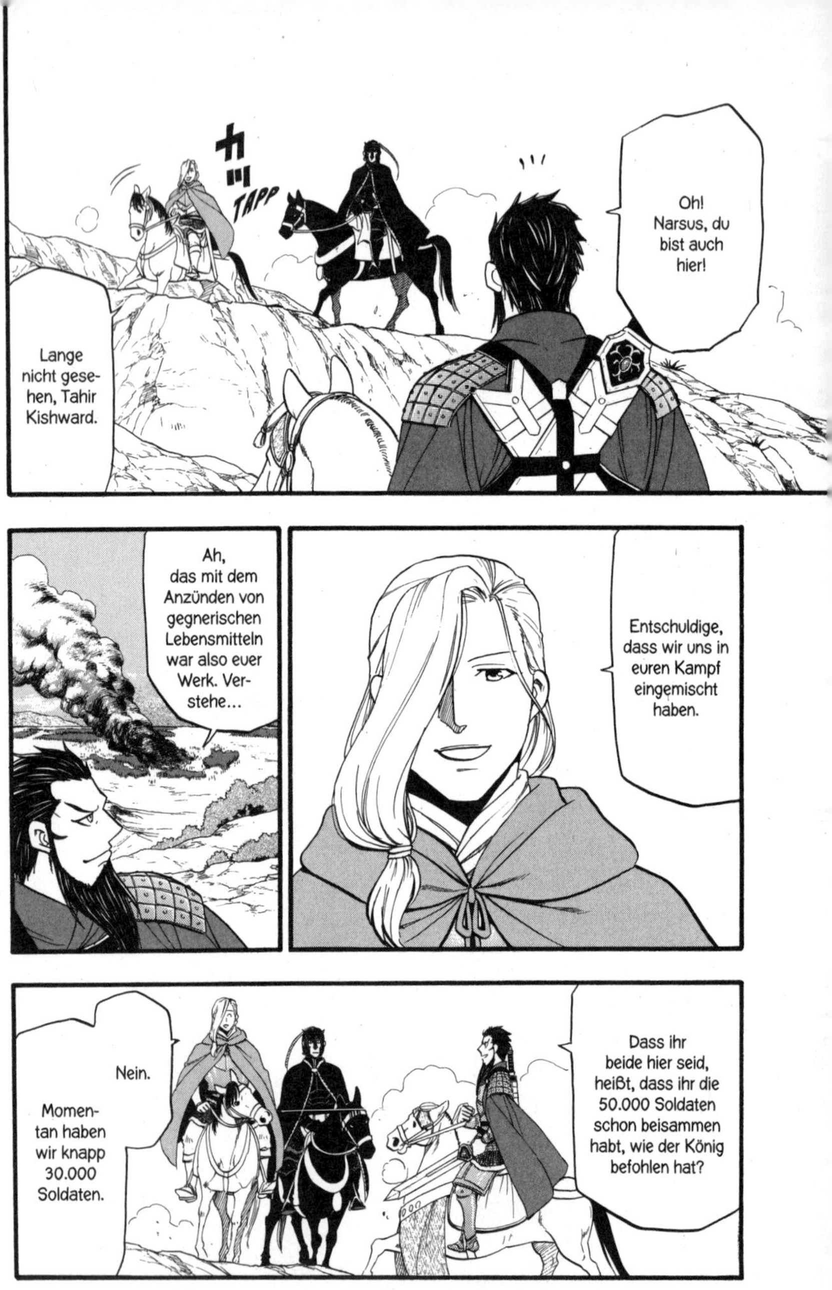
カッ
TAPP
Oh! Narsus, du bist auch hier!
Lange nicht gesehen, Tahir Kishward.
Entschuldige, dass wir uns in euren Kampf eingemischt haben.
Ah, das mit dem Anzünden von gegnerischen Lebensmitteln war also euer Werk. Verstehe…
Dass ihr beide hier seid, heißt, dass ihr die 50.000 Soldaten schon beisammen habt, wie der König befohlen hat?
Nein.
Momentan haben wir knapp 30.000 Soldaten.

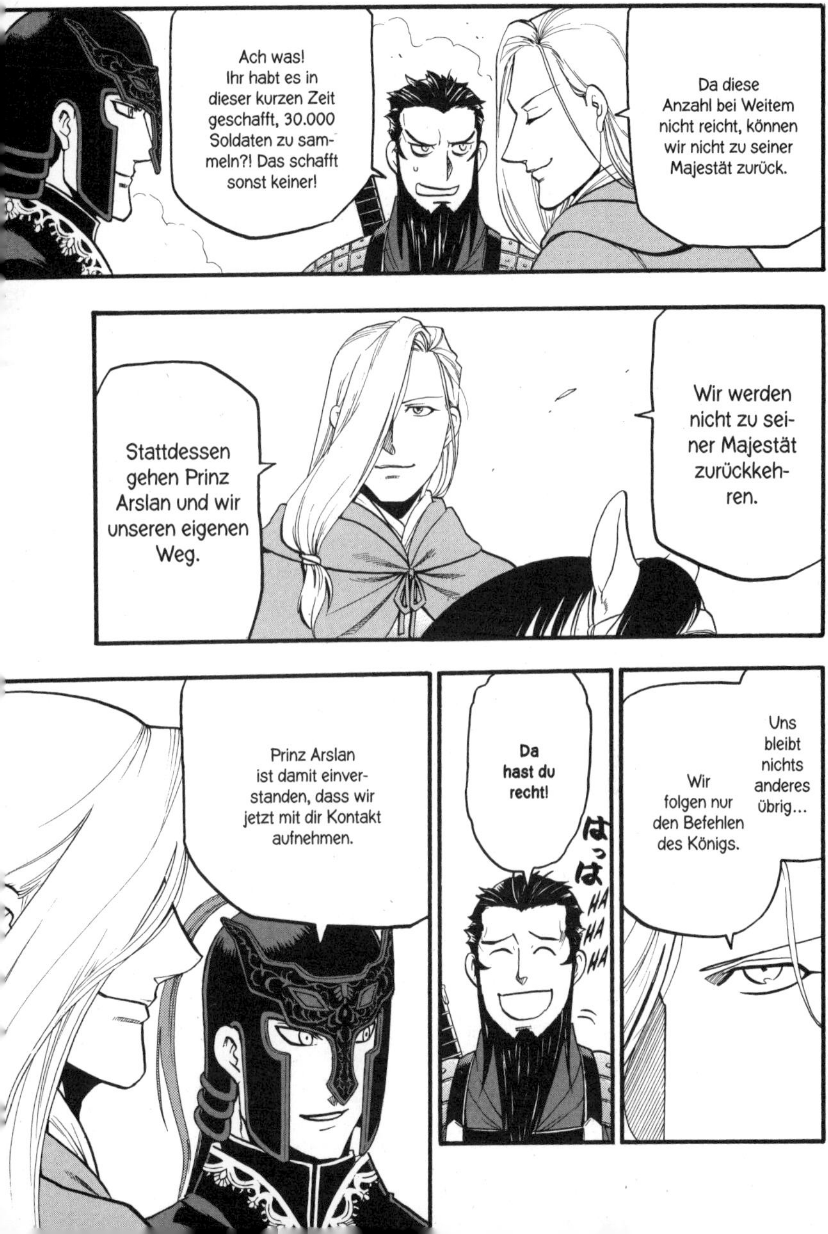
Da diese Anzahl bei Weitem nicht reicht, können wir nicht zu seiner Majestät zurück.
Ach was! Ihr habt es in dieser kurzen Zeit geschafft, 30.000 Soldaten zu sammeln?! Das schafft sonst keiner!
Wir werden nicht zu seiner Majestät zurückkehren.
Stattdessen gehen Prinz Arslan und wir unseren eigenen Weg.
Uns bleibt nichts anderes übrig…
Wir folgen nur den Befehlen des Königs.
Da hast du recht!
はっは
HAHAHA
Prinz Arslan ist damit einverstanden, dass wir jetzt mit dir Kontakt aufnehmen.

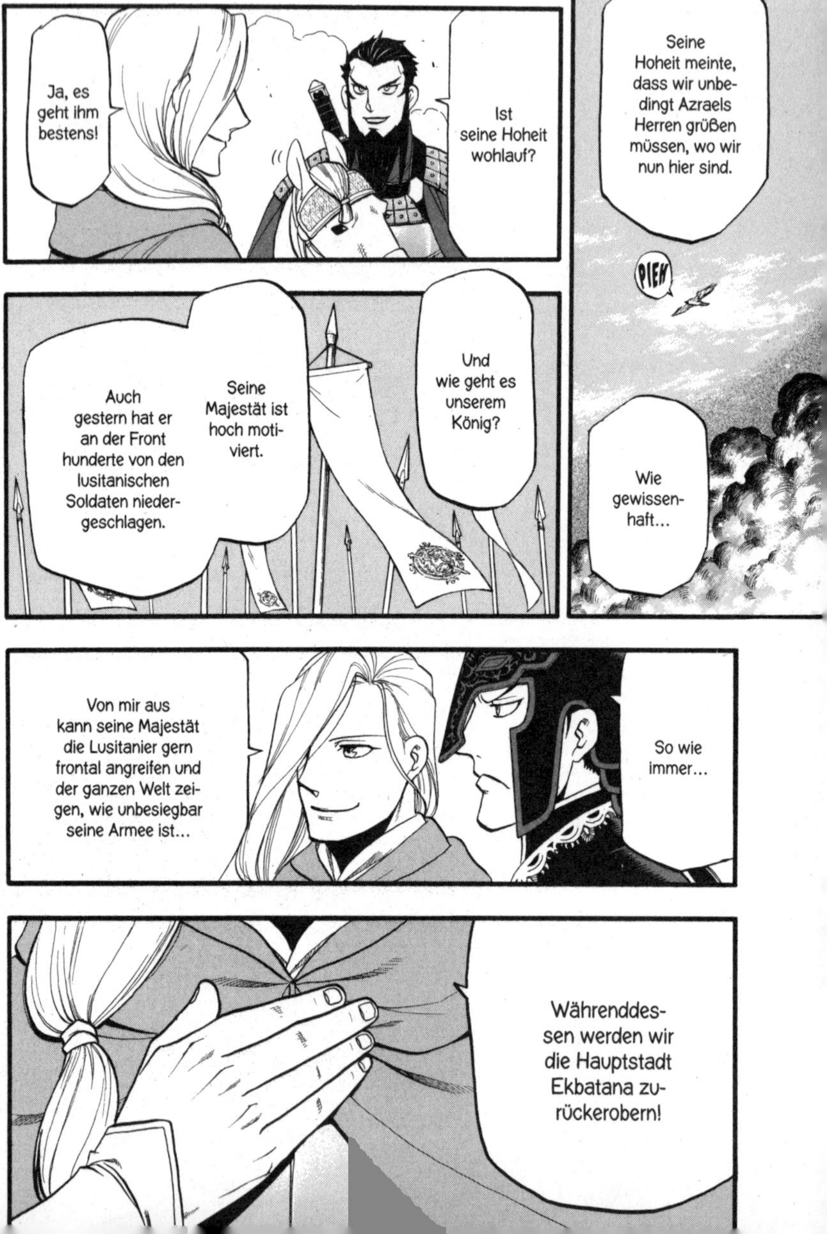
Seine Hoheit meinte, dass wir unbedingt Azraels Herren grüßen müssen, wo wir nun hier sind.
PIEP
Wie gewissenhaft...
Ist seine Hoheit wohlauf?
Ja, es geht ihm bestens!
Und wie geht es unserem König?
Seine Majestät ist hoch motiviert.
Auch gestern hat er an der Front hunderte von den lusitanischen Soldaten niedergeschlagen.
So wie immer...
Von mir aus kann seine Majestät die Lusitanier gern frontal angreifen und der ganzen Welt zeigen, wie unbesiegbar seine Armee ist...
Währenddessen werden wir die Hauptstadt Ekbatana zurückerobern!

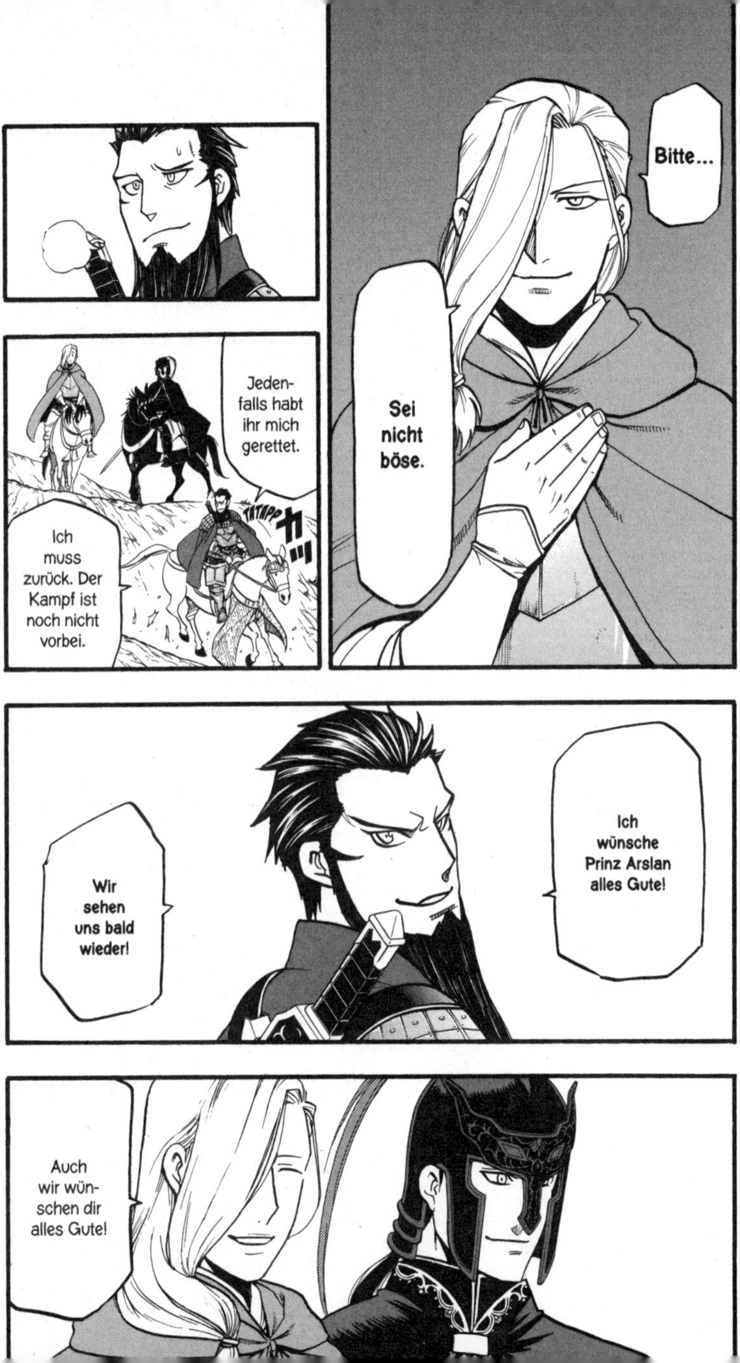

Bitte...
Sei nicht böse.
Jeden-falls habt ihr mich gerettet.
Ich muss zurück. Der Kampf ist noch nicht vorbei.
TATAPP
Ich wünsche Prinz Arslan alles Gute!
Wir sehen uns bald wieder!
Auch wir wün-schen dir alles Gute!

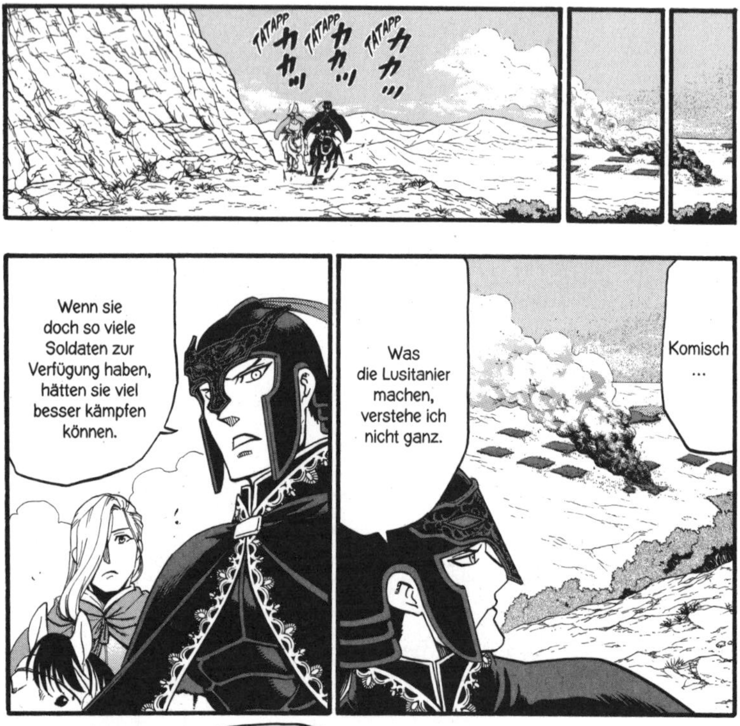
TATAPP
TATAPP
TATAPP
Komisch ...
Was die Lusitanier machen, verstehe ich nicht ganz.
Wenn sie doch so viele Soldaten zur Verfügung haben, hätten sie viel besser kämpfen können.
Wie würdest du es denn machen?
Das fragst du mich?! Du bist doch unser Taktiker!
Dich in Strategie unter-weisen und Gieve über Frauenherzen aufklären, das ist doch wahrhaftig anmaßend...
Hahaha! Dennoch will ich deine Meinung hören!

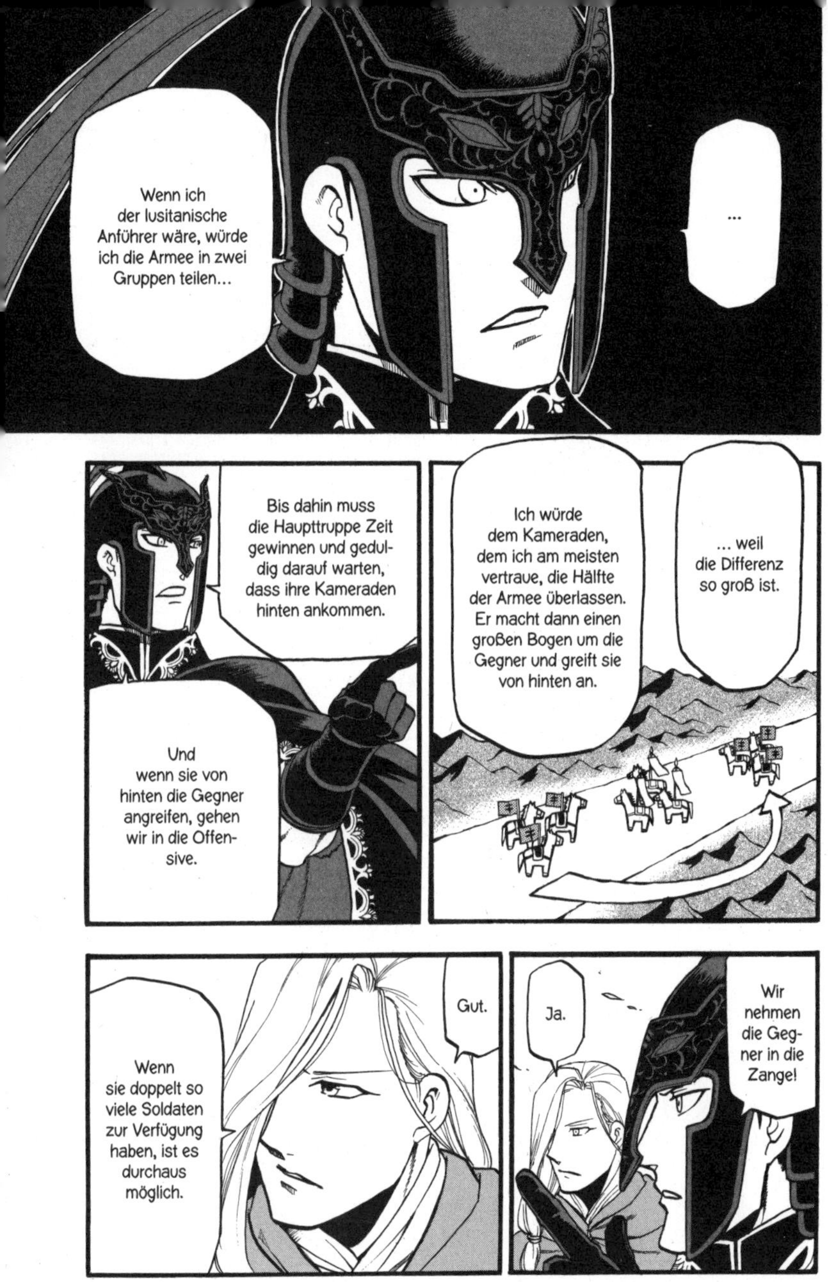
...
Wenn ich der lusitanische Anführer wäre, würde ich die Armee in zwei Gruppen teilen...
... weil die Differenz so groß ist.
Ich würde dem Kameraden, dem ich am meisten vertraue, die Hälfte der Armee überlassen. Er macht dann einen großen Bogen um die Gegner und greift sie von hinten an.
Bis dahin muss die Haupttruppe Zeit gewinnen und geduldig darauf warten, dass ihre Kameraden hinten ankommen.
Und wenn sie von hinten die Gegner angreifen, gehen wir in die Offensive.
Wir nehmen die Gegner in die Zange!
Ja.
Gut.
Wenn sie doppelt so viele Soldaten zur Verfügung haben, ist es durchaus möglich.

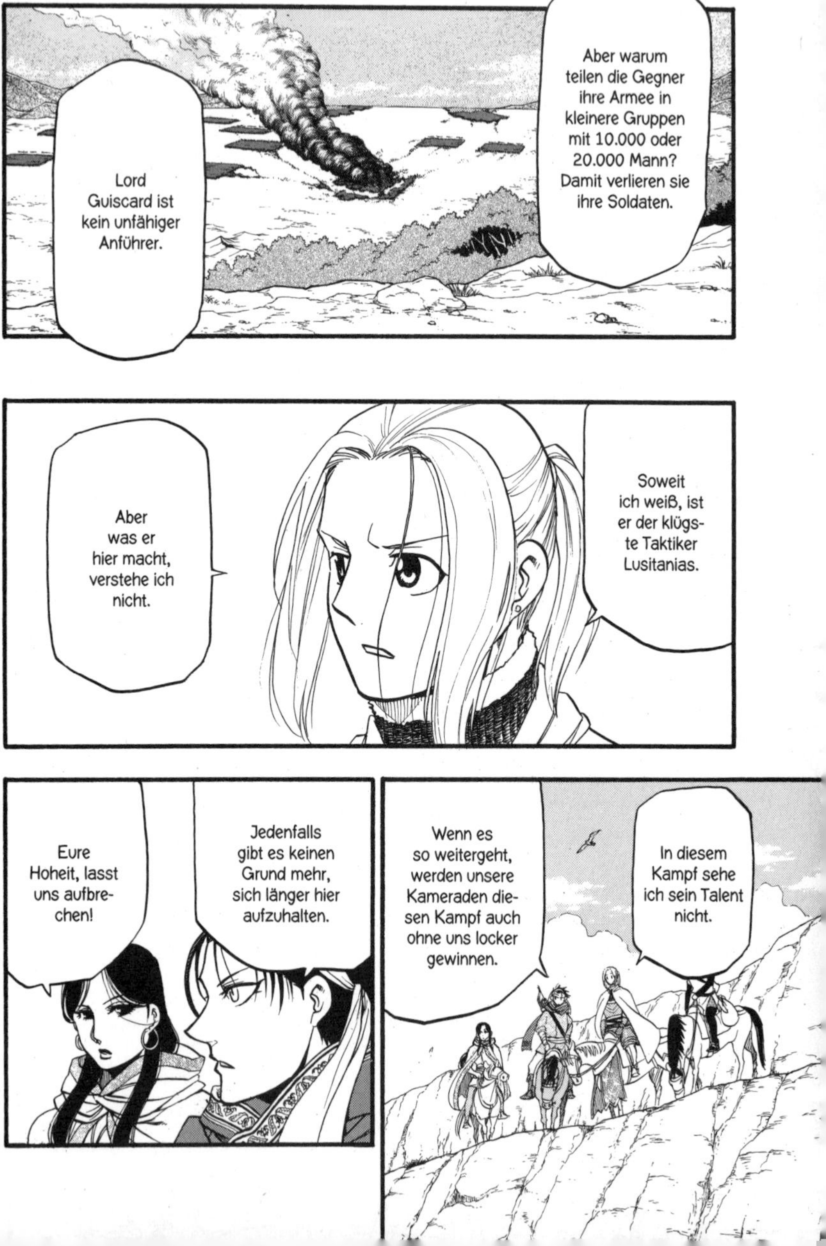
Aber warum teilen die Gegner ihre Armee in kleinere Gruppen mit 10.000 oder 20.000 Mann? Damit verlieren sie ihre Soldaten.
Lord Guiscard ist kein unfähiger Anführer.
Soweit ich weiß, ist er der klügste Taktiker Lusitanias.
Aber was er hier macht, verstehe ich nicht.
In diesem Kampf sehe ich sein Talent nicht.
Wenn es so weitergeht, werden unsere Kameraden diesen Kampf auch ohne uns locker gewinnen.
Jedenfalls gibt es keinen Grund mehr, sich länger hier aufzuhalten.
Eure Hoheit, lasst uns aufbrechen!

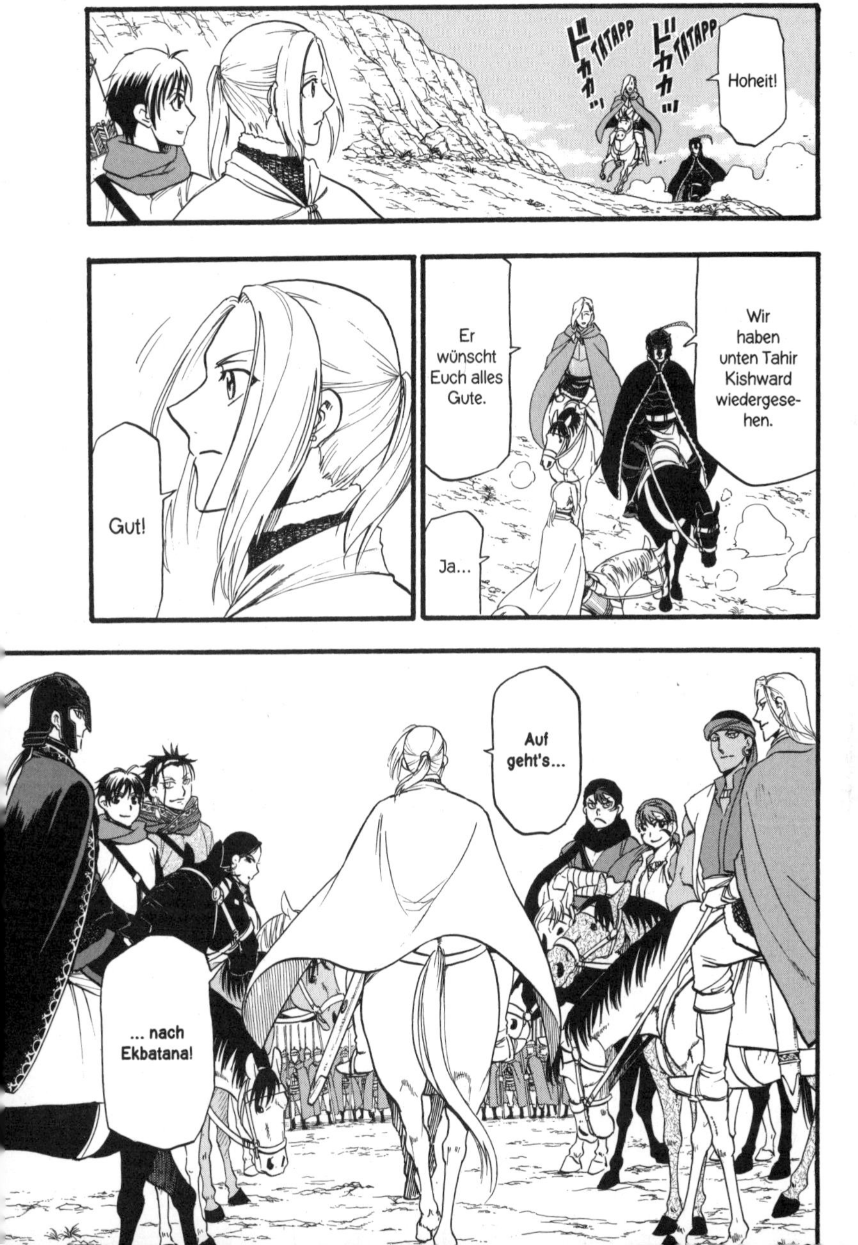

ドカカッ TATAPP
ドカカッ TATAPP
Hoheit!
Wir haben unten Tahir Kishward wiedergesehen.
Er wünscht Euch alles Gute.
Ja…
Gut!
Auf geht's…
… nach Ekbatana!

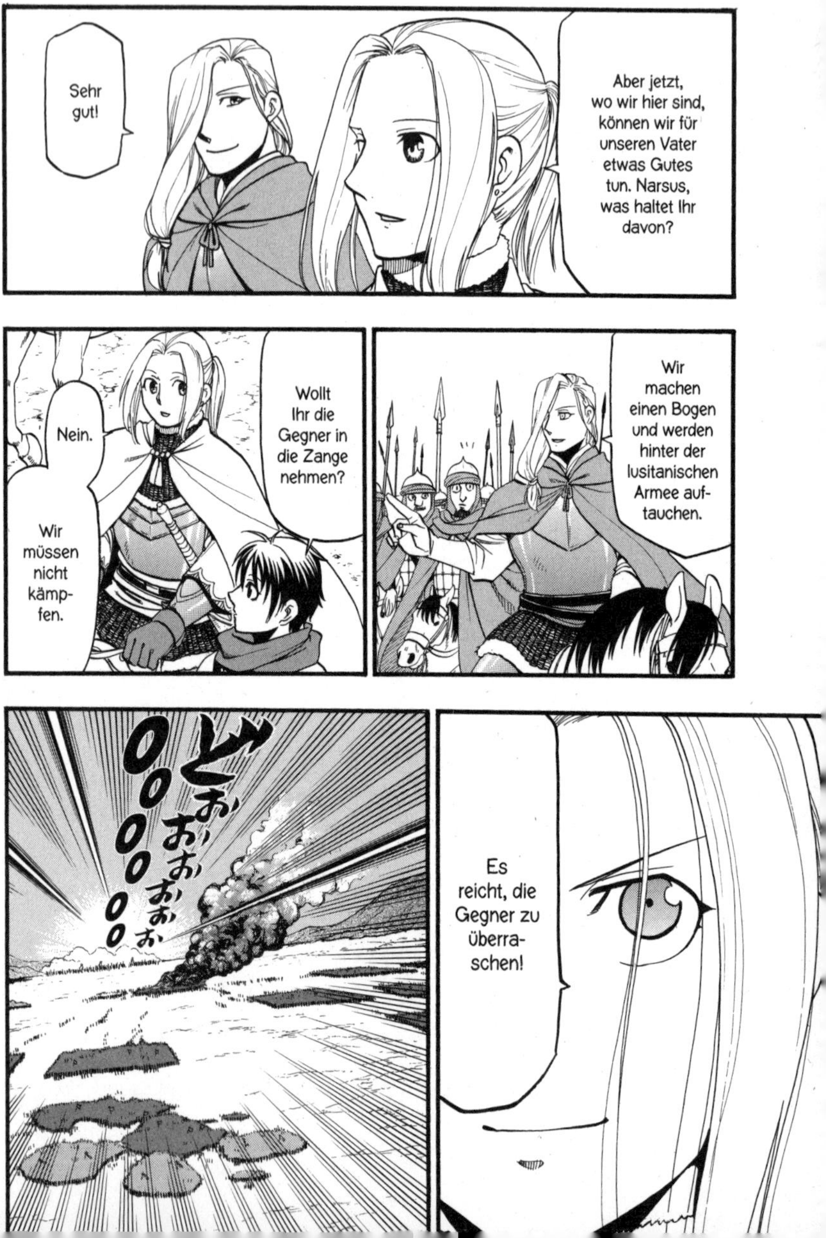
Aber jetzt, wo wir hier sind, können wir für unseren Vater etwas Gutes tun. Narsus, was haltet Ihr davon?
Sehr gut!
Wir machen einen Bogen und werden hinter der lusitanischen Armee auftauchen.
Wollt Ihr die Gegner in die Zange nehmen?
Nein.
Wir müssen nicht kämpfen.
Es reicht, die Gegner zu überraschen!

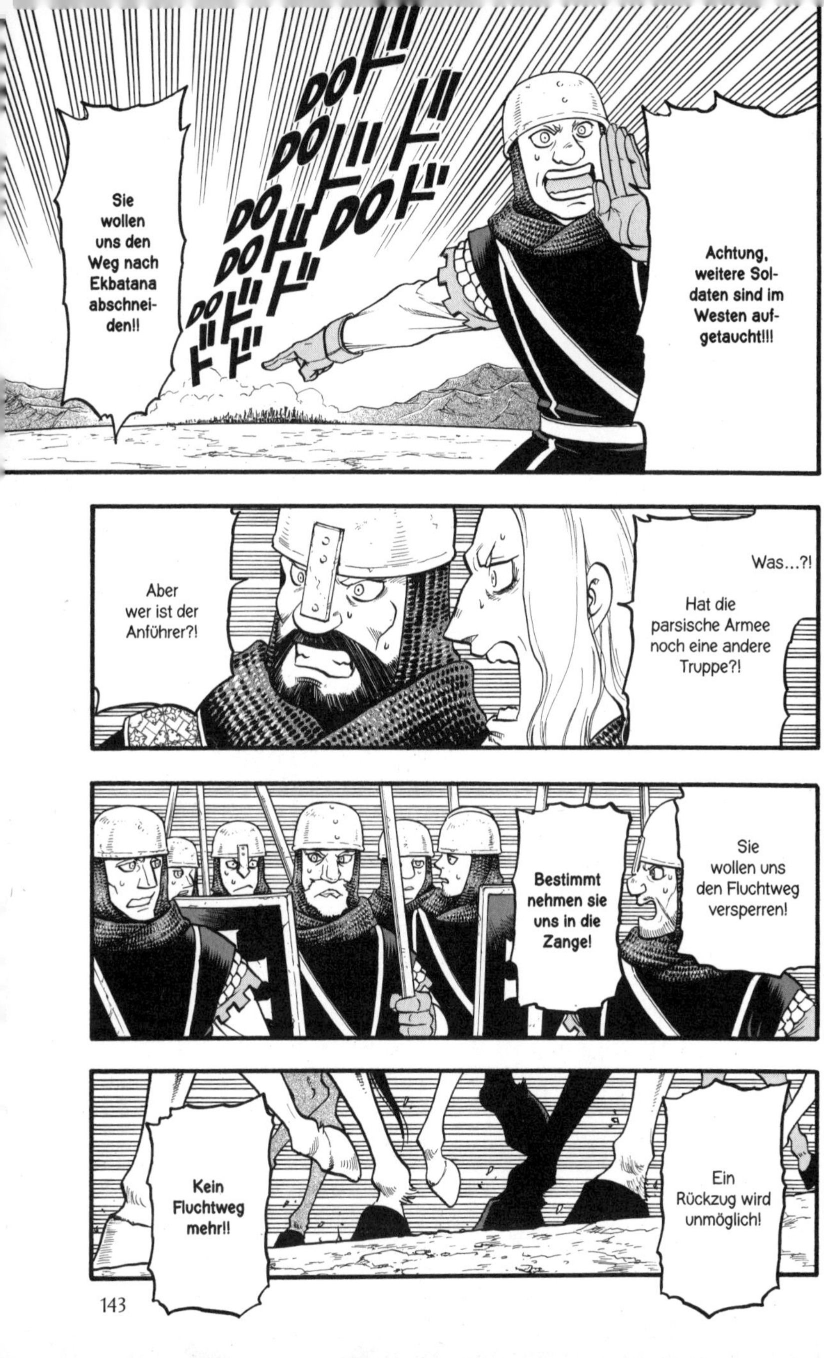
Achtung, weitere Soldaten sind im Westen aufgetaucht!!!
DO DO DO DO DO DO
Sie wollen uns den Weg nach Ekbatana abschneiden!!
Was...?!
Hat die parsische Armee noch eine andere Truppe?!
Aber wer ist der Anführer?!
Sie wollen uns den Fluchtweg versperren!
Bestimmt nehmen sie uns in die Zange!
Ein Rückzug wird unmöglich!
Kein Fluchtweg mehr!!

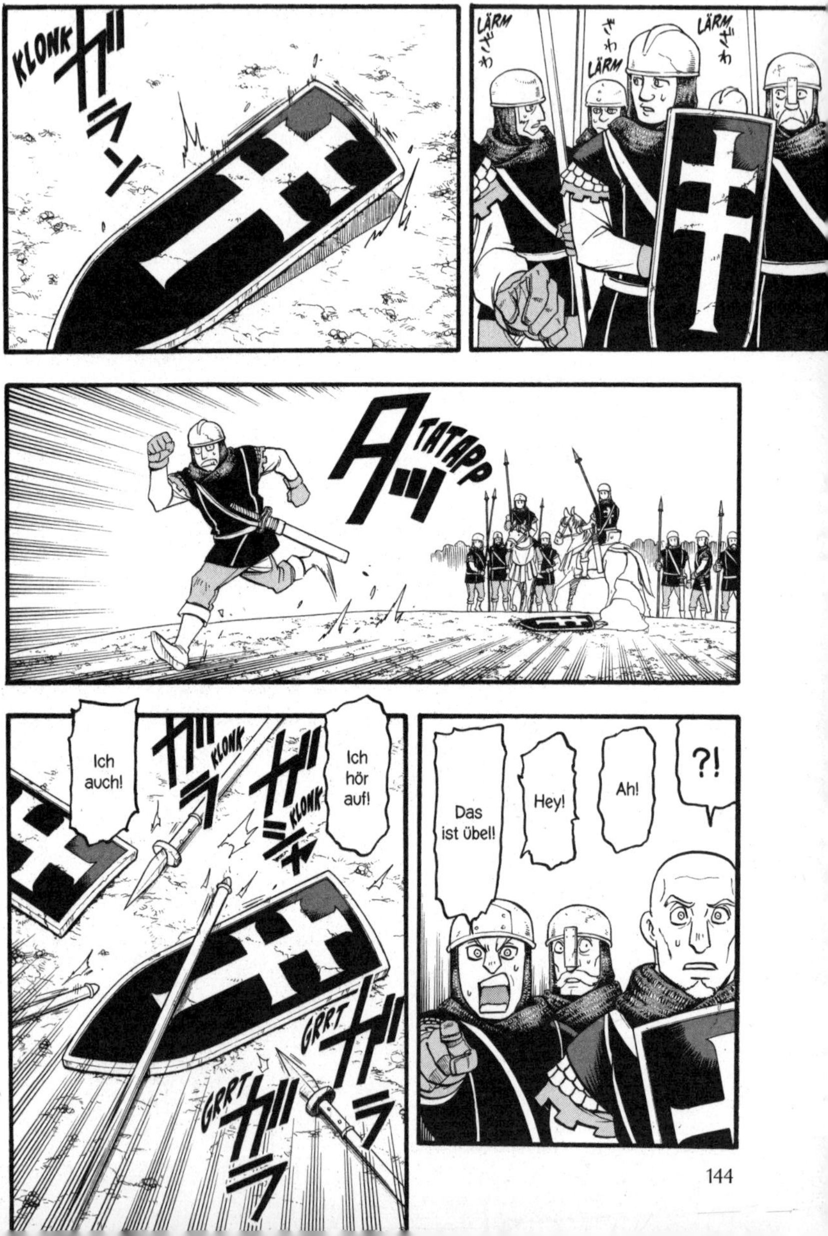
LÄRM
ざわ
LÄRM
ざわ
LÄRM
ざわ
KLONK
ガラン
TATAPP
タッ
?!
Ah!
Hey!
Das ist übel!
Ich hör auf!
KLONK
ガシャ
KLONK
ガラ
Ich auch!
GRRT
ガラ
GRRT
ガラ

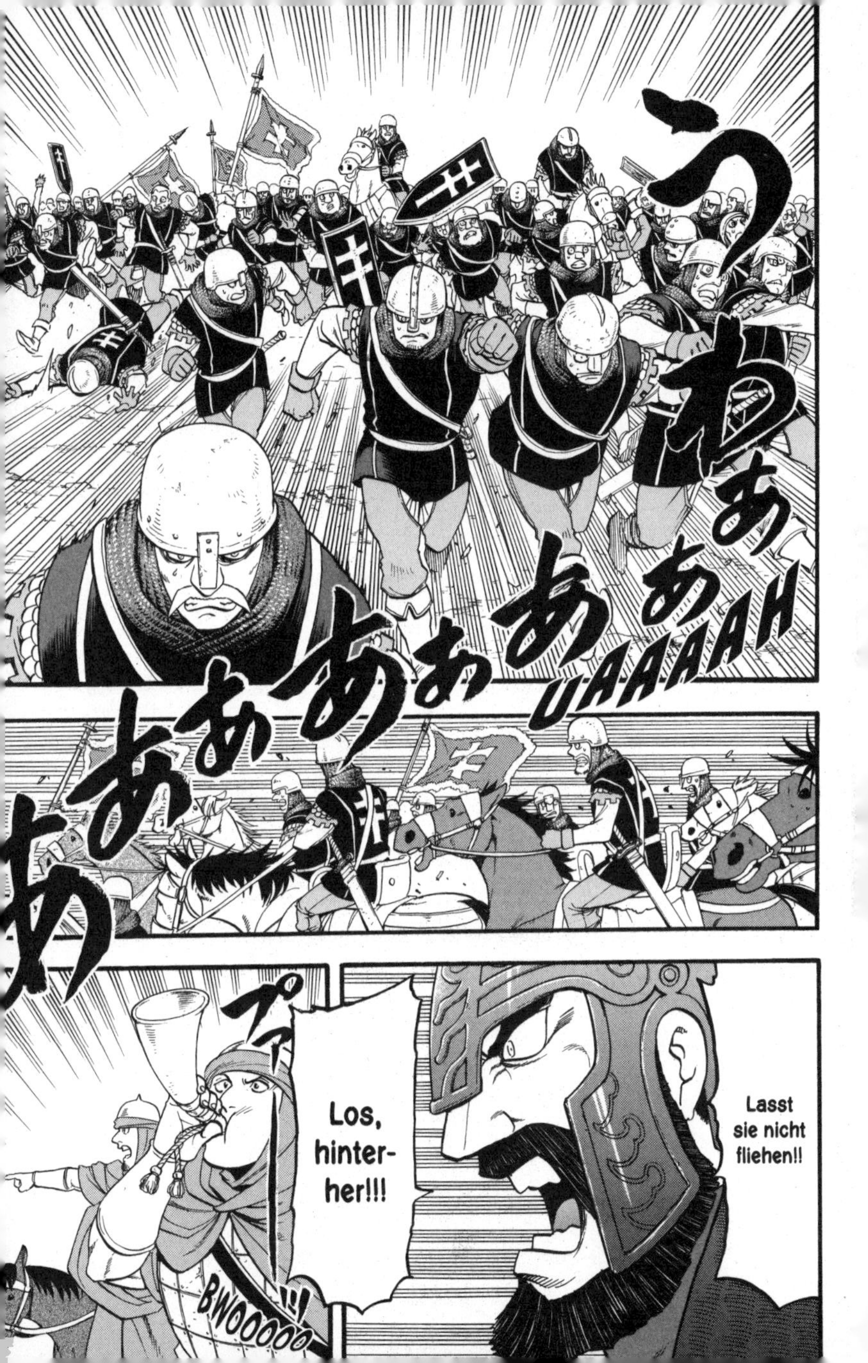
UAAAAAH
Lasst sie nicht fliehen!!
Los, hinter-her!!!
BWOOOOOO!!!

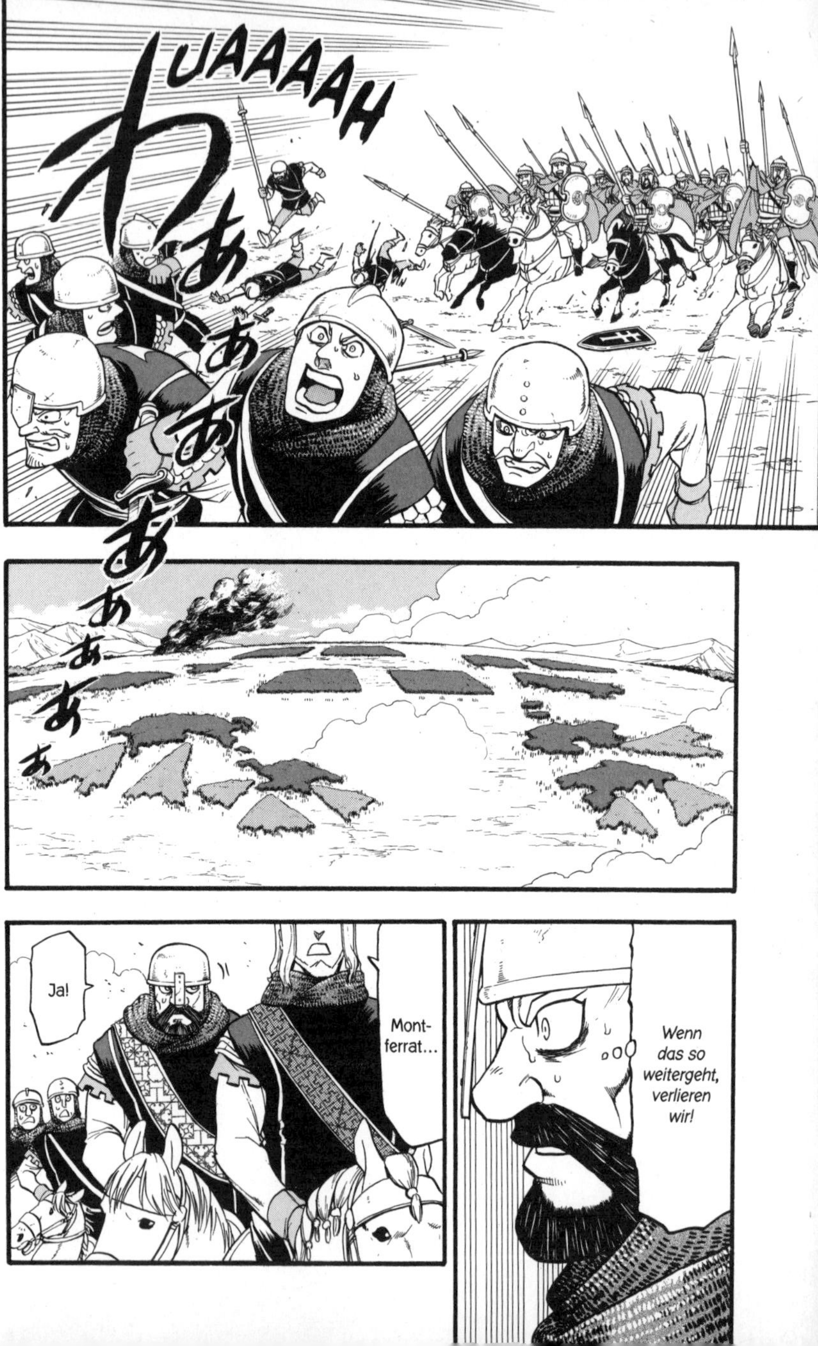
UAAAAAH
わああああああああ
Wenn das so weitergeht, verlieren wir!
Mont-ferrat…
Ja!

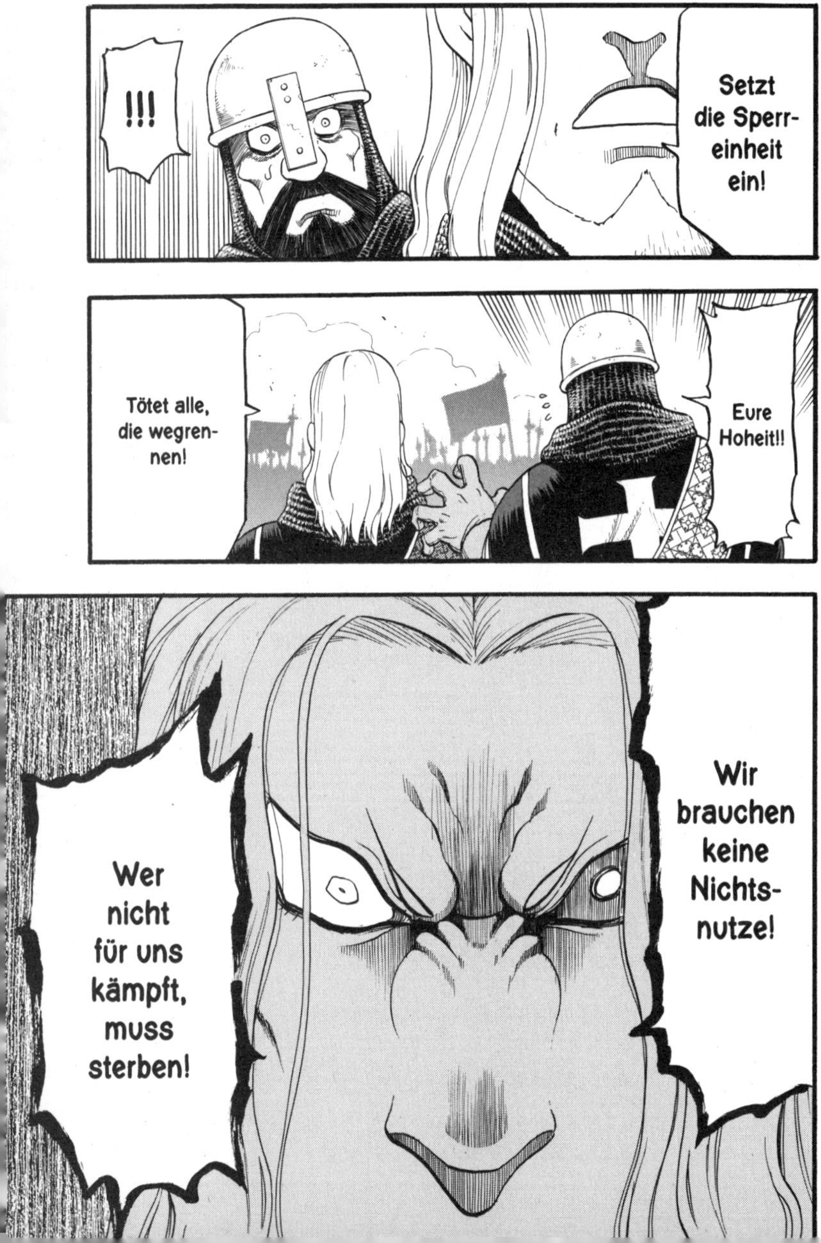
Setzt die Sperr-einheit ein!
!!!
Eure Hoheit!!
Tötet alle, die wegren-nen!
Wir brauchen keine Nichts-nutze!
Wer nicht für uns kämpft, muss sterben!

THE HEROIC LEGEND OF
ARSLAN

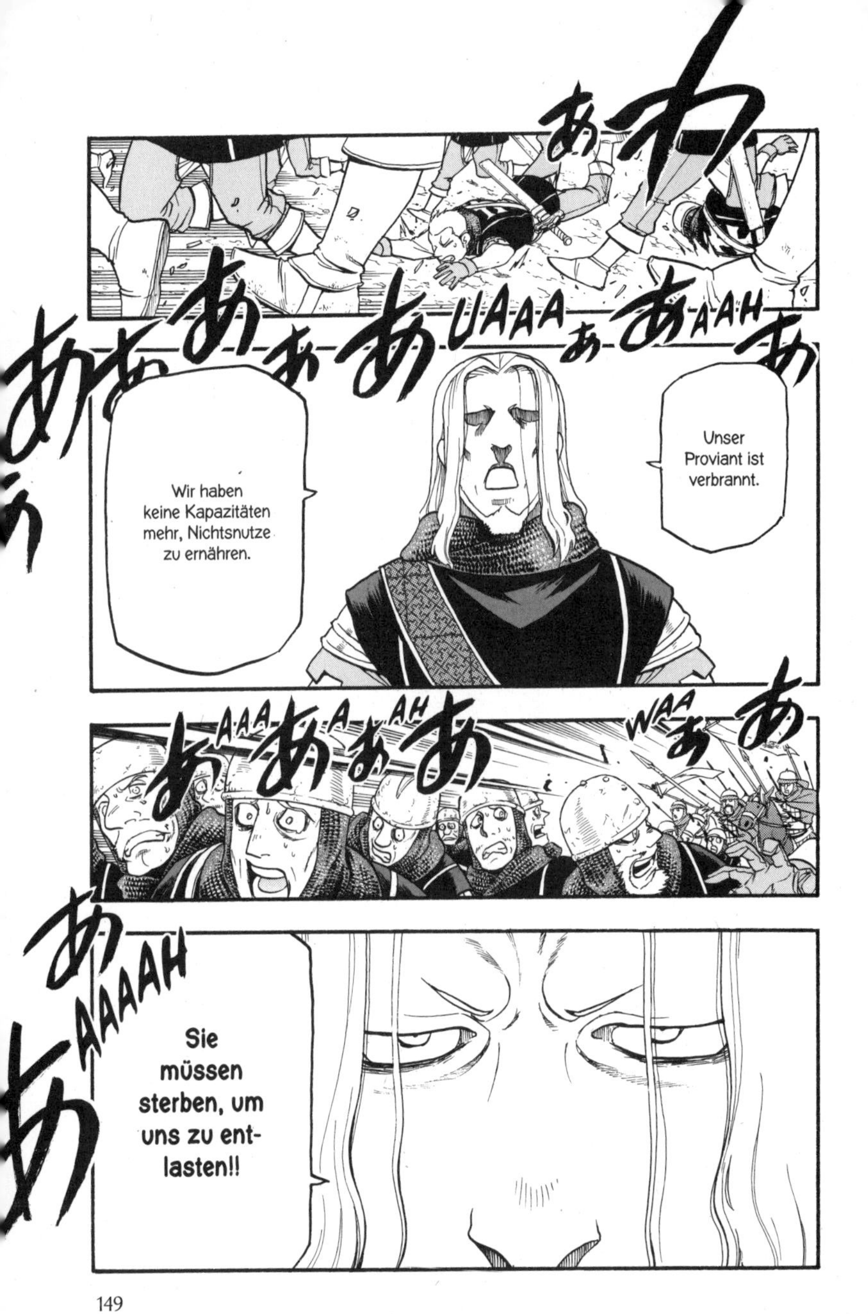
あわ
UAAA
AAAH
Unser Proviant ist verbrannt.
Wir haben keine Kapazitäten mehr, Nichtsnutze zu ernähren.
WAA
AAA
A
AH
AAAAH
Sie müssen sterben, um uns zu ent-lasten!!

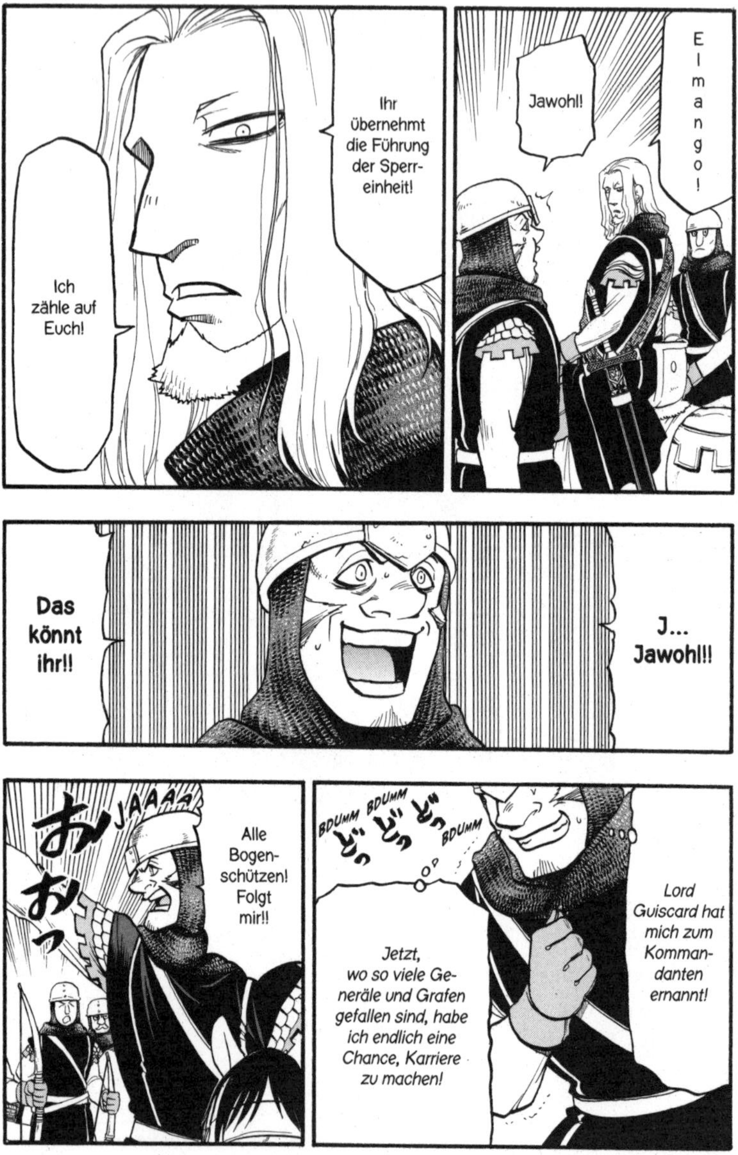
Elmango!
Jawohl!
Ihr übernehmt die Führung der Sperreinheit!
Ich zähle auf Euch!
J... Jawohl!!
Das könnt ihr!!
BDUMM BDUMM BDUMM
Lord Guiscard hat mich zum Kommandanten ernannt!
Jetzt, wo so viele Generäle und Grafen gefallen sind, habe ich endlich eine Chance, Karriere zu machen!
JAAAA
Alle Bogenschützen! Folgt mir!!

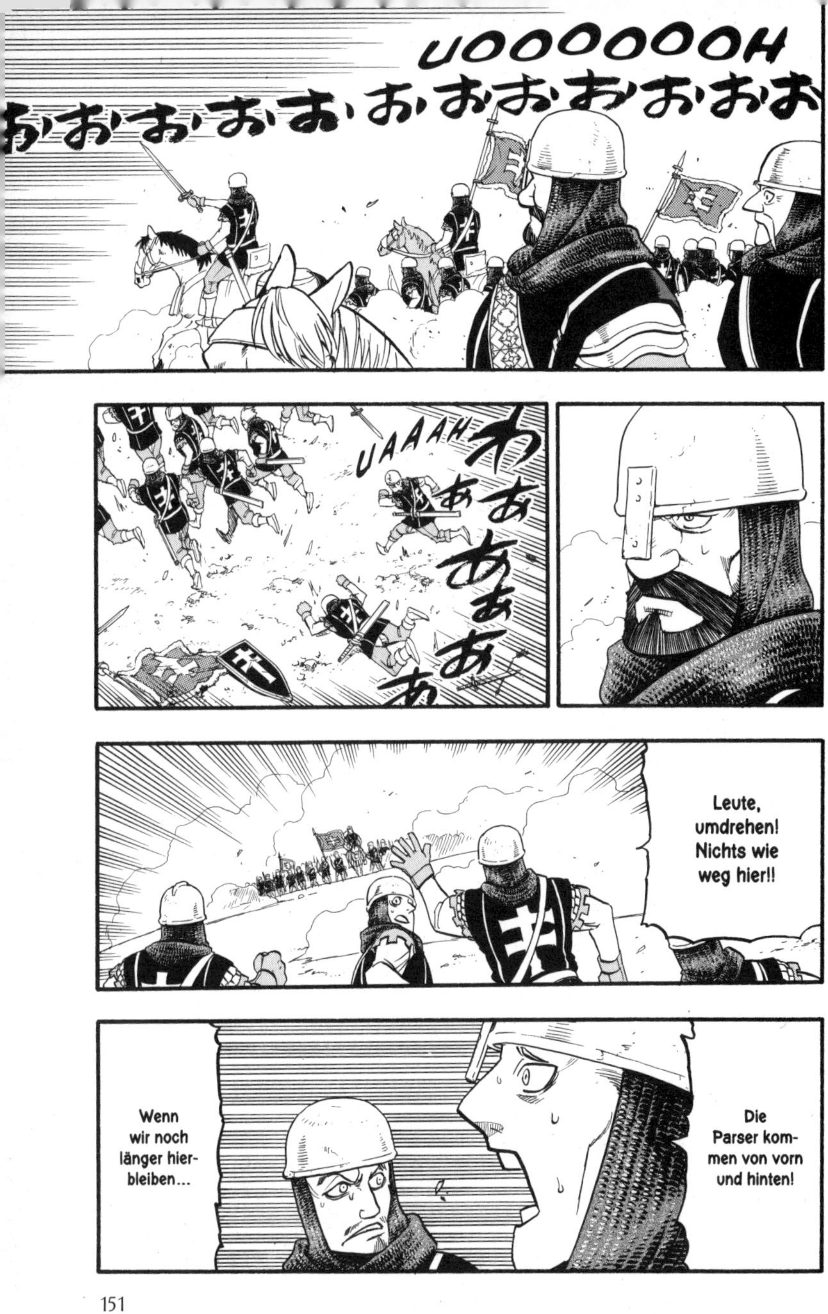

UOOOOOOH
UAAAAH
Leute, umdrehen! Nichts wie weg hier!!
Die Parser kommen von vorn und hinten!
Wenn wir noch länger hierbleiben…

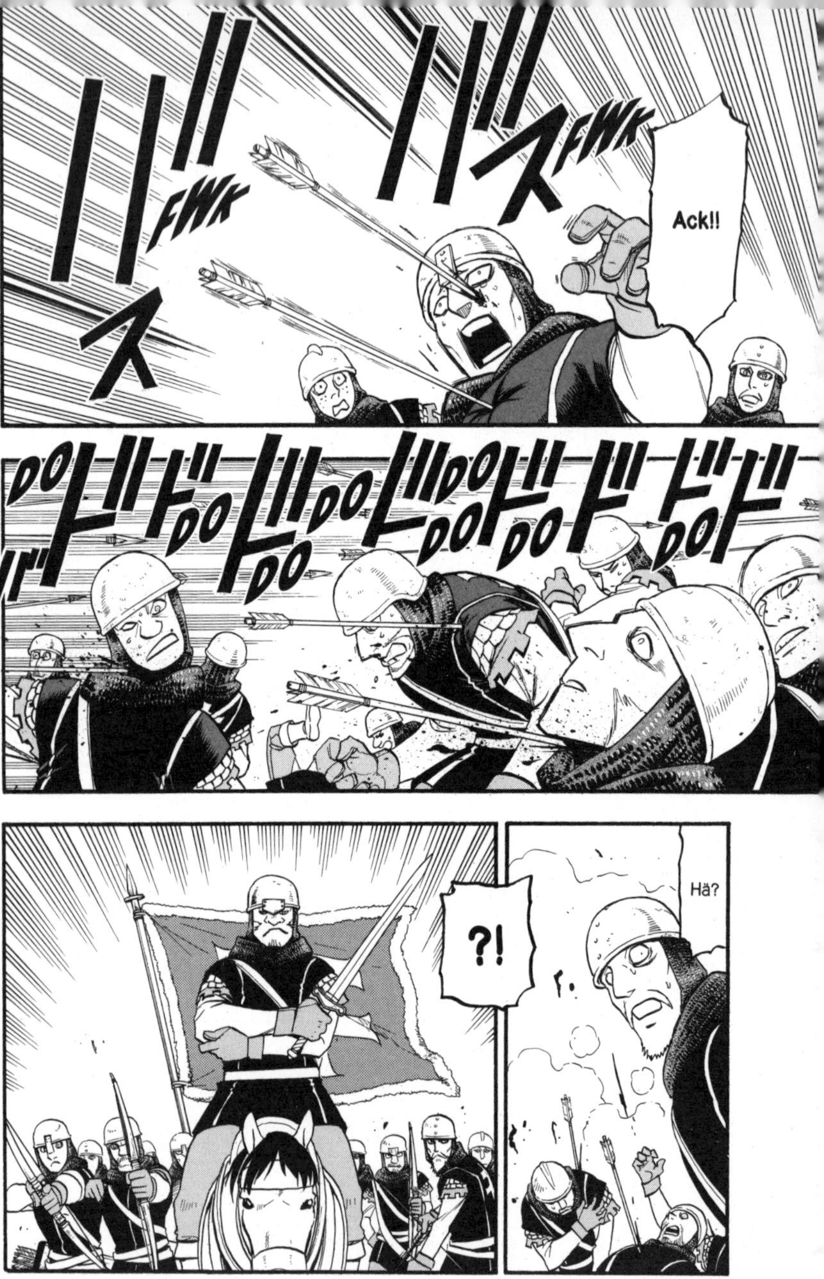
FWK
FWK
Ack!!
DO DO DO DO DO DO DO DO DO DO
Hä?
?!

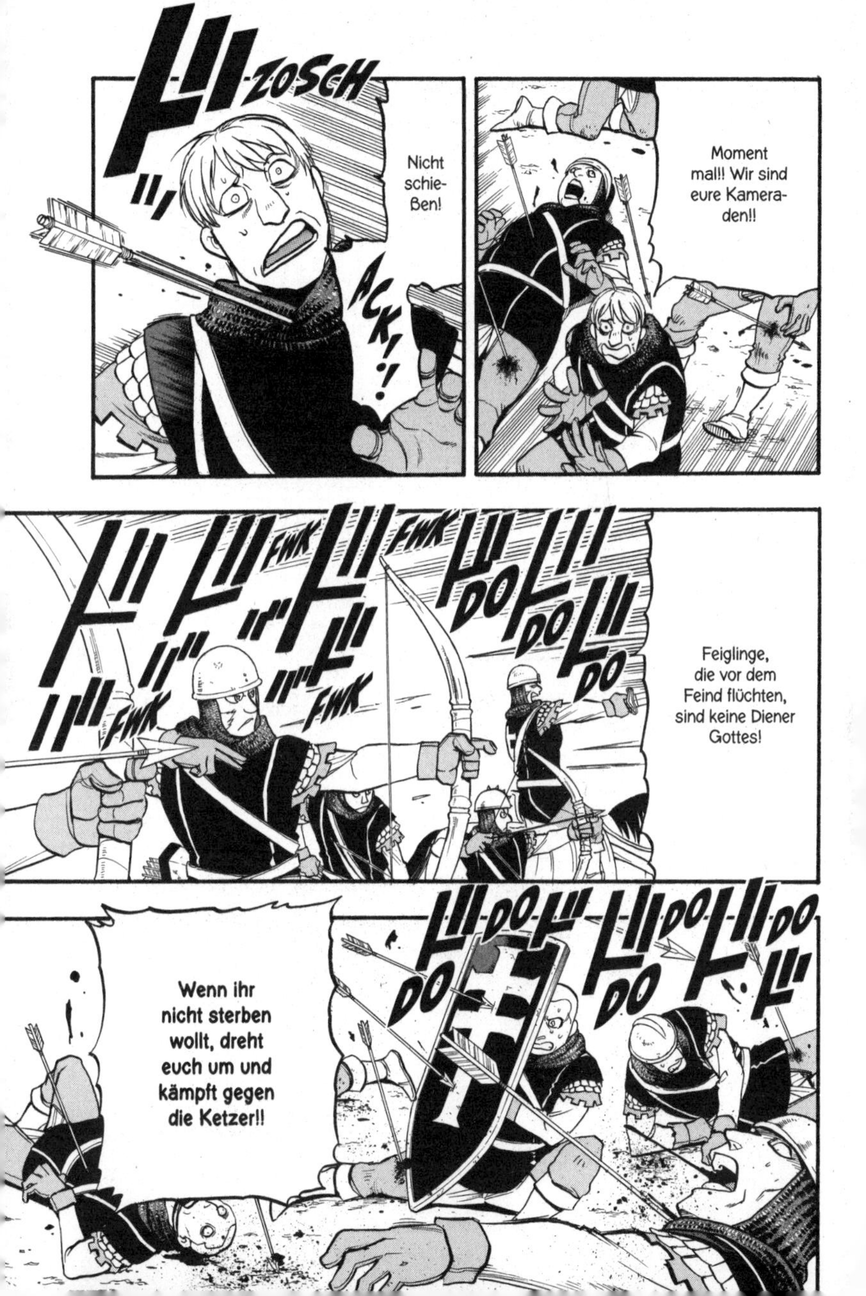
ZOSCH
Nicht schie-ßen!
ACK!!
Moment mal!! Wir sind eure Kamera-den!!
FWK
FWK
FWK
FWK
DO
DO
DO
Feiglinge, die vor dem Feind flüchten, sind keine Diener Gottes!
DO
DO
DO
DO
DO
DO
Wenn ihr nicht sterben wollt, dreht euch um und kämpft gegen die Ketzer!!

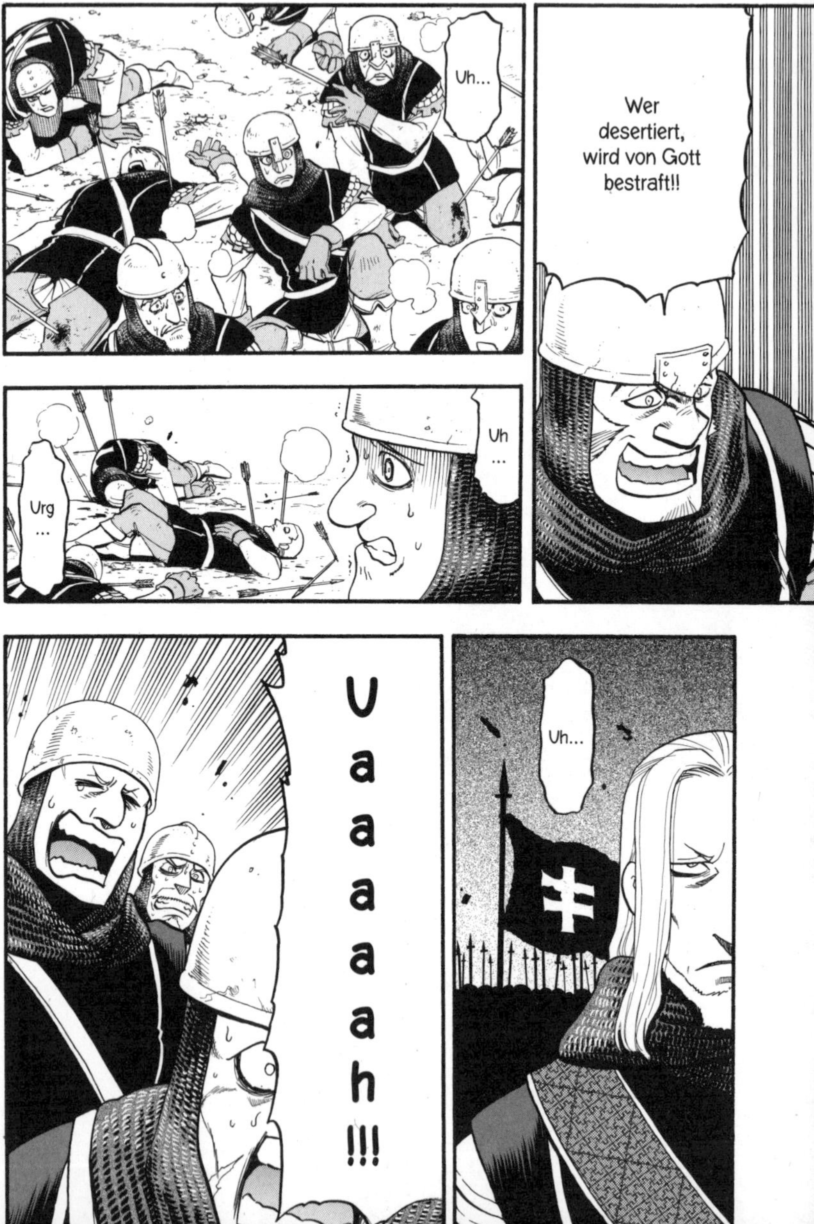

Wer desertiert, wird von Gott bestraft!!
Uh...
Uh ...
Urg ...
Uh...
Uaaaaah!!!

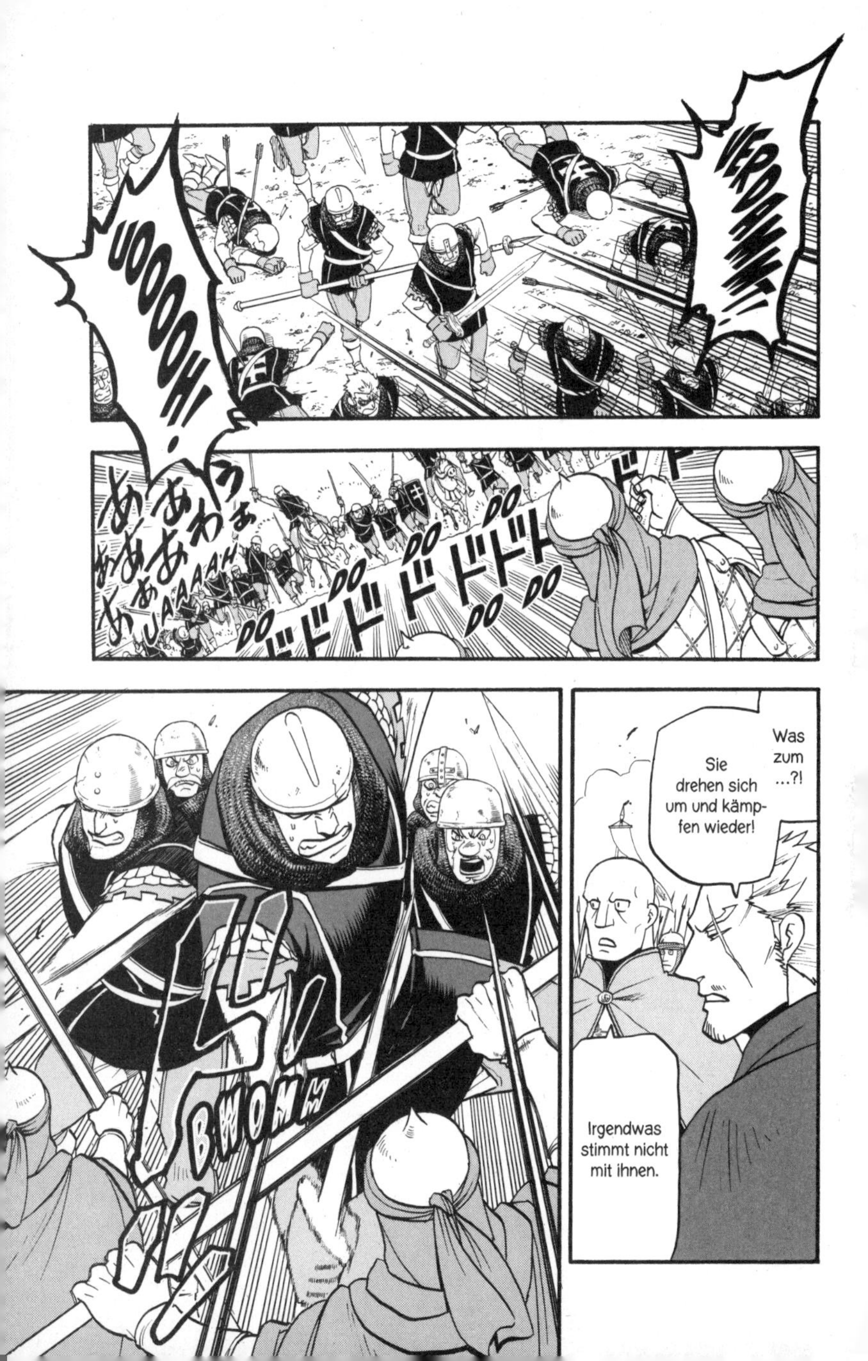
VERDAMMT!!
SOOOOOH!!
うぉあああああああ
UAAAAAH
ドドドドドド
DO DO DO DO DO DO
Was zum …?!
Sie drehen sich um und kämpfen wieder!
BWOMM
Irgendwas stimmt nicht mit ihnen.

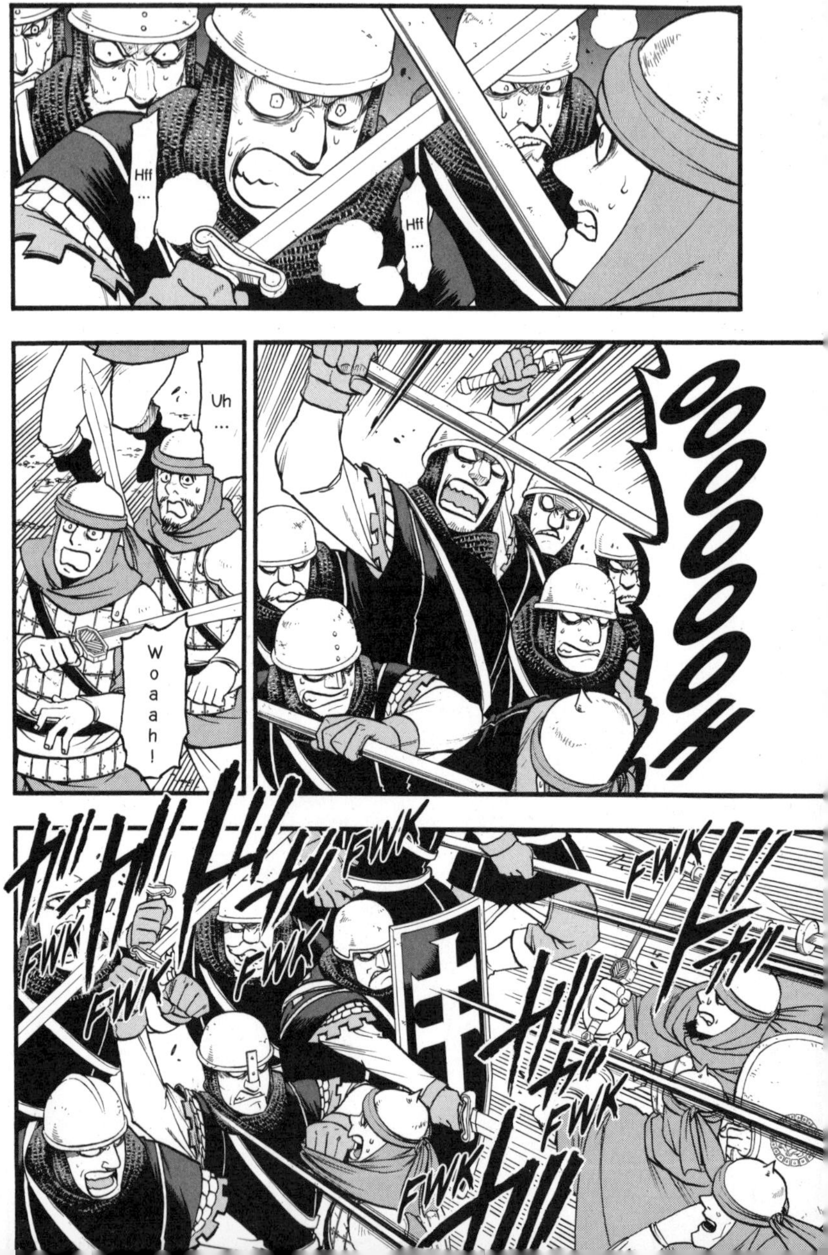
Hff...
Hff...
OOOOOOOH
Uh...
Woaah!
FWK
FWK
FWK
FWK
FWK
FWK
FWK

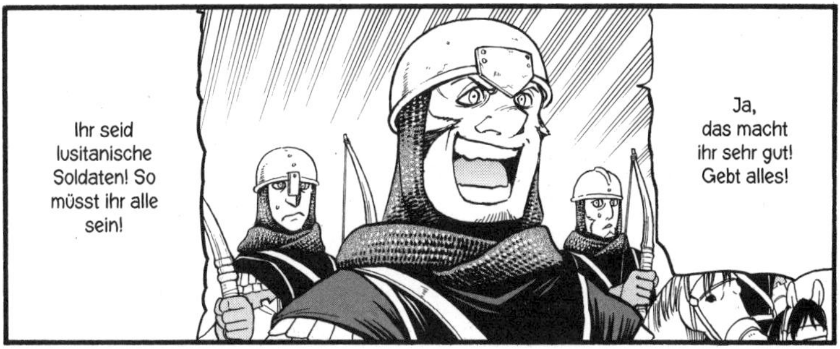

Kapitel 112: Die Abenddämmerung von Saharud

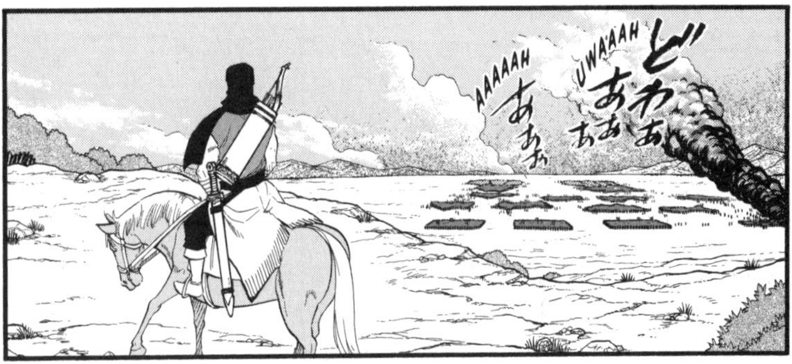

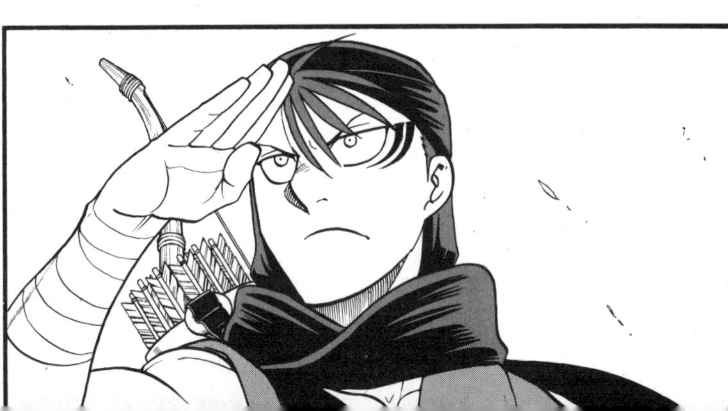

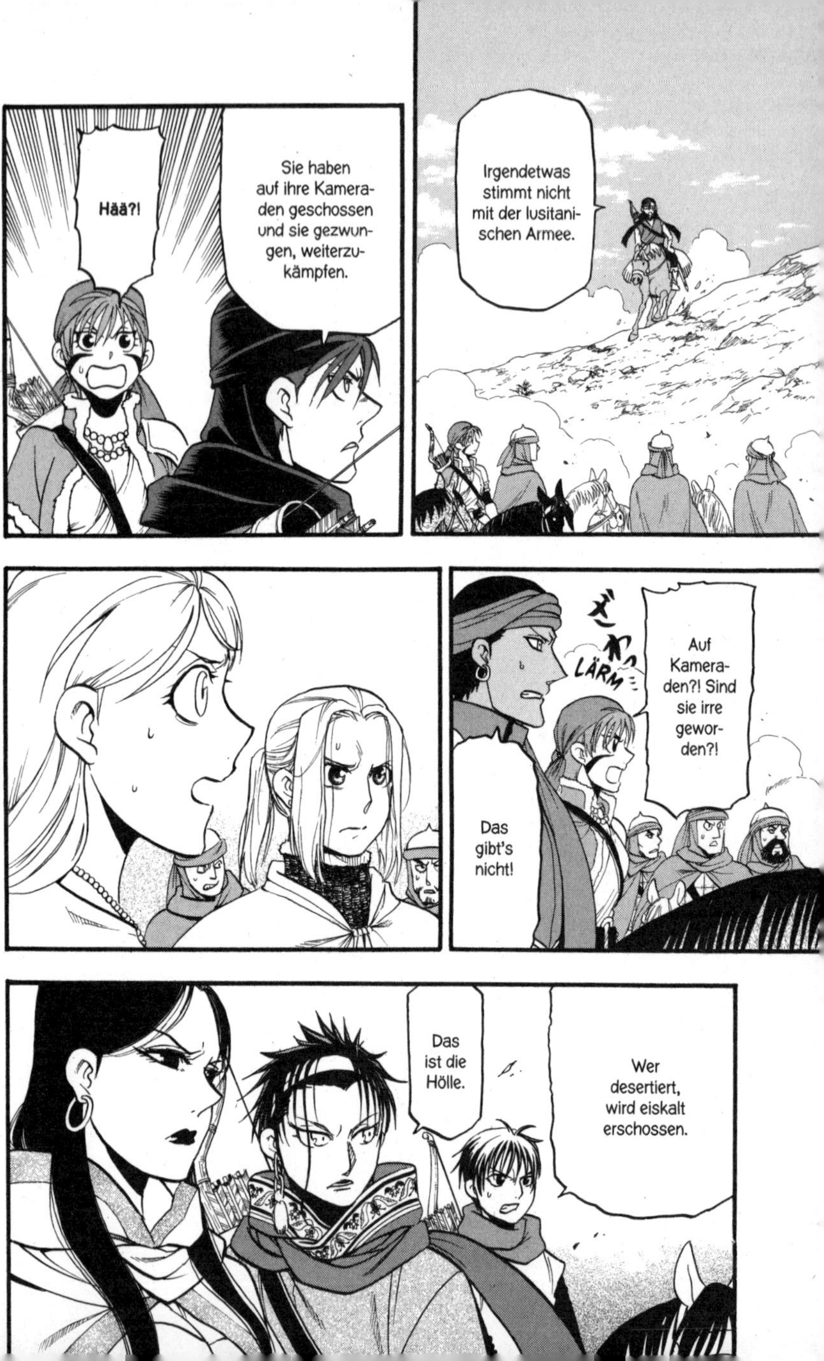
Irgendetwas stimmt nicht mit der lusitanischen Armee.
Sie haben auf ihre Kameraden geschossen und sie gezwungen, weiterzukämpfen.
Hää?!
LÄRM
Auf Kameraden?! Sind sie irre geworden?!
Das gibt's nicht!
Wer desertiert, wird eiskalt erschossen.
Das ist die Hölle.

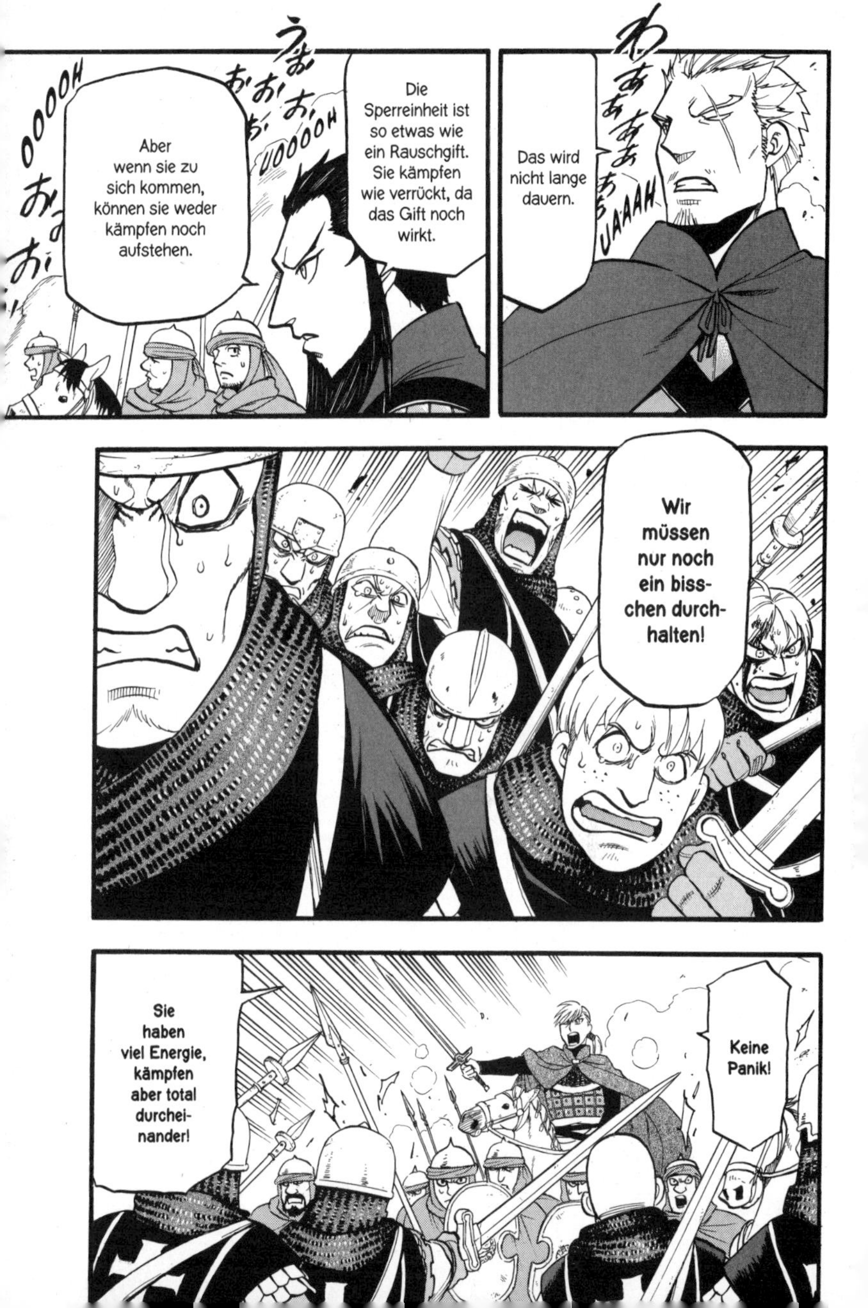
UAAAH
Das wird nicht lange dauern.
UOOOOH
Die Sperreinheit ist so etwas wie ein Rauschgift. Sie kämpfen wie verrückt, da das Gift noch wirkt.
OOOOOH
Aber wenn sie zu sich kommen, können sie weder kämpfen noch aufstehen.
Wir müssen nur noch ein bisschen durchhalten!
Keine Panik!
Sie haben viel Energie, kämpfen aber total durcheinander!

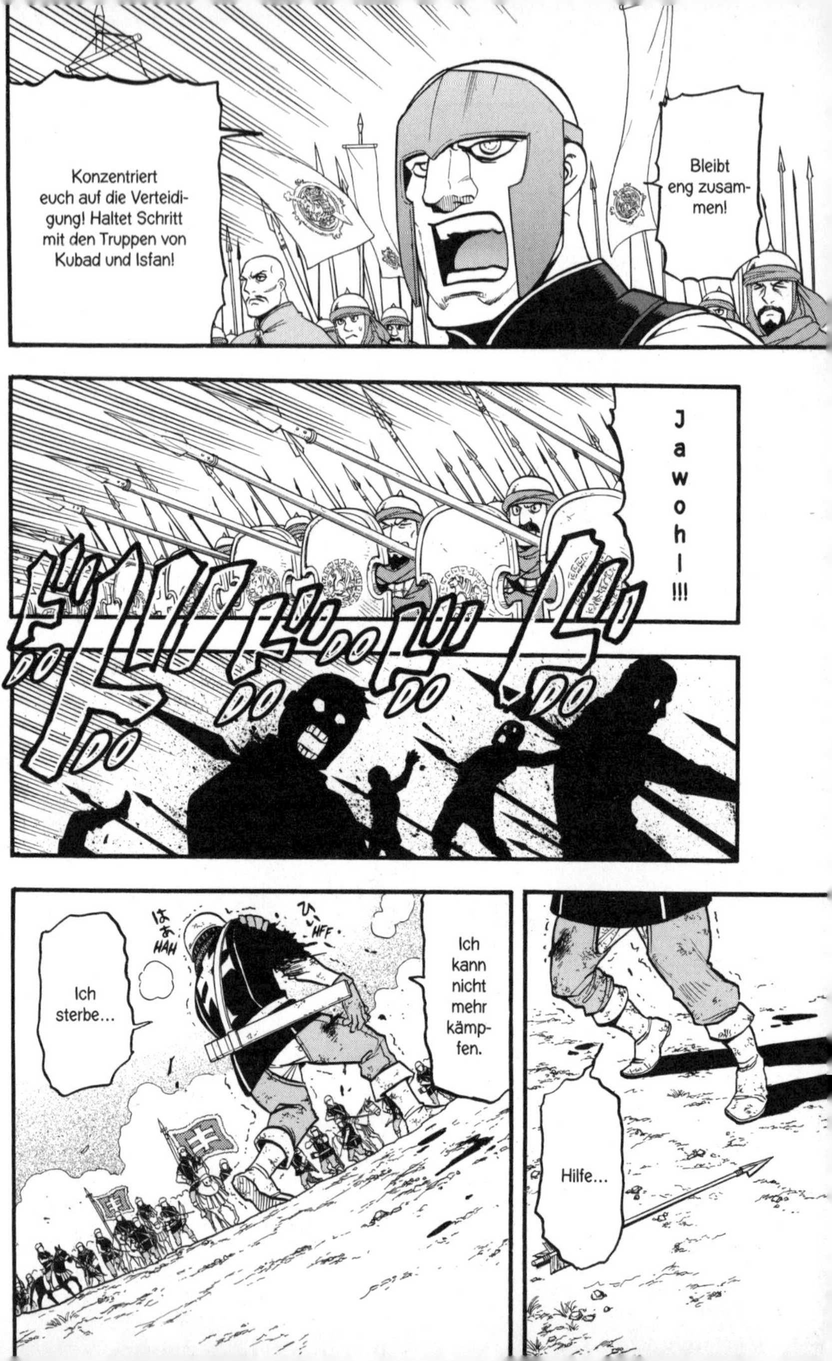
Bleibt eng zusammen!
Konzentriert euch auf die Verteidigung! Haltet Schritt mit den Truppen von Kubad und Isfan!
Jawohl!!!
DO DO DO DO DO DO DO DO DO DO
HFF
HAH
Ich kann nicht mehr kämpfen.
Ich sterbe...
Hilfe...

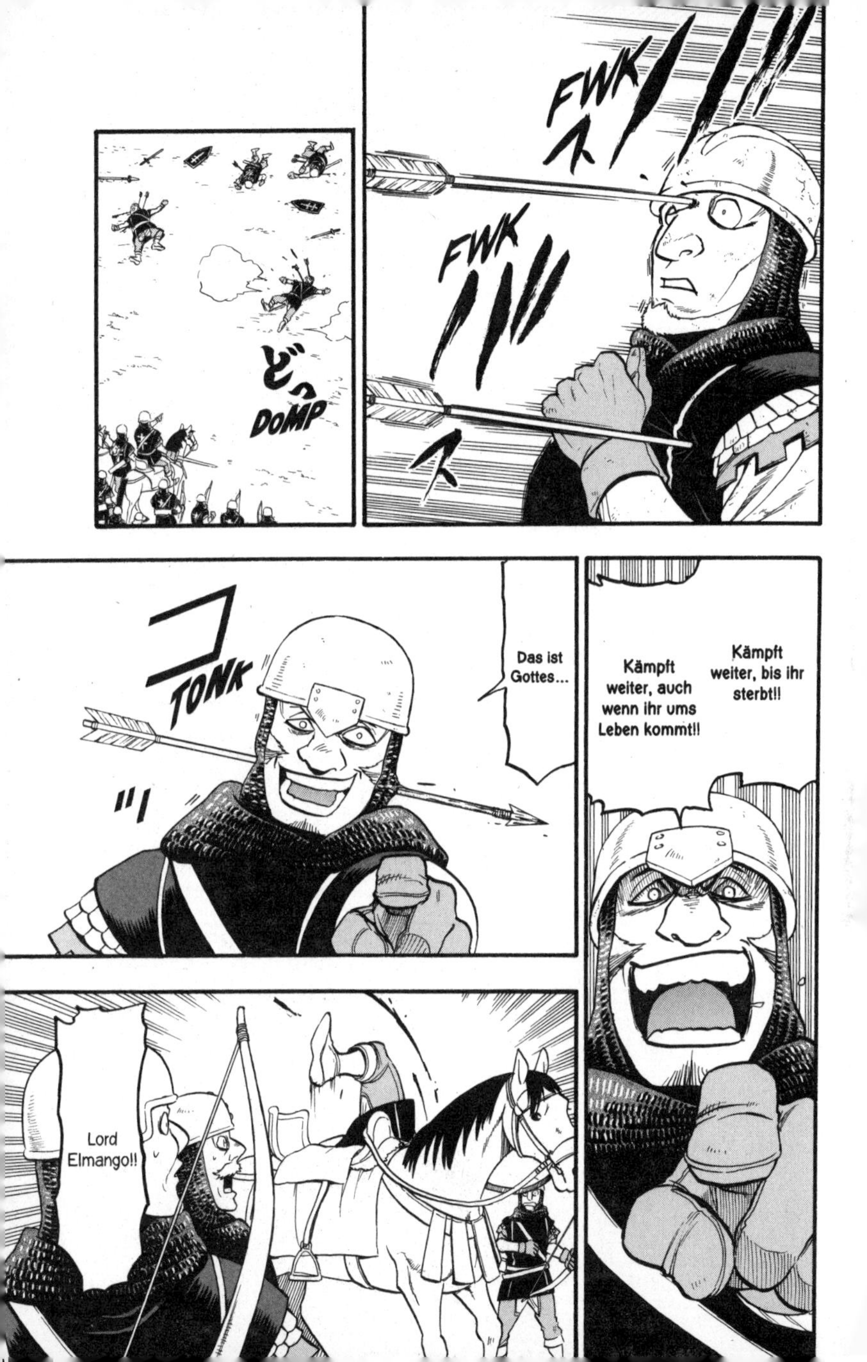

FWK
FWK
DOMP
どっ
Kämpft weiter, bis ihr sterbt!!
Kämpft weiter, auch wenn ihr ums Leben kommt!!
Das ist Gottes...
TONK
Lord Elmango!!

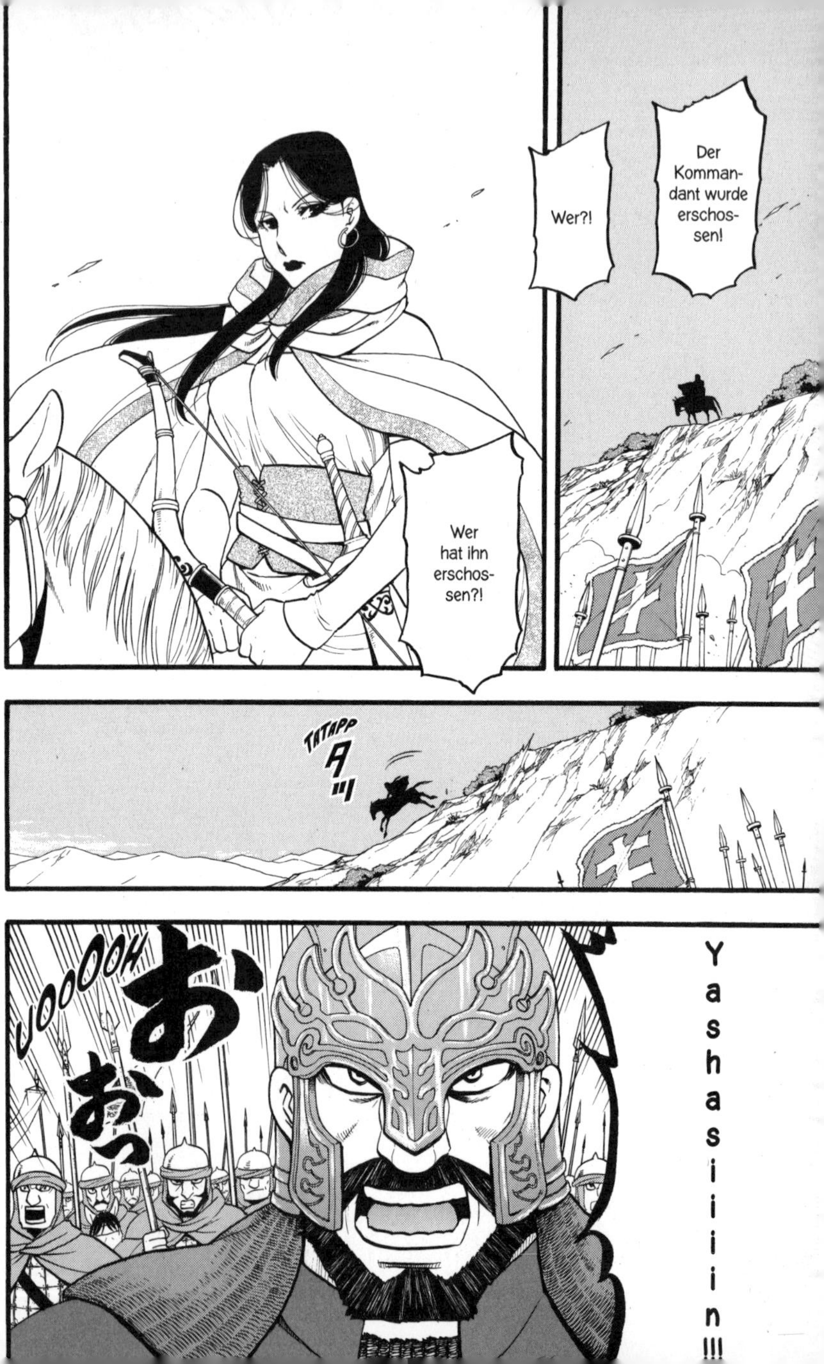

Der Komman-dant wurde erschos-sen!
Wer?!
Wer hat ihn erschos-sen?!
TATAPP
UOOOOH
Yashasiiiiin!!!

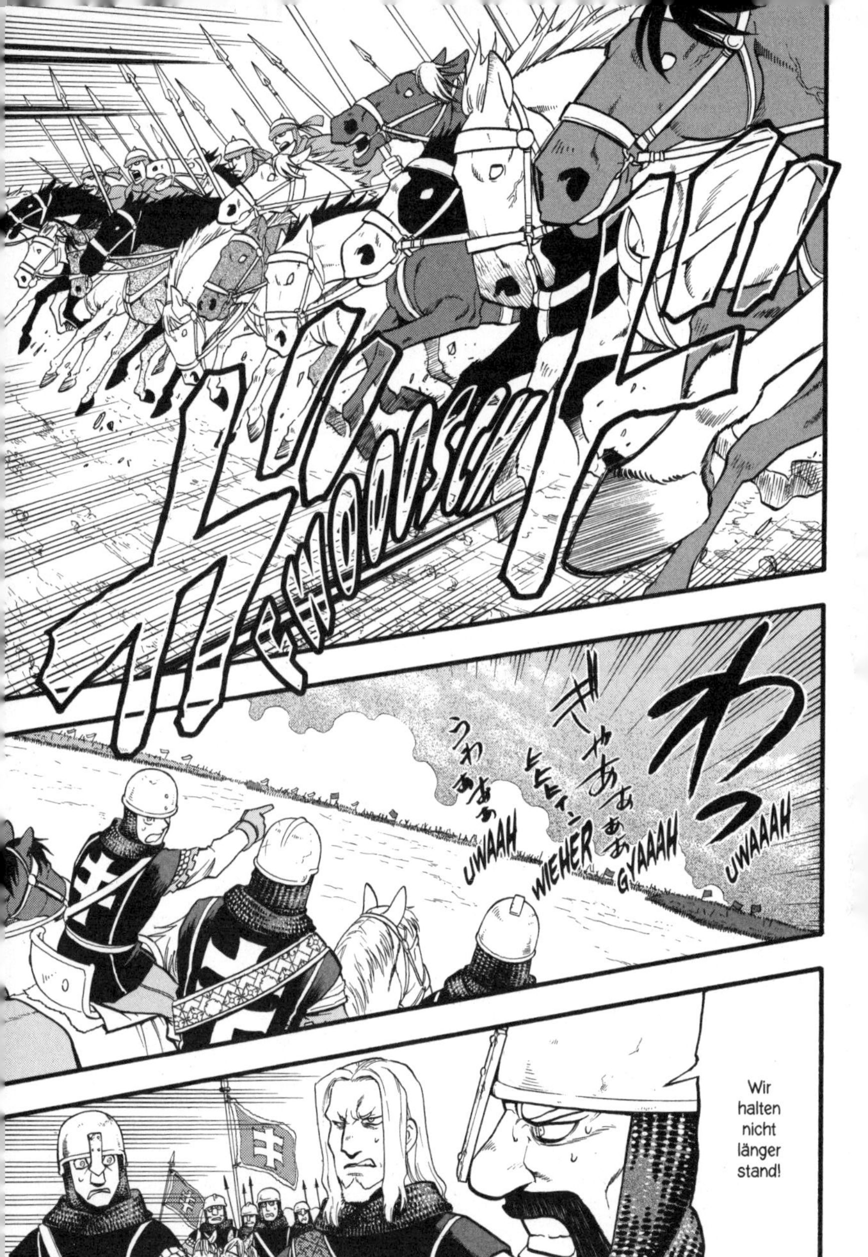
UWAAAH
GYAAAH
WIEHER
UWAAH
Wir halten nicht länger stand!

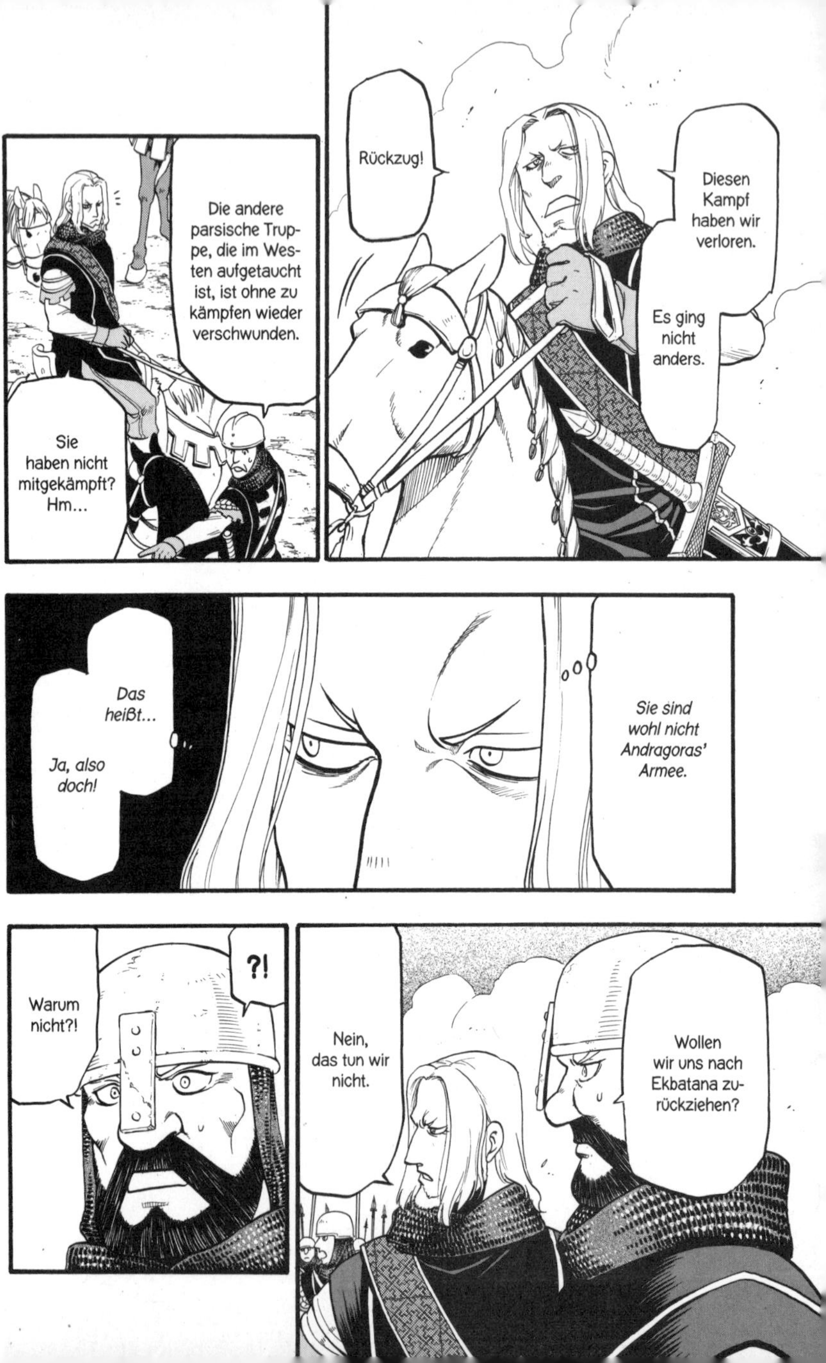
Diesen Kampf haben wir verloren.
Es ging nicht anders.
Rückzug!
Die andere parsische Truppe, die im Westen aufgetaucht ist, ist ohne zu kämpfen wieder verschwunden.
Sie haben nicht mitgekämpft? Hm…
Sie sind wohl nicht Andragoras' Armee.
Das heißt…
Ja, also doch!
Wollen wir uns nach Ekbatana zurückziehen?
Nein, das tun wir nicht.
?!
Warum nicht?!

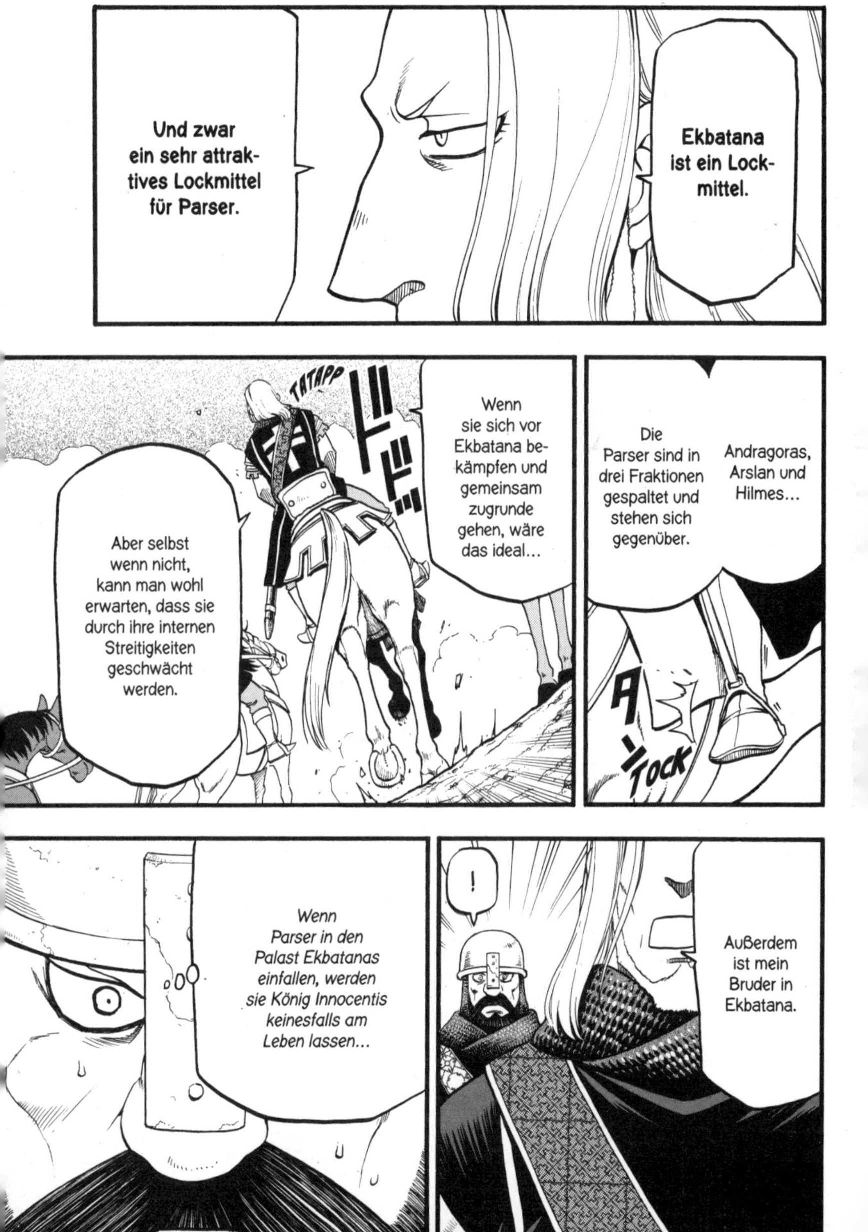

Ekbatana ist ein Lockmittel.
Und zwar ein sehr attraktives Lockmittel für Parser.
Andragoras, Arslan und Hilmes…
Die Parser sind in drei Fraktionen gespaltet und stehen sich gegenüber.
TOCK
Wenn sie sich vor Ekbatana bekämpfen und gemeinsam zugrunde gehen, wäre das ideal…
TATAPP
Aber selbst wenn nicht, kann man wohl erwarten, dass sie durch ihre internen Streitigkeiten geschwächt werden.
!
Außerdem ist mein Bruder in Ekbatana.
Wenn Parser in den Palast Ekbatanas einfallen, werden sie König Innocentis keinesfalls am Leben lassen…

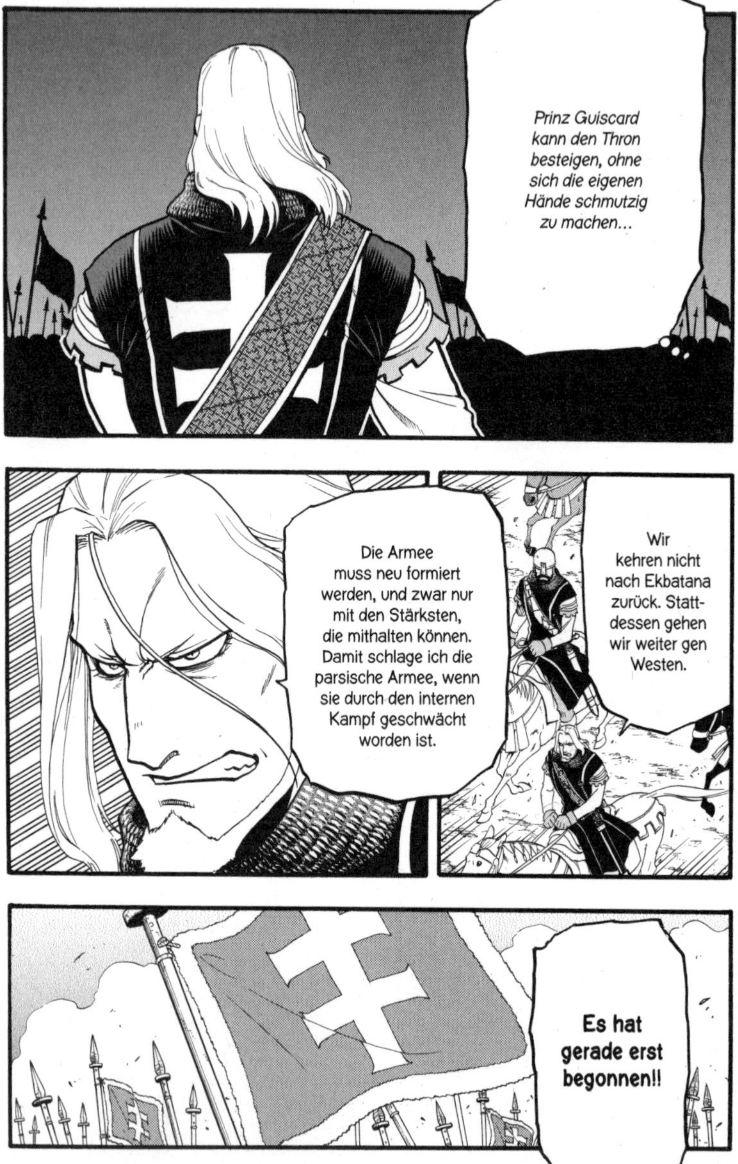
Prinz Guiscard kann den Thron besteigen, ohne sich die eigenen Hände schmutzig zu machen...
Wir kehren nicht nach Ekbatana zurück. Stattdessen gehen wir weiter gen Westen.
Die Armee muss neu formiert werden, und zwar nur mit den Stärksten, die mithalten können. Damit schlage ich die parsische Armee, wenn sie durch den internen Kampf geschwächt worden ist.
Es hat gerade erst begonnen!!

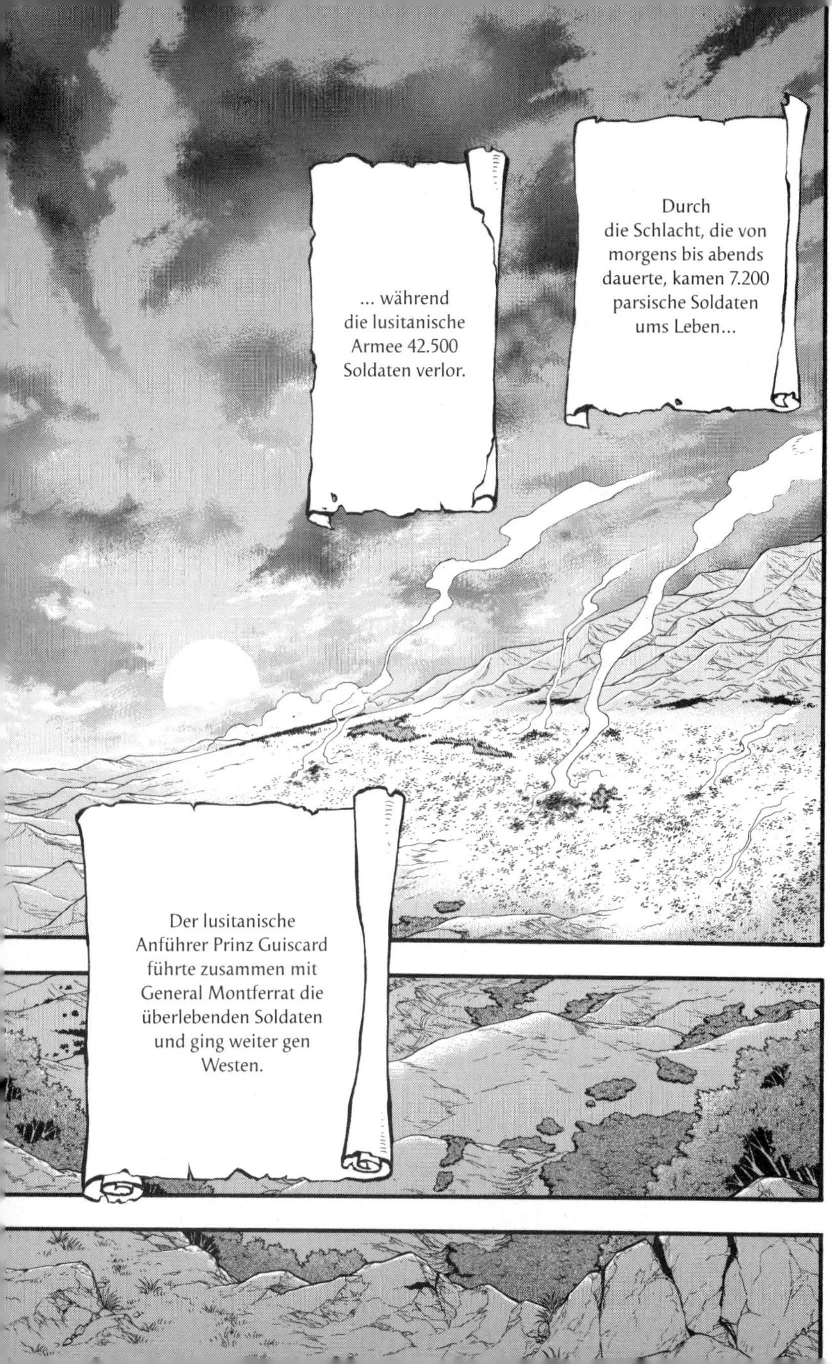
Durch die Schlacht, die von morgens bis abends dauerte, kamen 7.200 parsische Soldaten ums Leben...
... während die lusitanische Armee 42.500 Soldaten verlor.
Der lusitanische Anführer Prinz Guiscard führte zusammen mit General Montferrat die überlebenden Soldaten und ging weiter gen Westen.

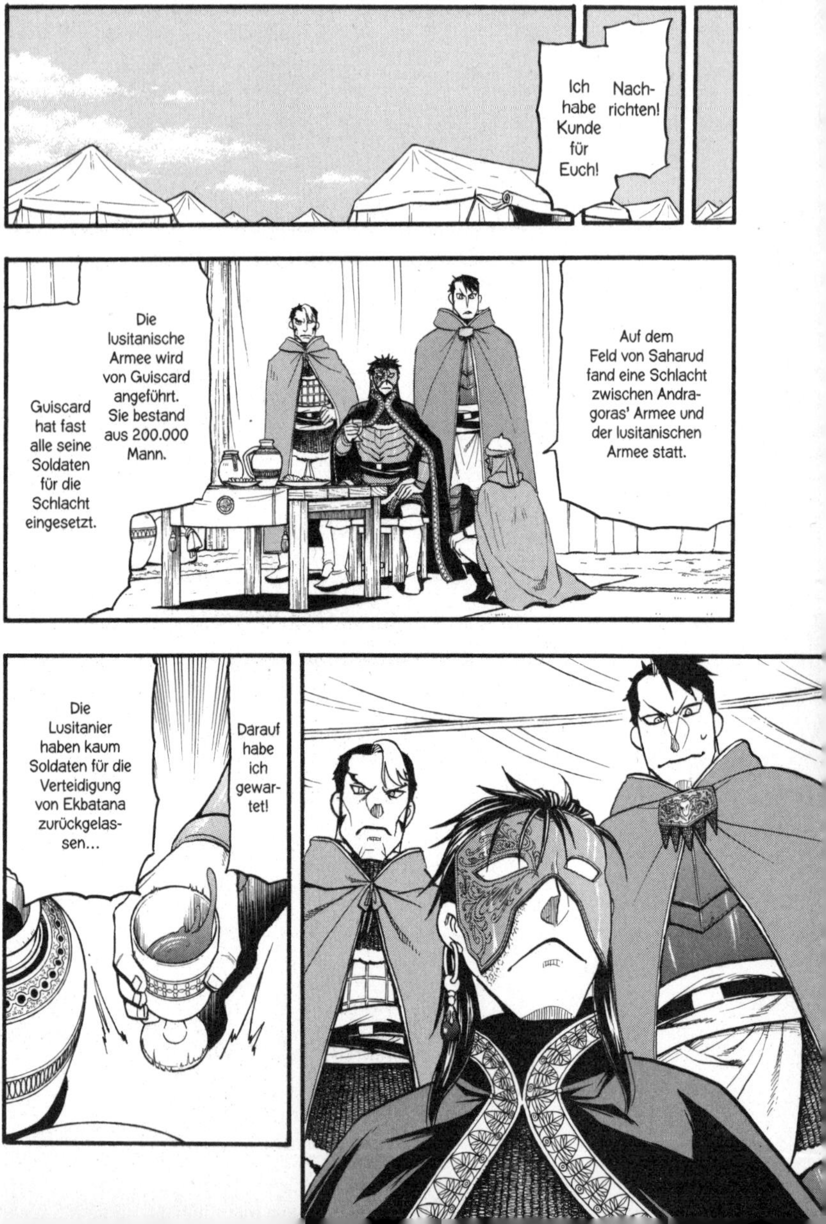
Nachrichten!
Ich habe Kunde für Euch!
Auf dem Feld von Saharud fand eine Schlacht zwischen Andragoras' Armee und der lusitanischen Armee statt.
Die lusitanische Armee wird von Guiscard angeführt. Sie bestand aus 200.000 Mann.
Guiscard hat fast alle seine Soldaten für die Schlacht eingesetzt.
Die Lusitanier haben kaum Soldaten für die Verteidigung von Ekbatana zurückgelassen…
Darauf habe ich gewartet!

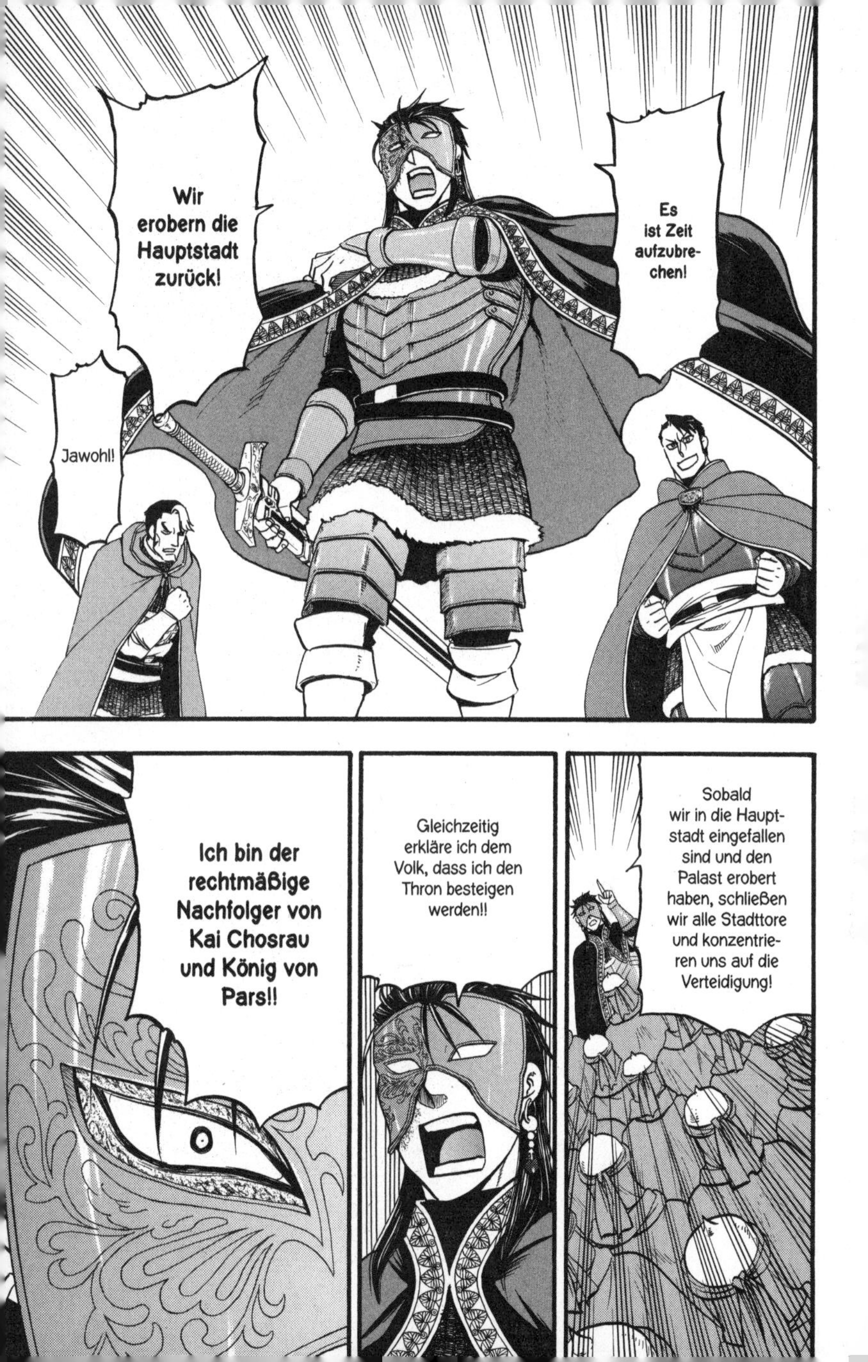

Es ist Zeit aufzubrechen!
Wir erobern die Hauptstadt zurück!
Jawohl!
Sobald wir in die Hauptstadt eingefallen sind und den Palast erobert haben, schließen wir alle Stadttore und konzentrieren uns auf die Verteidigung!
Gleichzeitig erkläre ich dem Volk, dass ich den Thron besteigen werden!!
Ich bin der rechtmäßige Nachfolger von Kai Chosrau und König von Pars!!

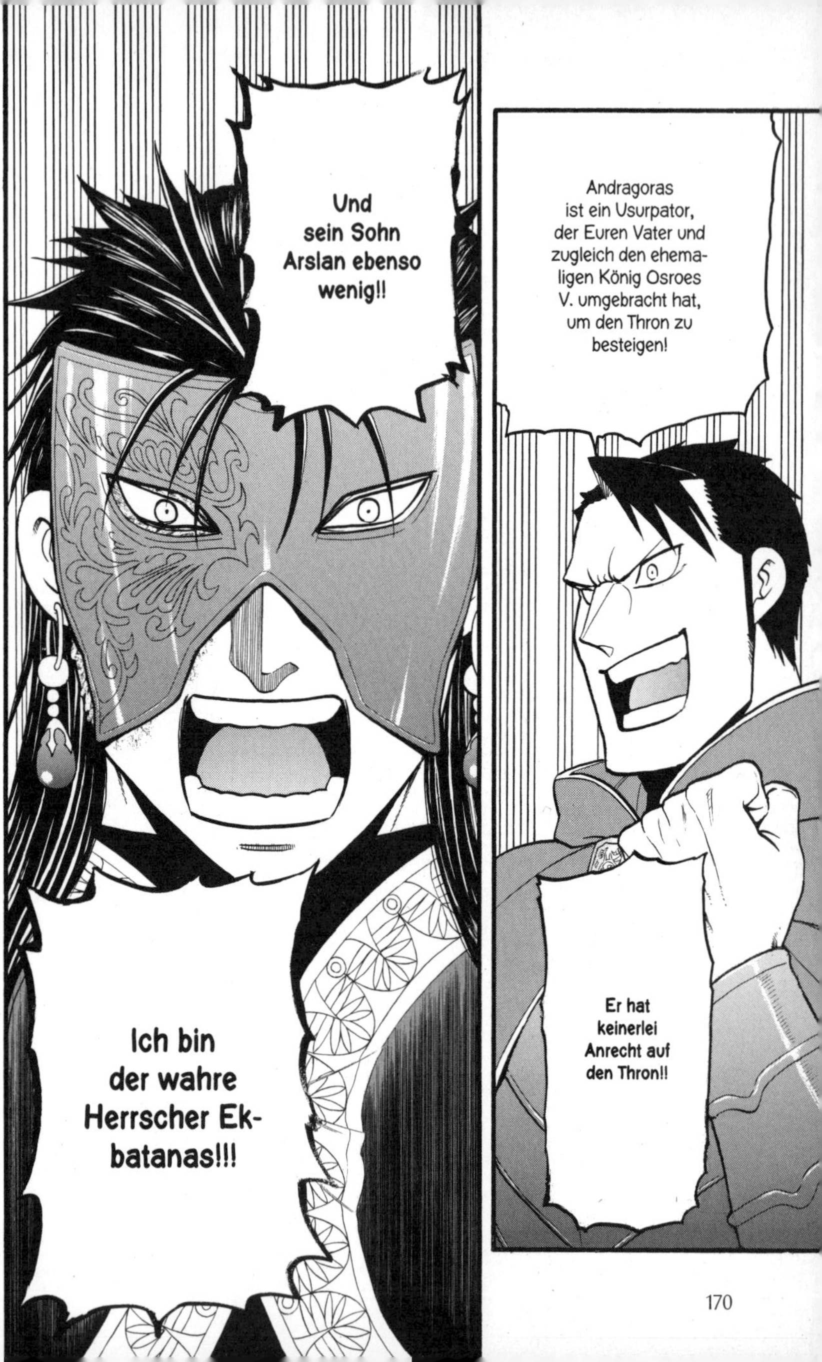
Andragoras ist ein Usurpator, der Euren Vater und zugleich den ehemaligen König Osroes V. umgebracht hat, um den Thron zu besteigen!
Er hat keinerlei Anrecht auf den Thron!!
Und sein Sohn Arslan ebenso wenig!!
Ich bin der wahre Herrscher Ekbatanas!!!

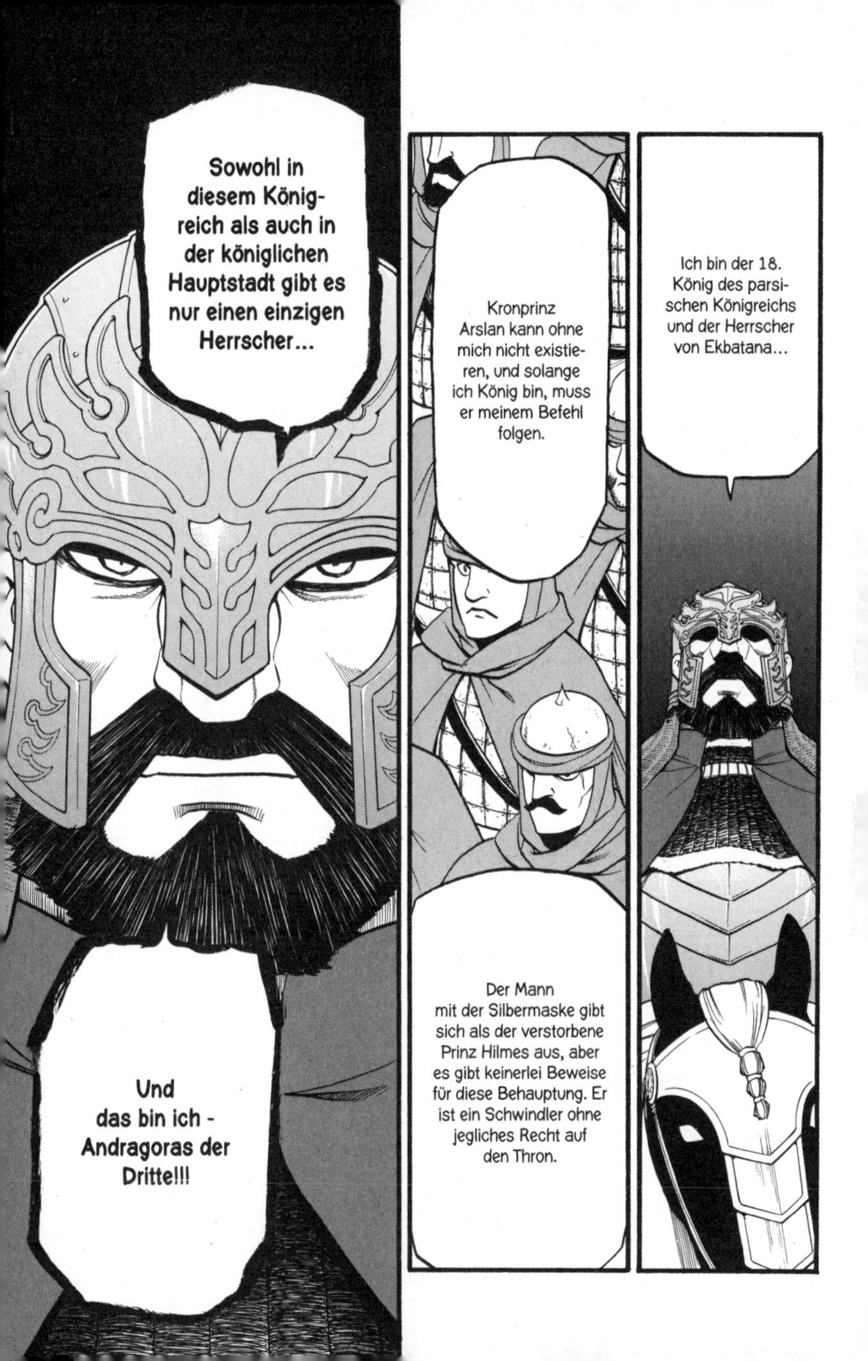
Ich bin der 18. König des parsischen Königreichs und der Herrscher von Ekbatana...
Kronprinz Arslan kann ohne mich nicht existieren, und solange ich König bin, muss er meinem Befehl folgen.
Der Mann mit der Silbermaske gibt sich als der verstorbene Prinz Hilmes aus, aber es gibt keinerlei Beweise für diese Behauptung. Er ist ein Schwindler ohne jegliches Recht auf den Thron.
Sowohl in diesem Königreich als auch in der königlichen Hauptstadt gibt es nur einen einzigen Herrscher...
Und das bin ich - Andragoras der Dritte!!!

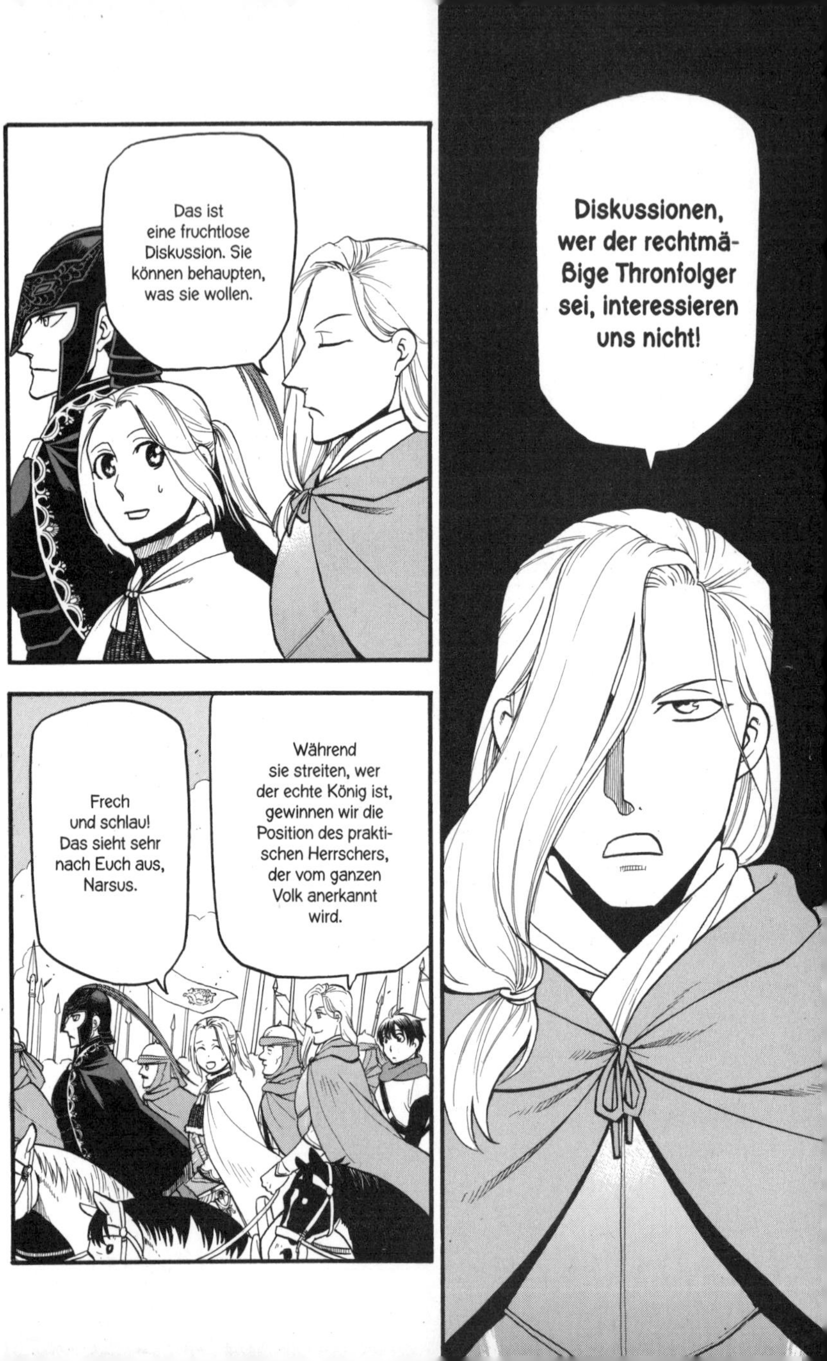
Diskussionen, wer der rechtmäßige Thronfolger sei, interessieren uns nicht!
Das ist eine fruchtlose Diskussion. Sie können behaupten, was sie wollen.
Während sie streiten, wer der echte König ist, gewinnen wir die Position des praktischen Herrschers, der vom ganzen Volk anerkannt wird.
Frech und schlau! Das sieht sehr nach Euch aus, Narsus.

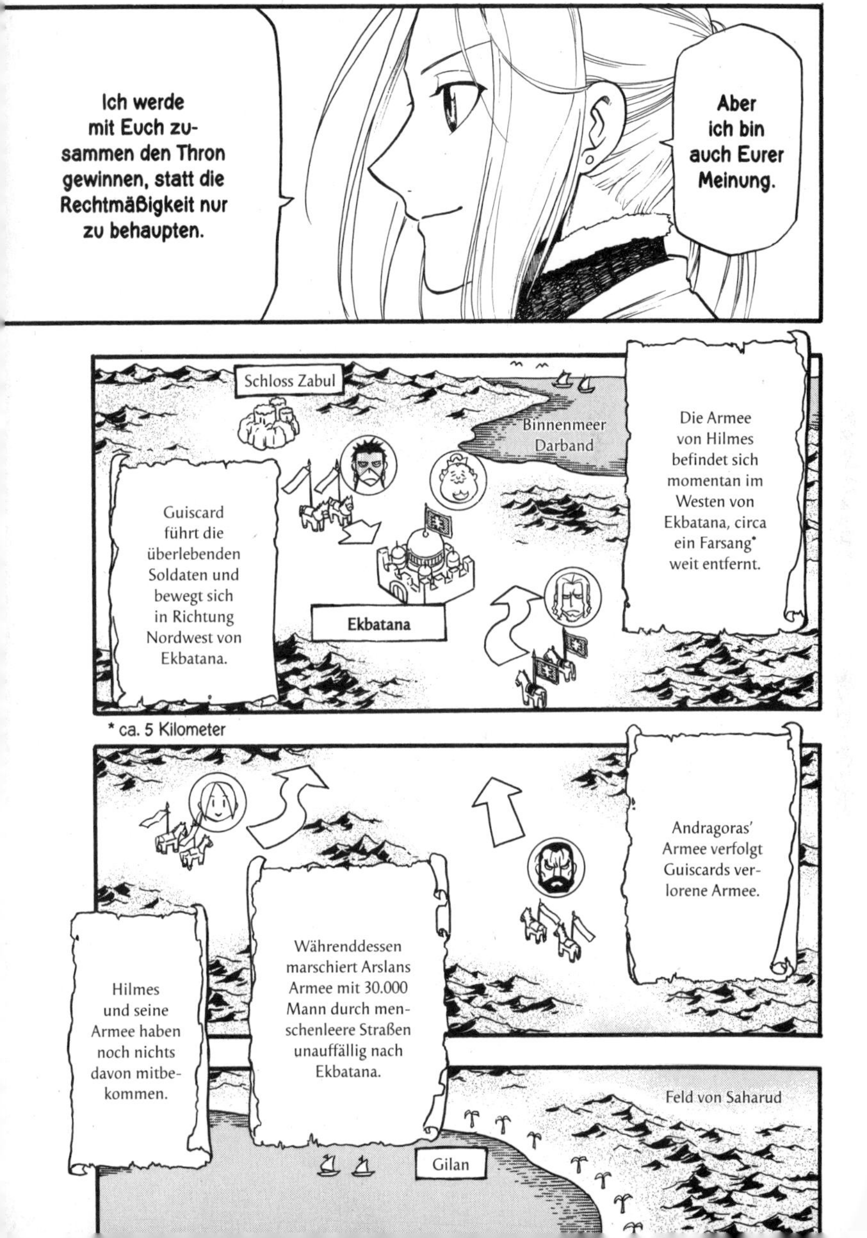

Aber ich bin auch Eurer Meinung.
Ich werde mit Euch zusammen den Thron gewinnen, statt die Rechtmäßigkeit nur zu behaupten.
Die Armee von Hilmes befindet sich momentan im Westen von Ekbatana, circa ein Farsang* weit entfernt.
Schloss Zabul
Binnenmeer Darband
Guiscard führt die überlebenden Soldaten und bewegt sich in Richtung Nordwest von Ekbatana.
Ekbatana
* ca. 5 Kilometer
Andragoras' Armee verfolgt Guiscards verlorene Armee.
Währenddessen marschiert Arslans Armee mit 30.000 Mann durch menschenleere Straßen unauffällig nach Ekbatana.
Hilmes und seine Armee haben noch nichts davon mitbekommen.
Feld von Saharud
Gilan

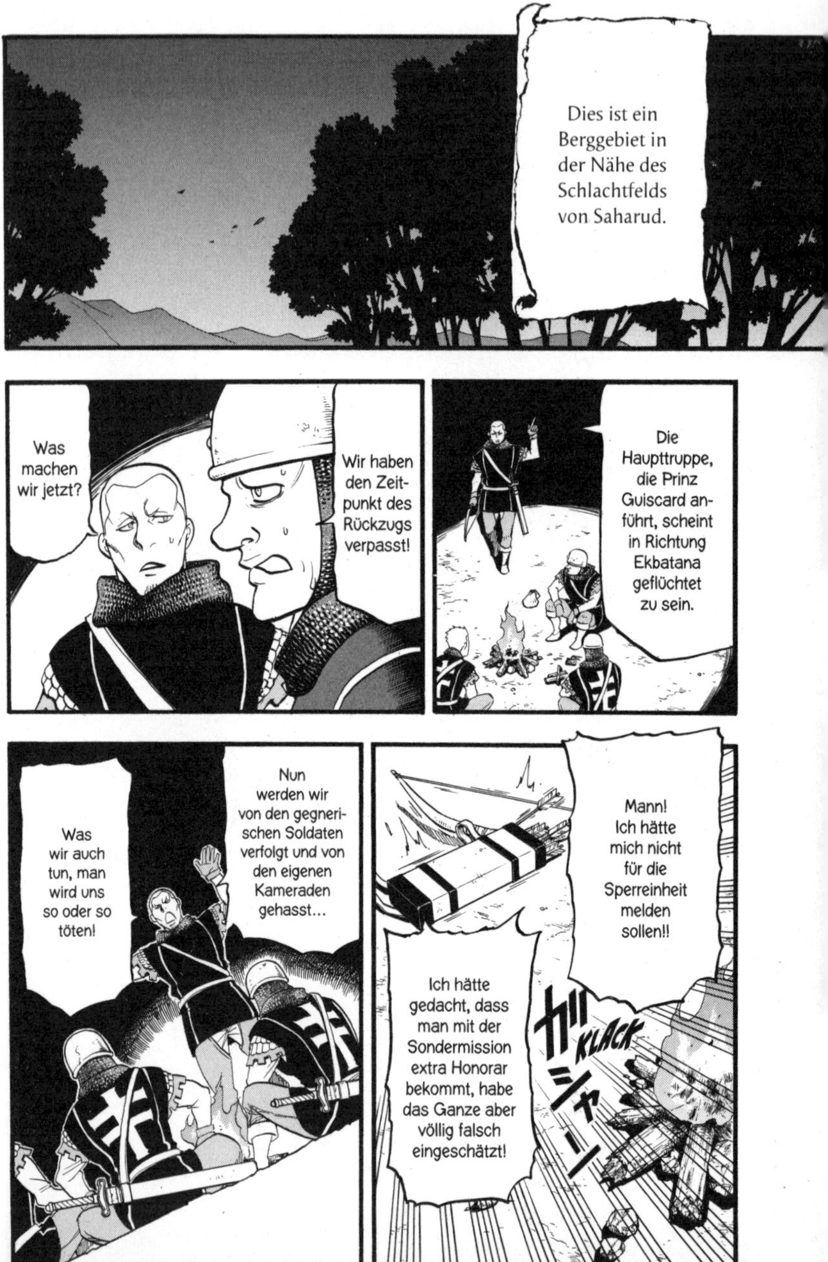
Dies ist ein Berggebiet in der Nähe des Schlachtfelds von Saharud.
Die Haupttruppe, die Prinz Guiscard anführt, scheint in Richtung Ekbatana geflüchtet zu sein.
Wir haben den Zeitpunkt des Rückzugs verpasst!
Was machen wir jetzt?
Mann! Ich hätte mich nicht für die Sperreinheit melden sollen!!
Ich hätte gedacht, dass man mit der Sondermission extra Honorar bekommt, habe das Ganze aber völlig falsch eingeschätzt!
KLACK
Nun werden wir von den gegnerischen Soldaten verfolgt und von den eigenen Kameraden gehasst…
Was wir auch tun, man wird uns so oder so töten!

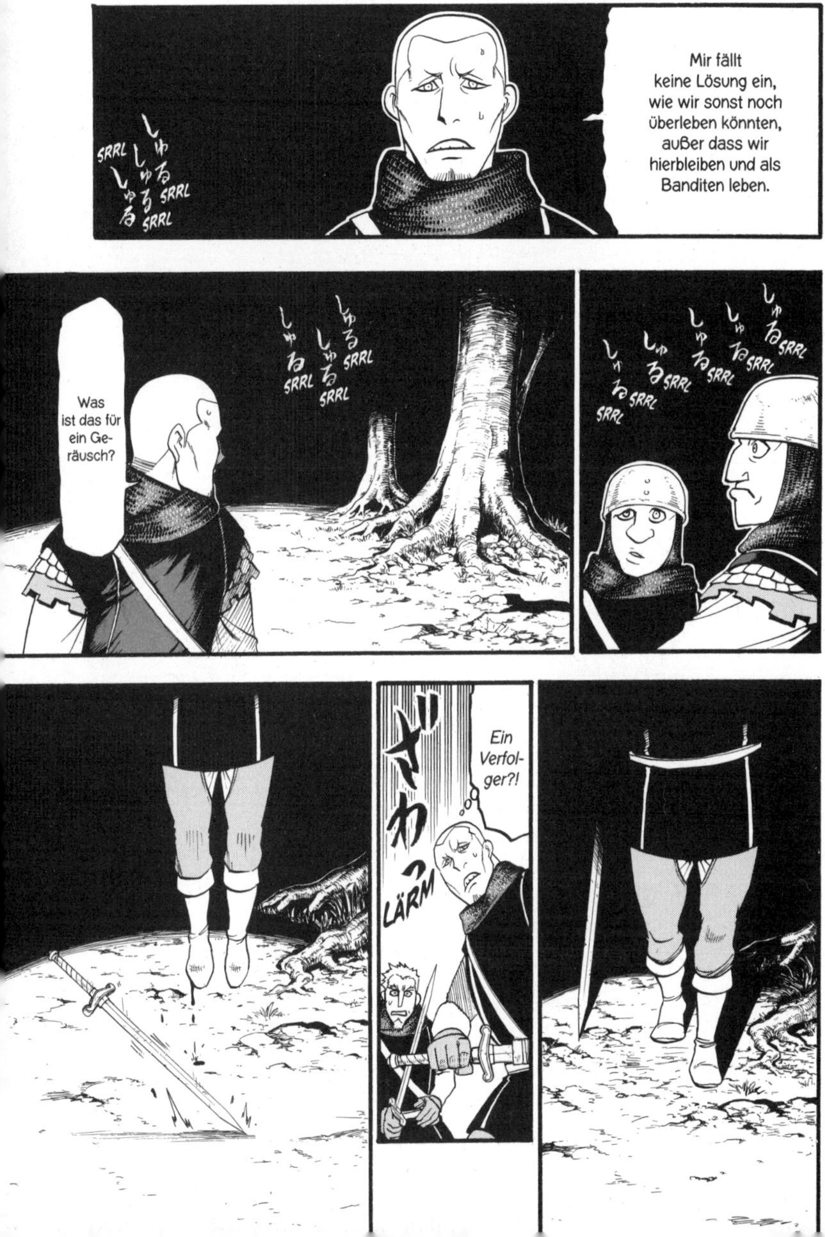
Mir fällt keine Lösung ein, wie wir sonst noch überleben könnten, außer dass wir hierbleiben und als Banditen leben.
しゅるしゅるしゅる SRRL SRRL SRRL
Was ist das für ein Geräusch?
しゅるしゅる SRRL SRRL
しゅるしゅるしゅるしゅるしゅる SRRL SRRL SRRL SRRL SRRL
ざわっ LÄRM
Ein Verfolger?!

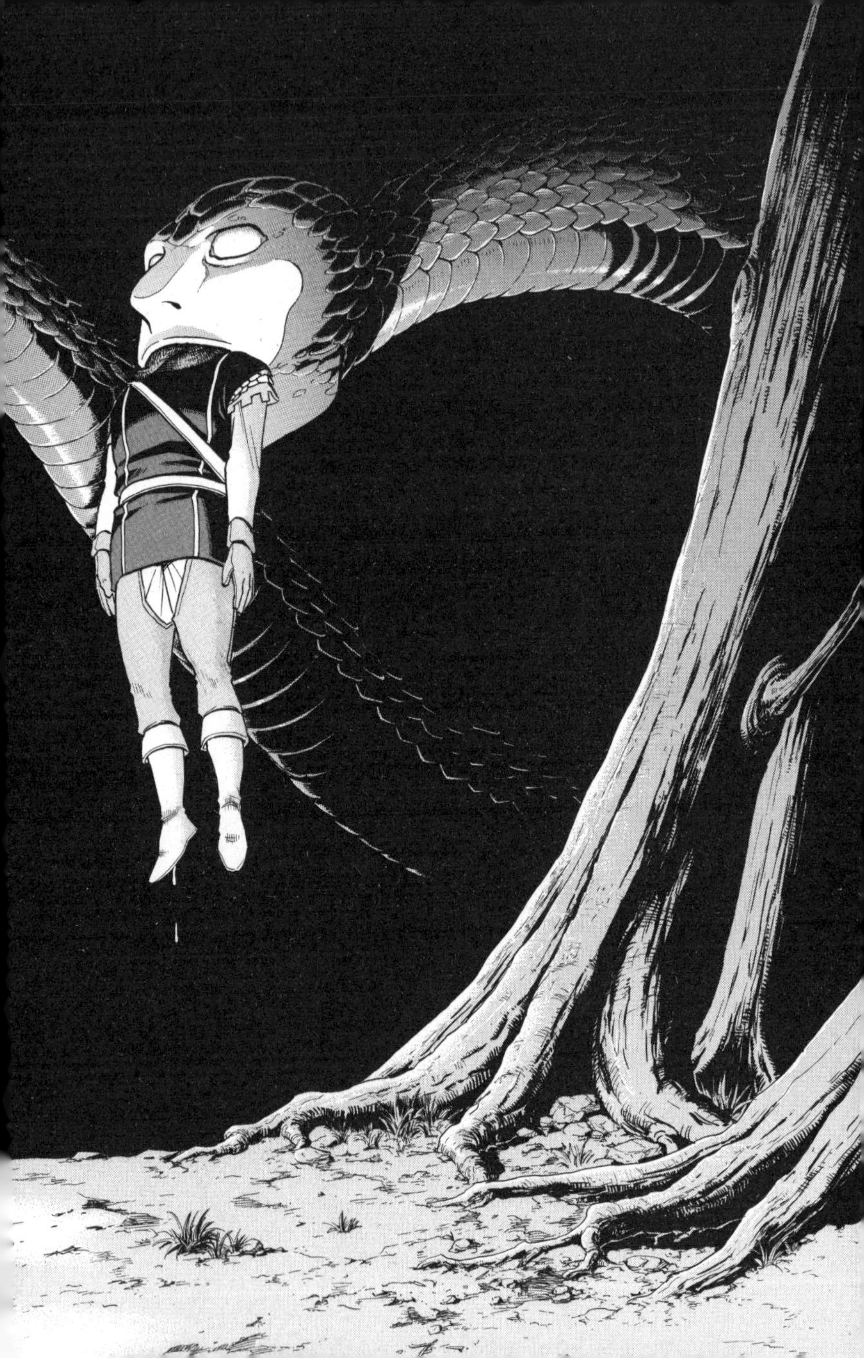

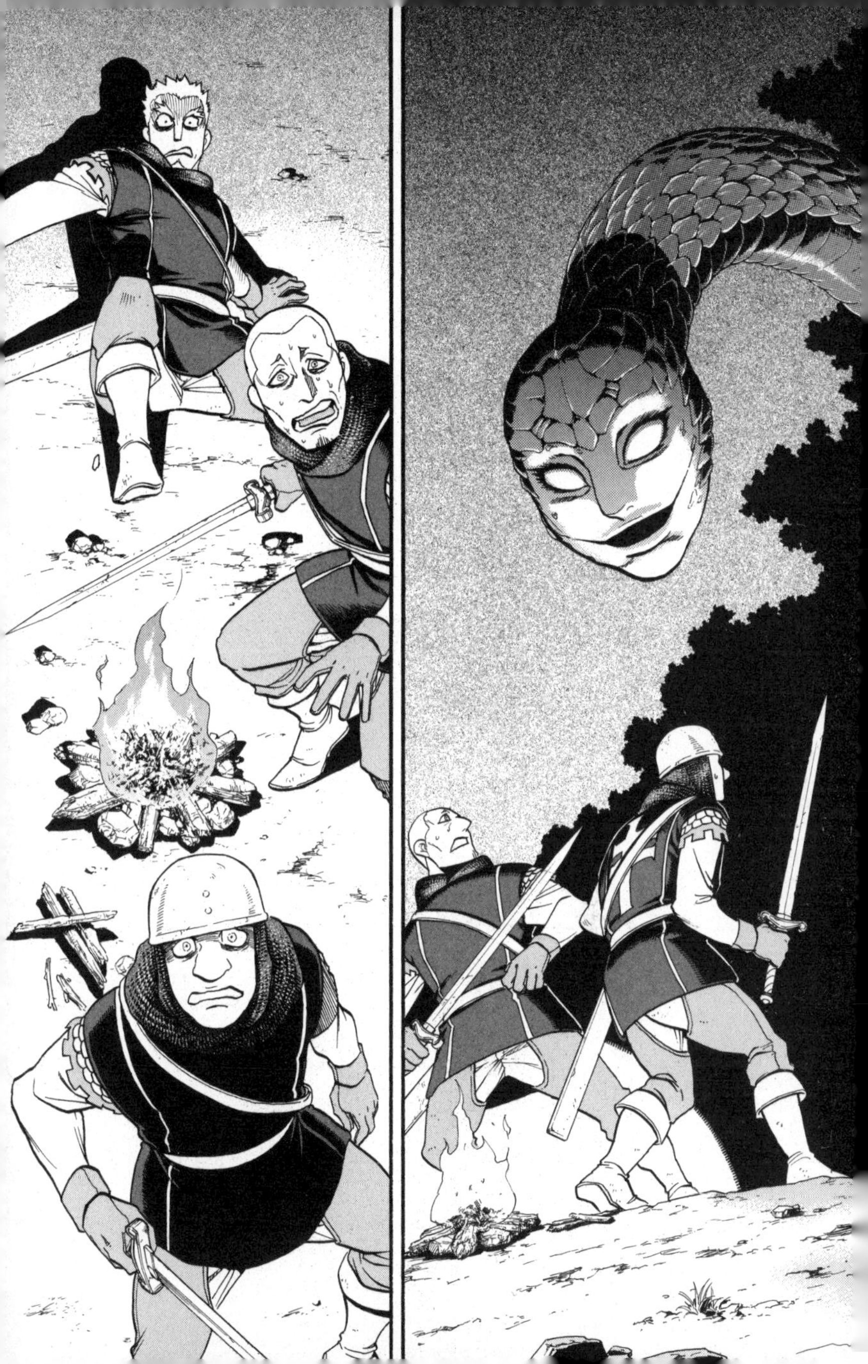

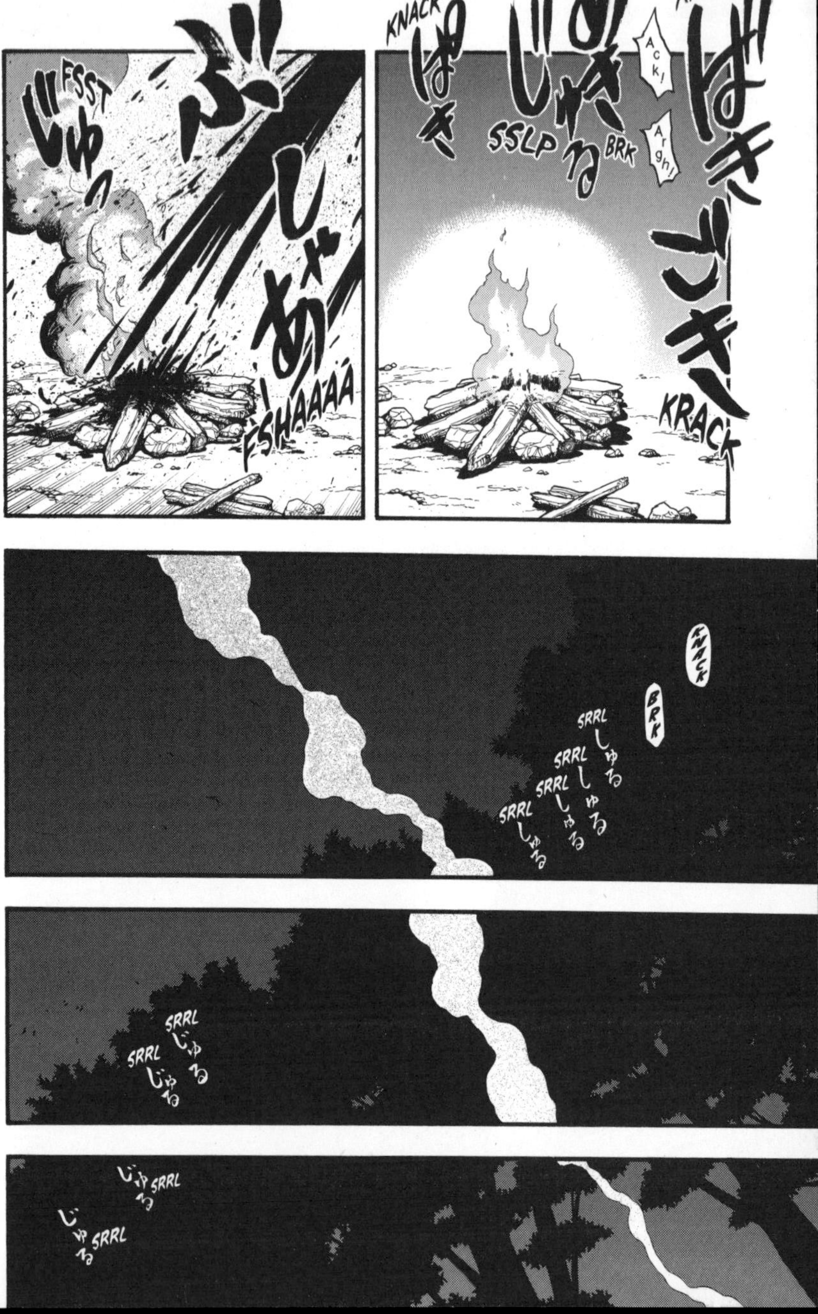
KNACK
ばき
Ack!
Argh!
ゴキン
KRACK
めき
BRK
SSLP
KNACK
ぱき
FSST
じゅっ
ぶしゃあ
FSHAAAA
KNACK
BRK
SRRL しゅる
SRRL しゅる
SRRL しゅる
SRRL しゅる
SRRL じゅる
SRRL じゅる
じゅる SRRL
じゅる SRRL

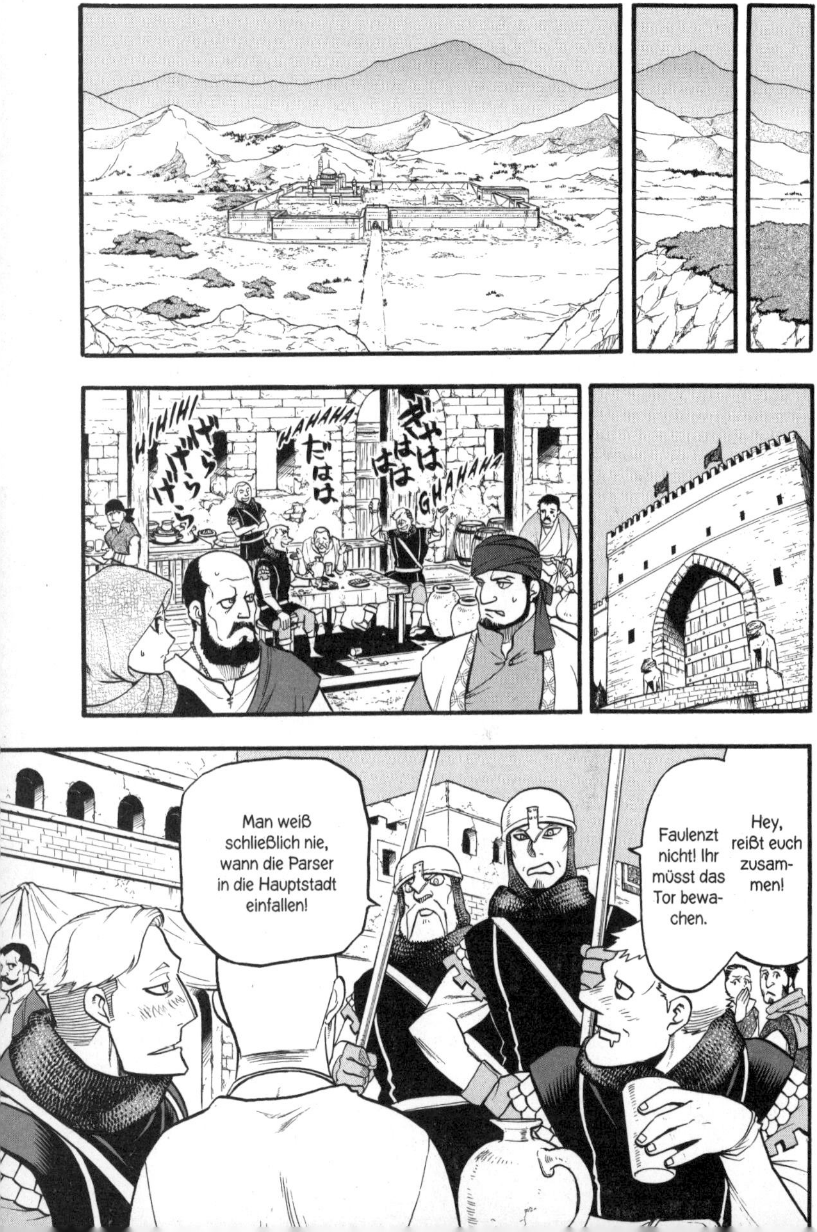
GHAHAHA
WAHAHA
HIHIHI
Hey, reißt euch zusammen!
Faulenzt nicht! Ihr müsst das Tor bewachen.
Man weiß schließlich nie, wann die Parser in die Hauptstadt einfallen!

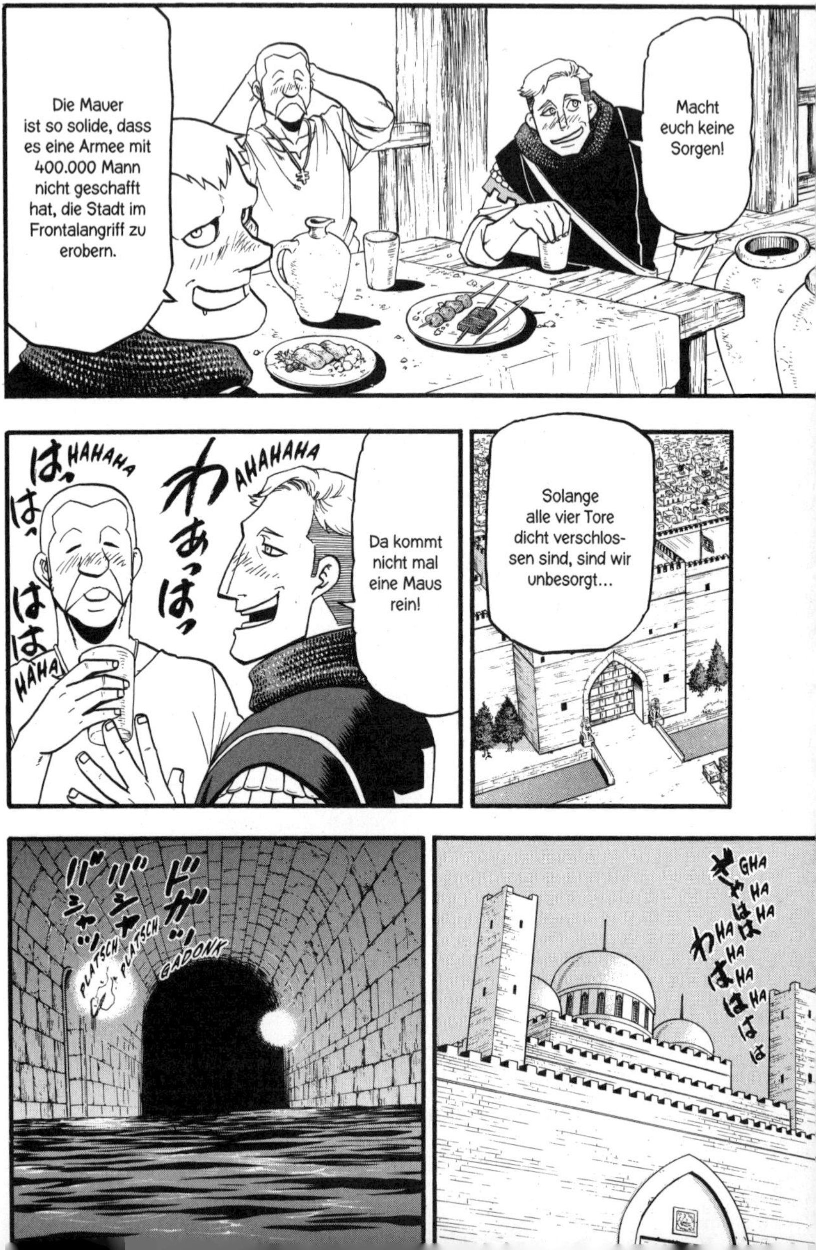
Macht euch keine Sorgen!
Die Mauer ist so solide, dass es eine Armee mit 400.000 Mann nicht geschafft hat, die Stadt im Frontalangriff zu erobern.
Solange alle vier Tore dicht verschlossen sind, sind wir unbesorgt…
Da kommt nicht mal eine Maus rein!
わあっはっ AHAHAHA
は、は、はは HAHAHA HAHA
ぎゃはは わはははは GHA HA HA HA HA HA HA
ドガッ GADONK
バシャ PLATSCH
バシャッ PLATSCH

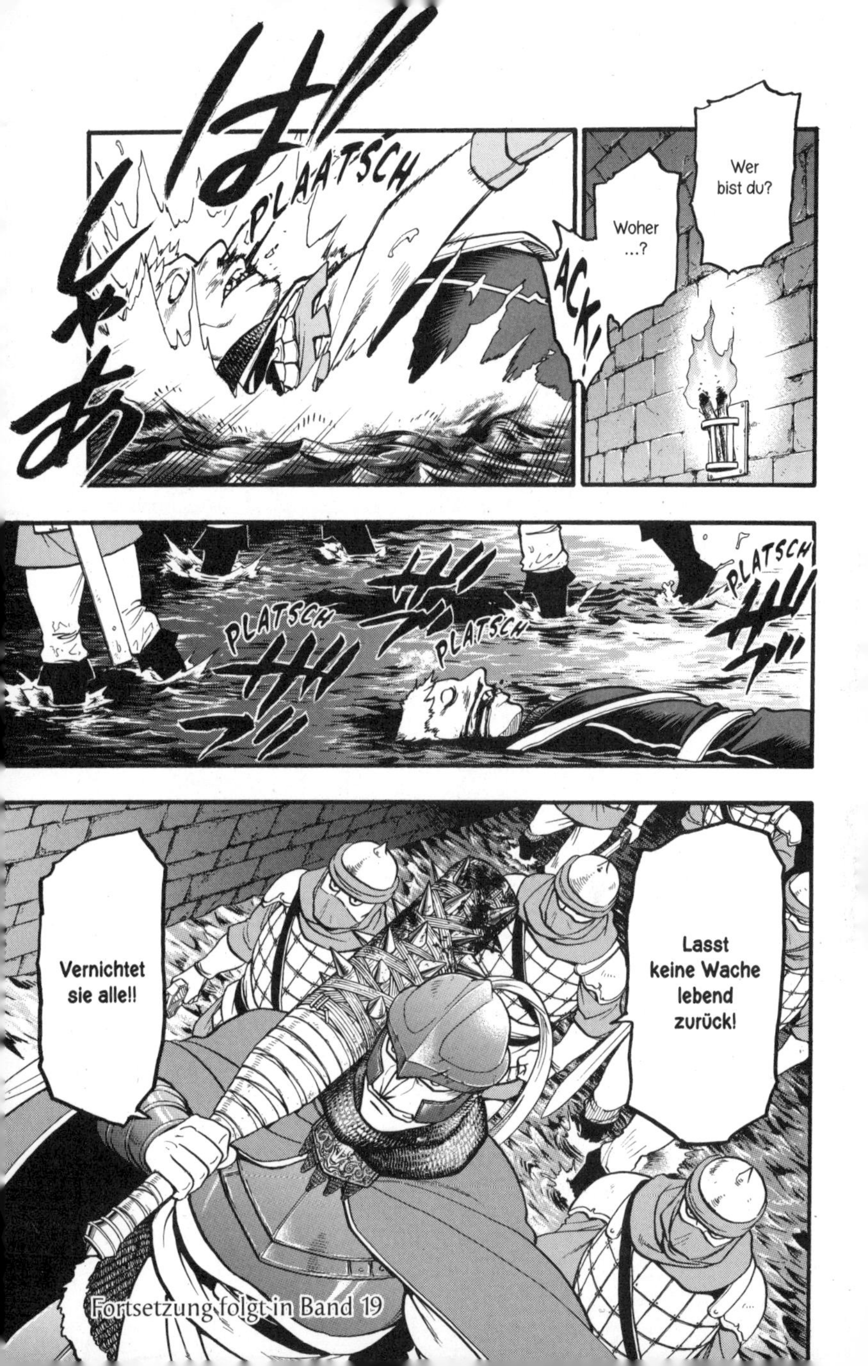

Fortsetzung folgt in Band 19

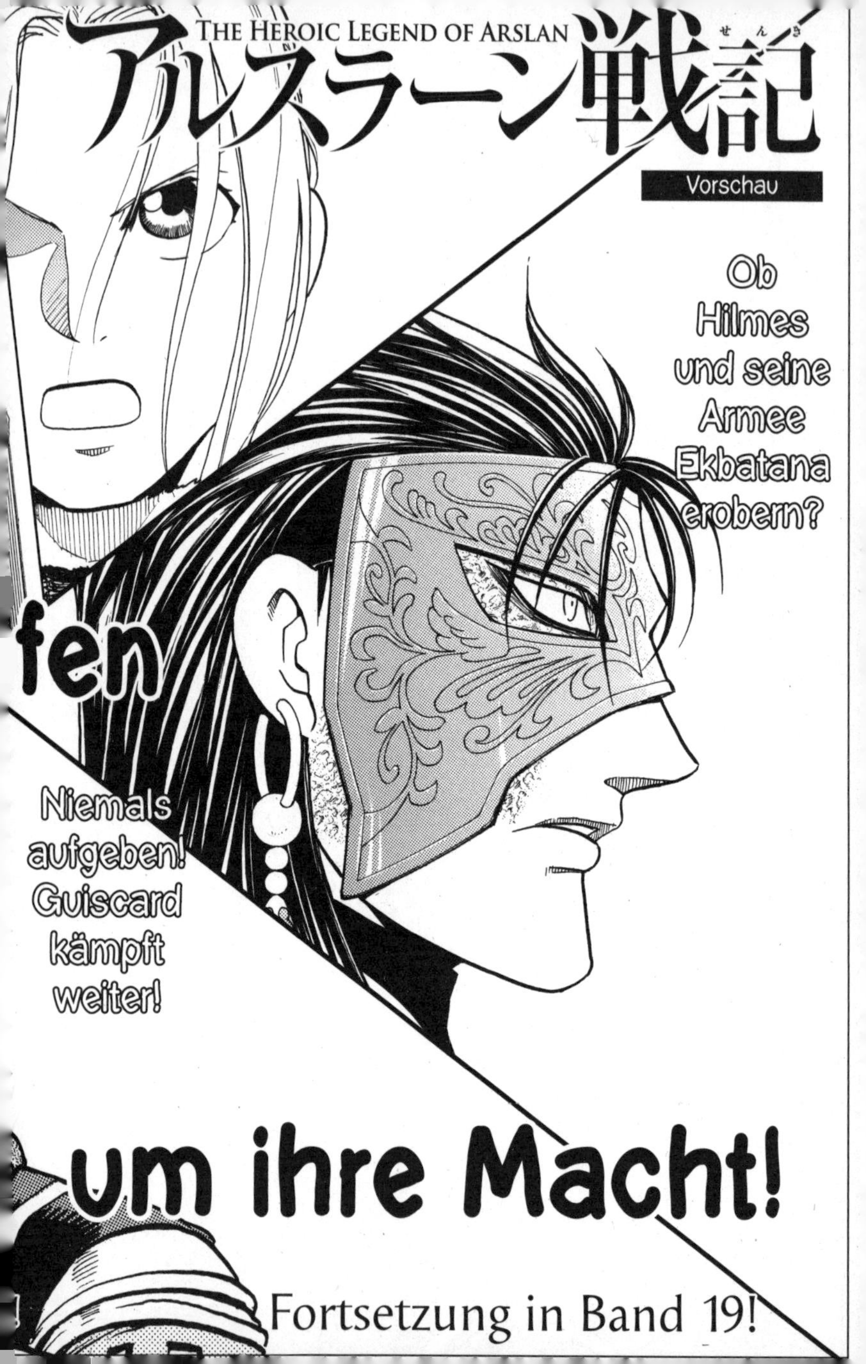
アルスラーン戦記
THE HEROIC LEGEND OF ARSLAN
Vorschau
Ob Hilmes und seine Armee Ekbatana erobern?
fen
Niemals aufgeben! Guiscard kämpft weiter!
um ihre Macht!
Fortsetzung in Band 19!

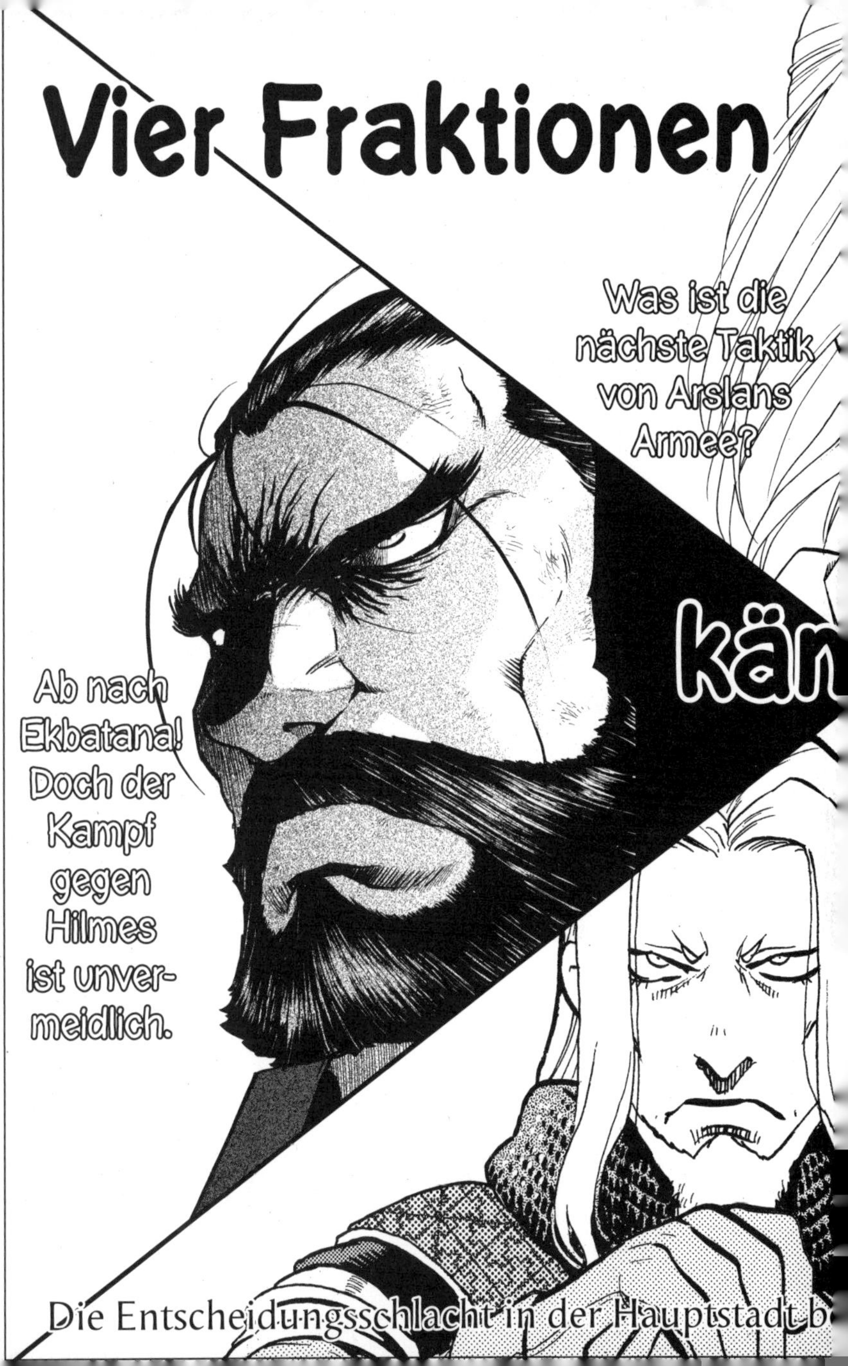
Vier Fraktionen
Was ist die nächste Taktik von Arslans Armee?
kän
Ab nach Ekbatana! Doch der Kampf gegen Hilmes ist unver-meidlich.
Die Entscheidungsschlacht in der Hauptstadt b

THE HEROIC LEGEND OF
ARSLAN

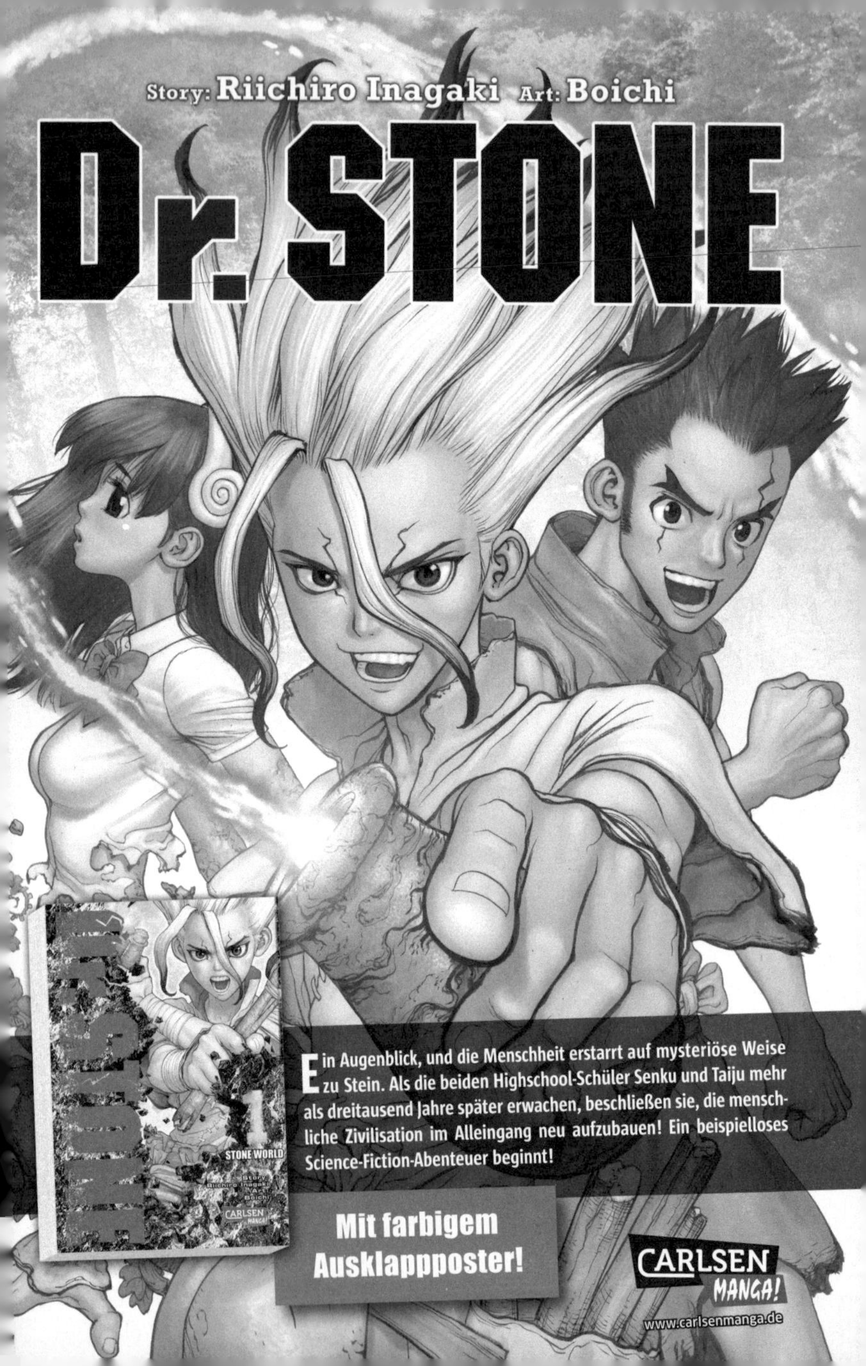
Story: Riichiro Inagaki Art: Boichi
Dr. STONE
STONE WORLD
Ein Augenblick, und die Menschheit erstarrt auf mysteriöse Weise zu Stein. Als die beiden Highschool-Schüler Senku und Taiju mehr als dreitausend Jahre später erwachen, beschließen sie, die menschliche Zivilisation im Alleingang neu aufzubauen! Ein beispielloses Science-Fiction-Abenteuer beginnt!
Mit farbigem Ausklappposter!
CARLSEN MANGA!
www.carlsenmanga.de

MASHLE

MAGIC AND MUSCLES

Story and Art by

HAJIME KOMOTO

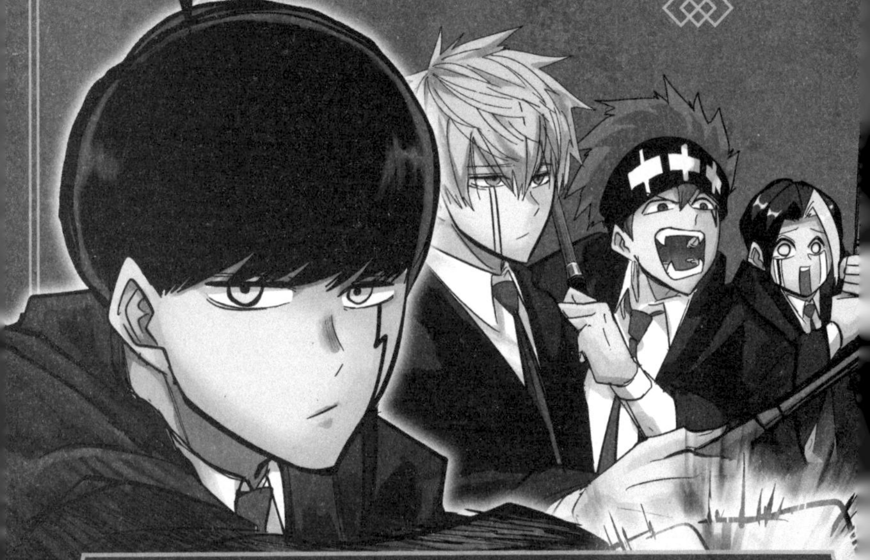

MAGIE IST GUT – MUSKELN SIND BESSER!

Im Reich der Magie wird der soziale Status durch die magischen Fähigkeiten bestimmt. Doch tief im Wald lebt Mash Burnedead, ein junger Mann, der seine gesamte Zeit damit verbringt, seinen Körper zu stählen. Er kann keine Magie benutzen, genießt jedoch ein friedliches Leben mit seinem Vater. Als das herauskommt, geraten beide in Gefahr. Die einzige Lösung: Mash wird in der Magieschule eingeschrieben, wo er die magische Konkurrenz schlagen muss! Wird sich Mash ohne einen Funken Magie und durch reine Muskelkraft einen Weg an die Spitze bahnen können?

CARLSEN MANGA!

www.carlsenmanga.de

carlsen_manga

carlsenmanga

The Heroic Legend of

Arslan

HALT!

The Heroic Legend of Arslan ist eine
apanische Serie, und in Japan wird von
hinten nach vorn und von rechts nach
nks gelesen. Man schlägt diesen Manga
so hinten auf und blättert ihn nach vorn
durch. Auch die Bilderfolgen und der
rzähl- bzw. Lesefluss funktionieren auf
den Seiten von rechts oben nach links
unten – wie in der kleinen Grafik
hier gezeigt.
Auf nach Pars mit
The Heroic Legend of Arslan!

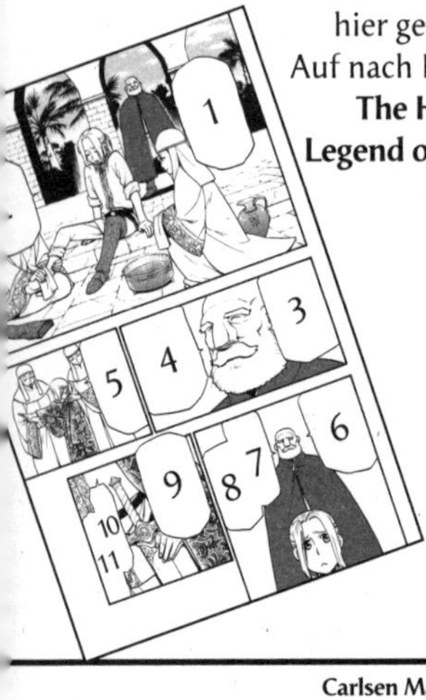

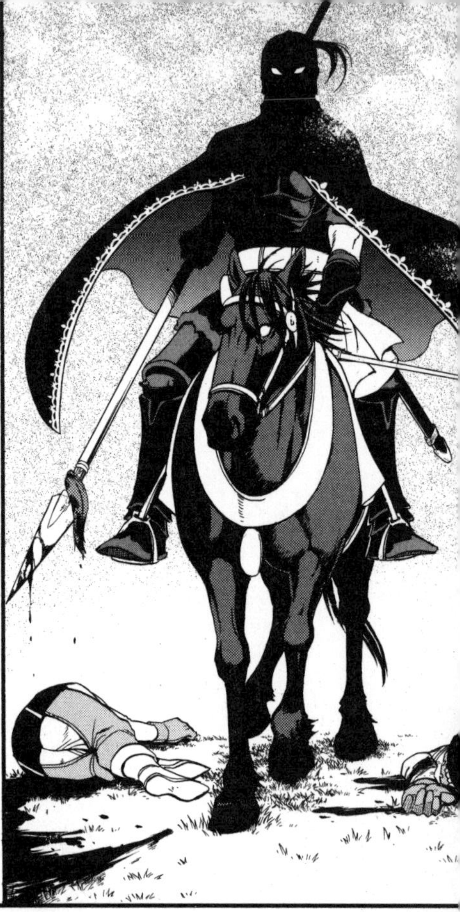

Carlsen Manga! News – jeden Monat neu per E-Mail!
www.carlsenmanga.de
www.carlsen.de

CARLSEN MANGA

Aus dem Japanischen von Yuko Keller
ARSLAN SENKI 18

First published in Japan in 2022 by Kodansha Ltd., Tokyo
Publication rights for this German edition arranged through Kodansha Ltd.

Redaktion: Petra Lohmann
Textbearbeitung: Steffen Haubner
Herstellung: Tobias Hametner
Alle deutschen Rechte vorbehalten
ISBN: 978-3-551-74991-8

Unser Versprechen für mehr Nachhaltigkeit
- Klimaneutrales Produkt
- Papiere aus nachhaltiger Waldwirtschaft
- Hergestellt in Europa

FSC www.fsc.org
MIX
Papier | Fördert gute Waldnutzung
FSC® C083411